SOS...
Infarto de miocardio
Vivir es poder contarlo

Javier Urra Portillo
Jesús Sánchez Martos

SOS...
Infarto de miocardio

Vivir es poder contarlo

EDICIONES PIRÁMIDE

COLECCIÓN «SOS PSICOLOGÍA ÚTIL»

Director:
Javier Urra Portillo

Diseño de cubierta e interiores: Anaí Miguel

Fotografía de cubierta: Ramón Ortega, P. Fototeca de España / Archivo Anaya

© Javier Urra Portillo
    Jesús Sánchez Martos
© Ediciones Pirámide (Grupo Anaya, S. A.), 2011
Juan Ignacio Luca de Tena, 15. 28027 Madrid
Teléfono: 91 393 89 89
www.edicionespiramide.es
Depósito legal: M. 40.703-2011
ISBN: 978-84-368-2572-5
Printed in Spain
Impreso en Lavel, S. A.
Polígono Industrial Los Llanos. Gran Canaria, 12
Humanes de Madrid (Madrid)

Índice

Prólogo

Conocí a Javier la mañana siguiente a su ingreso, en el pase médico que realizamos todos los días en la unidad coronaria. El cardiólogo saliente de guardia nos comentó que había ingresado un paciente «famoso», que salía en la televisión a menudo, el antiguo defensor del menor de la Comunidad de Madrid. Javier acababa de ingresar con un infarto agudo de miocardio.

Apenas tuve diez minutos para saludarle, hacerle las preguntas habituales, explorarle y explicarle que le íbamos a hacer un cateterismo cardíaco. Es decir, íbamos a avanzar unos tubitos que llamamos «catéteres» hasta sus arterias coronarias principales y, mediante la inyección de un contraste, veríamos si tenía alguna estrechez u obstrucción en ellas. En ese caso, en el mismo procedimiento, dilataríamos la estrechez o la obstrucción con un balón y le pondríamos un muelle, al que llamamos *stent*, para intentar evitar que, con el tiempo, volviese a estrecharse la lesión tratada, cosa que nos ocurre en uno de cada diez pacientes. Para hacer este procedimiento era necesario pincharle una arteria de la muñeca o de la ingle. Meses después, al leer este maravilloso libro, me di cuenta de que la información que di a Javier, o que damos a los pacientes, es casi siempre difícil de comprender o de integrar en la situación de angustia que una persona con infarto vive en esos momentos. Este libro me ha hecho reflexionar, y desde que lo leí informo a los pacientes de forma más pausada, concisa y clara.

A las dos horas Javier regresó a la unidad coronaria procedente de la sala de hemodinámica, lugar donde hacemos los cateterismos cardíacos. Dos de las tres arterias principales estaban enfermas, una completamente ocluida, la responsable del infarto, y otra con una estrechez importante. Las dos habían sido tratadas durante el procedimiento y se habían puesto los *stents* encargados de aplastar la placa de colesterol (ateroma) contra la pared del vaso. Estos *stents* quedan en las arterias coronarias de por vida. Javier estaba contento y no tenía molestia alguna. Por entonces, estaba más delgado que ahora, y su tensión arterial era baja, de forma que no pudimos administrarle todas las medicinas que utilizamos habitualmente con los pacientes que han sufrido un infarto y que suelen ser como mínimo de cinco clases diferentes.

Los dos días siguientes, hasta que se fue a su casa, trascurrieron sin ninguna complicación. Caminaba por la unidad coronaria, recibía muchas visitas y preguntaba poco. Este libro refleja las dudas habituales que los pacientes coronarios tienen durante su convalecencia. Dudas que no se atreven a preguntar al médico, y que los médicos no solemos aclarar de antemano. En mis años de profesión me he dado cuenta de que los pacientes preguntan más a las enfermeras sobre su enfermedad que a nosotros mismos. Muchas veces, según salgo de la habitación de ver a un enfermo, y en la distancia, oigo con sorpresa preguntar a la enfermera: «pero ¿cómo estoy?, ¿qué ha querido decir el doctor?».

Han pasado cinco años desde que Javier tuvo su infarto y todavía tiene temor. Ese temor es común a todos los pacientes cardiópatas. Aunque el tiempo lo apacigua, compartir esa vivencia con otros pacientes y con nosotros los profesionales sanitarios ayuda a superarlo. Estoy convencido de que la idea de escribir este libro parte de la necesidad que Javier tiene a la hora de transmitir sus experiencias. Ha sido así en lo profesional, y ahora también en lo personal.

El futuro de los pacientes coronarios es muy esperanzador. La mayoría, con los nuevos procedimientos diagnósticos y terapéuticos, con los nuevos fármacos, no vuelve a presentar problemas coronarios, a pesar de que esta enfermedad nunca se cura completamente. Nosotros explicamos a los enfermos que les hemos puesto un parche, pero que si no se cuidan, siguen fumando, no bajan de peso o no controlan su colesterol y tensión arterial, nos volveremos a ver en la unidad coronaria. El ejercicio es fundamental; caminar una hora diaria es la mejor receta. Javier la intenta seguir en su querido Retiro.

Querido Javier, he aprendido mucho con tu libro. Me he dado cuenta de que lo humano, la cercanía al paciente, es fundamental para apaciguar una enfermedad. Leeré tu libro todos los años, para no olvidar esta premisa, porque, más que un libro dedicado al paciente, has escrito un libro dedicado al paciente y al médico.

PEDRO LUIS SÁNCHEZ FERNÁNDEZ
Cardiólogo

Dedicatoria

Este libro es para Diego Gallego Tolbaños, un niño al que detectaron a los 3 meses de vida la enfermedad de fibrosis quística y que ha pasado casi toda la vida en el Hospital Universitario del Niño Jesús haciendo felices al resto de los pacientes.

El 18 de enero de 2008, y en el funeral de Diego, sus padres me entregaron copia de su diario. En él reflejaba que cuando supo que le iban a hacer un trasplante de pulmones, lo primero que hizo fue llamar a Javier Urra.

Termina su diario de la siguiente manera: «Aparte de haber conocido a personas que jamás hubiera pensado, quiero darle unas sinceras y cariñosas gracias a D. Javier Urra por la amistad que nos ha dado tanto a mí como a mis padres.

No quiero despedirme sin decirles que ante esta enfermedad que tenemos no podemos derrotarnos, todos sabemos que es muy duro, que la vida da los males pero Dios los cura».

Este libro es el agradecimiento a los 21 años de Diego, que nos enseñó lo mejor del ser humano.

JAVIER URRA.

Deseo compartir contigo
un ideal clásico
una utopía necesaria
aunar en el pensamiento
la palabra, la conducta,
y la obra.
Lo bello y lo bueno.

JAVIER URRA.

Que la tierra se vaya
haciendo camino
ante tus pasos.
Que el viento sople
a tus espaldas.
Que el sol brille cálido
sobre tu rostro.
Que la lluvia caiga
suavemente sobre
tus campos.
Y hasta que volvamos
a encontrarnos
Dios te guarde en la palma
de su mano.

Bendición irlandesa.

Vivir es poder contarlo
PARTE PRIMERA

Testimonio de Javier Urra

1 de noviembre de 2006

Un fuerte dolor en el pecho, el brazo izquierdo que refleja el daño. Lo sabes, aunque sea la primera vez: estás sufriendo un infarto de miocardio. El corazón, tu corazón, está fallando, un frío sudor en la frente inicia el tiempo de ansiedad, de angustia, que cada cual sufre a su manera pero de forma similar. ¿Pasará el dolor? ¿Sobreviviré? He de mantenerme lo más tranquilo posible y encaminarme a un hospital ¡a la mayor brevedad!

Urgencias, bullir de personas, rostros de dolor, de sufrimiento, de quebranto. Con dignidad y sin elevar el tono se indica: «Me duele el pecho y el brazo izquierdo». Todo se acelera, ya nada más puedes hacer. Estás en las mejores manos. Si sales de ésta, sabrás que eres un afortunado y un enfermo crónico.

Se acaba de anticipar aún sin fecha nuestra propia muerte, algo de lo que realmente hombres y mujeres somos conocedores desde que nacemos, lo que nos hace originales ante el resto de las especies animales, pero nos inviste de angustias, miedos y melancolías.

¿Qué llevamos dentro? ¿Qué nos puede acontecer? ¿Cómo cambiará nuestra vida? ¿Qué percepción tienen los que nos rodean?

Sí, la vida sufre una sacudida, un seísmo, la vida laboral, sexual, de ocio, de sueño, de alimentación, de expectativas. Ese rayo que golpea el corazón y que simboliza tan correctamente lo que se percibe te ha impactado, pero sigues vivo contigo, con tus pensamientos, tus familiares, amigos, conocidos.

Somos conscientes de que si tenemos miedo a morir, tendremos miedo mientras vivamos.

En el hospital se escucha a los sanitarios con inusitada atención, se toman notas, se habla mucho con uno mismo haciéndose propósitos de enmienda («no comeré grasas, no robaré tiempo al sueño, no llevaré una vida tan ajetreada —de infarto—. Dedicaré más tiempo a mis seres queridos, mujer, hijos, amigos. Disfrutaré de los paseos, la naturaleza, la tertulia»).

9 de noviembre de 2007

Te dan el alta y con ella llega la recepción de abrazos de la familia extensa, amigos, compañeros, conocidos, vecinos. Todos te desean lo mejor, te aportan consejos, te cuentan historias de otras personas que han sufrido con anterioridad la misma situación. Te encanta, te agota.

Te sientes sobreprotegido, tutelado, infantilizado y te dices a ti mismo: «he sufrido un infarto en un músculo simple pero vital; sin embargo, conservo la capacidad de reflexión, de motivación, de autogobierno». Pero sabes que ya no eres el mismo ante ti, pero sobre todo ante los otros. Porque objetivamente hay un pellizco de culpabilidad: «no te has cuidado lo suficiente», y es verdad, no has practicado deporte, no te has hecho los chequeos indicados a tu edad y quienes te quieren te lo hacen saber.

Asumes una obligación, cuidarte, pues, como te indican los demás, te necesitan. Una muerte prematura por falta de autocuidados sería interpretada como desafección, terquedad o incapacidad para modificar hábitos. Te compras las zapatillas de deporte, los calcetines blancos y el chándal para dar los primeros pasos, a demostrar y demostrarte que vas por el buen camino.

Nadie te habla de trabajo, de responsabilidades, de cosas que quedaron por hacer. Habrá tiempo, y lo agradeces. Pero te gustaría probar, un poco, sólo un poco. Si es que hasta cuando estabas bien al regresar de vacaciones te preguntabas: «¿podré con la tarea?», y a las pocas horas de incorporarte la respuesta se revelaba simple y categórica: Sí.

Tocamos realidades, pequeñas pero importantes. Comer sin sal. No es problema. ¿O sí? Al igual que un bebé, no sólo te han rasurado las ridículas e injustamente calificadas como zonas nobles, sino que tienes que probar nuevos sabores (o, mejor dicho, acostumbrarte a lo insípido) y comprobar que la dieta se ha reducido en la capacidad de elección.

«No es problema», te dices, mientras te planteas la dificultad cuando comes fuera de casa con los colegas u otros interlocutores. Te aferras a un oasis: «a mí me permiten tomar dos copas de vino, pero tiene que ser muy bueno». Porque la alimentación en España (y en casi todo el mundo) no es sólo nutricional, sino lúdica, cultural, de ocio compartido. Y no quieres que se te ponga cara de apio.

A tus años estás cambiando de hábitos, estás reflexionando. Lo vivido vivido está. Y mereció la pena, sin duda. Se inicia el segundo tiempo del partido, que no sabes cuánto durará pero que seguro ha de ser jugado con un ritmo más pausado, disfrutando del presente, del día a día, del momento, de lo bello que es vivir.

Lees todas las latas de conservas, todos los congelados, en busca de alguno donde no aparezca la palabra «sal» y cierras la despensa desolado (no confundir con desalado).

Te inyectas alegría, humor, estás de suerte, vives. Además, sabes que se puede caer en la depresión. Adquieres un libro sobre vida saludable, pues tienes tiempo e interés por leer.

Cada quien es cada cual. En mi caso, he de desconectar a veces el teléfono, pues de lo contrario me agotaría hablando. Lo sientes porque deseas ser agradecido, porque la palabra cálida reconforta, porque oyes a aquellos que el tiempo distanció y a los que creíste que no te apreciaban en exceso.

Disonancia cognitiva, no estresarse, pero cumplir con las obligaciones, las morales, las elegidas, las que decimos nacidas del corazón.

Buenos son para el tictac del corazón los *stents* implantados recubiertos *cypher*, pero no lo son menos los mensajes recibidos en el teléfono móvil mientras me encontraba en el hospital. Es el caso del remitido por el admirado y buen amigo Víctor Soler-Sala, presidente de UNICEF Comité de Cataluña. «Sabiendo el corazón que tienes tú, ha de seguir funcionando espléndidamente en el compromiso.»

Hay que adquirir hábitos, y uno tan sencillo —pareciera— como es tomar la medicación requiere inicialmente hacer el esfuerzo de recordarlo.

Al tiempo los paseos empiezan a resultar sorprendentemente gratos; hacerlo acompañado de mujer, hijos o amigos que enseguida se animan es simplemente una gozada, se retoma esa charla griega y paseante. La reflexión y el paisaje compartidos (tengo además la suerte de vivir junto al parque del Buen Retiro, indescriptible).

Uno quisiera saber cómo van las cosas por dentro, a la menor sensación el sistema de alerta se dispara y busca autoauscultarse. Habrá de esperarse a los chequeos descritos en los hoy todopoderosos protocolos. Mientras, nadie te deja caminar rápido, ni coger peso, y uno se pregunta: «¿son exageraciones de ellos o es que no me he concienciado suficientemente?».

Y el cerebro, siempre autónomo, hasta de uno mismo, tiende a pensar: «¿cómo estamos económicamente, hemos de realizar alguna operación?». Con discreción se vuelve a indicar dónde están «los papeles» (escrituras, acciones), pocos, que uno sabe no consuelan pero que tiene obligación de legar, sin por ello parecer fatalista.

La situación cambia mucho —a mejor— cuando los hijos son mayores y han alcanzado una cierta autonomía; más si se llevan bien y el núcleo familiar cual bóveda se apoya uno en otro.

Esta vivencia de un infarto o una angina de pecho te hace —aunque sea temporalmente— más bueno, con más ganas de agradar, de perdonar, de conciliar, de aunar. Ver gente —un tendero de legumbres al que compras— que sinceramente se emociona. Vuelves a sentir lo bello que hay en el género humano.

Más o menos religioso, uno se apoya «en el que todo lo ve» o en los congéneres o en ambos. No siempre las fronteras de la fe están claramente marcadas; más bien, como la línea de la mar espumeante en la playa, fluctúa por momentos, sube y baja. Creo en todo caso —y es muy subjetivo— que el ser humano, aunque se declare agnóstico o ateo, tiene un sentido importante de trascendencia. Los Estados pueden ser aconfesionales, pero me cuesta creer —aunque estaré equivocado— que una persona no sienta el leve reflejo de una tenue luz que abre el más allá, o la posibilidad de que así sea.

Aquí, en la tierra, periódicos, radios y televisiones siguen comunicando sucesos, las noticias políticas, la meteorología, y tranquiliza percibir que todo sigue más o menos igual, aunque uno haya aprendido en un cursillo rápido a relativizar casi todo, a entender que lo que no se puede hacer tampoco es tan importante, que uno es perfectamente prescindible.

Así como baja la cotización de las mil y una cosas que nos someten y esclavizan en el día a día, suben y se disparan el cariño (a todo, a las plantas, los animales, la belleza de un edificio) y el amor no sólo a la gente querida, sino en general.

Es importante ver el lado positivo de la vida, no ser «un cenizo», «un agonías», y si se ha practicado este optimista posicionamiento, uno aprecia que «este susto», «este aviso», tiene perspectivas innegablemente favorecedoras para el presente y el futuro. Tanto es así que parece percibirse en los otros una cierta admiración por haber superado la muerte y sin embargo haber estado en su antesala.

El ser humano se adapta a las situaciones con cierta facilidad, aunque siempre se sorprenda por ello. El interlocutor se admira de que fueras capaz de orillar el coche cuando el infarto te alcanzó conduciendo, o que llegaras por tu propio pie al hospital, o que soportaras las inyecciones en la tripa o el cateterismo por la femoral. Tú sabes que no tiene ningún mérito, que las intervenciones no son dolorosas, pero te habrías admirado igual si quien lo hubiera vivido hubiera sido otro.

Admiramos los volcanes, las grandes olas del mar, las estrellas, pero no admiramos las capacidades y realidades del ser humano.

En un punto se está expectante: «¿cómo se comportarán los otros, aquellos a los que adoro y con los que convivo, cuando se inicie una discusión? ¿Serán condescendientes? ¿Aprovecharé yo mi inaprensible pero real riesgo?».

Uno siente que crece en el día a día y es consciente de ello. Un segundo nacimiento, pero esta vez con consciencia, con psicohistoria vivida. Considero que es bueno escribir un diario no sólo de conductas, sino de pensamientos, de emociones.

Y en eso estamos, mientras se va conociendo aún más a los amigos, los que te miran y callan, los que te verbalizan que sufren, los que retrotraen hacia el pasado, los que por el contrario te abren el futuro. Los encuentros, llamadas telefónicas, mensajes, desvelar el carácter, el posicionamiento del otro, de cómo te ve, de cómo te ha visto.

17 de noviembre de 2006

Los días, uno a uno, pero con otro ritmo, pasan, avanzan mientras te planteas la realidad, no las palabras altisonantes ni las grandes declaraciones de intenciones. «He de cambiar el ritmo de vida, de acuerdo, pero diciendo no ¿a qué?»

El equilibrio entre el autocuidado y la motivación, las expectativas, es inestable, siendo al tiempo sabedores de que hay que acertar en la toma de decisiones muy personales por muy aconsejadas que sean. En algún punto descansa una desresponsabilización personal, que se hace recaer en el médico: «Le preguntaré a él».

La verdad, el cúmulo de sensaciones, de palabras, de ánimos, de interrogantes, de silencios, es enorme, y uno debe recibirlos con cautela, entreabriendo la puerta a voluntad, para no convertirse en un pelele.

Pasaron las fechas necesarias y agradecidas de la despersonalización subjetivamente vivida del pijama hospitalario, de la dependencia de sueros, tomas de tensión, analíticas. Estamos en casa, somos libres, y ello exige adoptar decisiones y hacerlo emocional y racionalmente de forma adecuada, pero supone cambiar hábitos, modificar la propia existencia. Éste es el reto, reiniciar con optimismo, con fuerza y con sosiego a la par la andadura de la vida.

Añora uno no hacer nada y al mismo tiempo siente deseos de viajar, publicar, dar conferencias (sin parar). ¿Es una contradicción?

Las dudas se entrechocan: empezar con ímpetu puede ser percibido o ser realmente síntoma de que no se ha interiorizado la gravedad de la dolencia. Por contra, amuermarse se vive como acobardamiento, reclusión en una cueva protectora de la que será difícil salir. Hay que pisar calle, ir de tiendas, escuchar el ajetreo de la gente, disfrutar de la cotidianidad, de la naturaleza. Somos sobrevivientes.

Permítanme que refleje el mail remitido por el admirado amigo Javier Elzo, catedrático de Sociología en Deusto.

«Querido Javier:

Acabo de enterarme y me apresuro a contactar contigo. Me preocupa tu dolencia cardíaca, aunque me alegra sobremanera saber que los primeros resultados son positivos. Hago votos para que así sean los siguientes y tras tu recuperación volvamos a verte en primera fila.

¡Qué te voy a decir que no te hayan dicho ya sobre la importancia de cuidarte y demás consejos! Nunca he pasado por una situación de "parón" en mi actividad cotidiana y nada puedo decirte. Se me ocurre, pero a lo mejor digo una tontería y me "filtran" el correo (posibilidad que me tranquiliza), que tú no serás de los que vaya a mandar todas las preocupaciones por la borda y te dediques a leer novelas de espionaje y visionar chascarrillos del famoseo en la televisión. Pienso que, sin las apreturas de tener que andar de aquí para allá, quizás puedas pensar en escribir sobre estas cosas que hace tiempo querías pensar y escribir y que no has podido hacer por falta de tiempo. No creo que eso haga daño a tu corazón, digo yo, más bien te mantendrá entretenido, y sobre todo contento, lo que, a buen seguro, agradecerá tu corazón.

¡Ay!, si leyera esto, mi mujer me diría aquello de "consejos vendo que para mí no tengo".

Que todo te vaya bien, así como a tu familia.

Con un abrazo muy fuerte.

Javier Elzo.»

Esta misiva me llenó de paz, por su coincidencia con mi planteamiento.

Son necesarios los apoyos, al igual que la autonomía. A mí otro gran amigo e inmejorable profesional de la medicina, el catedrático de Educación para la Salud Jesús Sánchez Martos (al que es fácil que usted le ponga «cara», pues difunde mucho y bien en las televisiones, resultando inconfundible por su pelo brillantemente blanco, y le ponga «voz» por sus sabios consejos en radio), me dijo, cuando me visitó en el hospital: «junto a tu cardiólogo, precisas un médico de cabecera, de consulta, de confidencia, de conversación, que te siga, que te hable con sentido común, que sea sincero». No lo dudé, le solicité que lo fuera él.

Es verdad, se precisa un consejero, un experto médico, que te sirva de espejo, que evalúe la trayectoria de vida, no sólo los datos de los electrocardiogramas o de los análisis. No lo dude, busque ese profesional de total confianza que sepa de medicina y de psicología, ciencias de la salud que ahorman el devenir del ser humano.

Uno capta que empieza a tener deuda de gratitud con muchas personas, pero sobre todo con los más próximos. Me decía el amigo, mi doctor Sánchez Martos: «Cuando dudes sobre si has de tomar o no un alimento, o si te conviene o no hacer tal cosa, consúltaselo a quien de verdad te quiere y está siempre a tu lado». ¡Qué razón tiene!

Y el enfermo crónico, el que en este caso ha sufrido el impacto directo al corazón, ha de pensar en los otros (mujer, hijos, padres), pues sufren, tienen miedos, se desconsuelan, precisan tiempo, conversaciones con amigos, asunción de la nueva realidad. Pero sobre todo ver que el «paciente» es feliz, está ilusionado, implicado, agradecido. Que desea que todo siga su marcha, que juntos nadie pierda su línea vital, sus objetivos.

Claro que estoy escribiendo subjetivamente; no sé, no puedo, no debo hacerlo de otro modo. Hay gran diferencia entre ser diagnosticado de cáncer, sufrir una lesión cerebral irreversible o ser un paciente coronario. Pero hay actitudes para afrontar la enfermedad, la dolencia, que pueden tener mucho en común.

Obviamente no es lo mismo que el acontecimiento se produzca cuando se es anciano, maduro o niño. Cuando ya a cortas edades se sufre, o se es enfermo crónico, el objetivo del día a día ha de ser no rendirse. En los trances difíciles de los niños, los adultos tenemos una épica empresa: ayudarlos a perseguir el horizonte. Si el impacto llega de adulto, habrá de resituarse cognitivamente, socialmente. Porque la autoobservación se amplifica, el hábito de tomar medicación se instala, la percepción de cualquier desajuste (pinchazo, dolor, cansancio) se aviva.

Muchas personas que te conocían se te acercan y te hacen saber que han padecido esa u otra enfermedad grave con anterioridad, comparten sus vivencias, los secretillos para mejorar la lúgubre dieta, te explican con detalle la medicación que han de tomar.

Para animarme, una compañera me dijo: «no te preocupes, mi padre superó nueve infartos antes de morir». ¡Realmente una inyección de optimismo y esperanza!

Será que soy psicólogo y ejerzo fuera de consulta, pero creo haber conocido mucho a los amigos, familiares y otras personas que se interesan por tu estado de salud. Unos balbucean al dejarte un mensaje en el teléfono, otros en plan simpático o alegre restan cualquier trascendencia o gravedad al accidente coronario, hay quien hace hincapié en que tienes que recuperarte para seguir ayudando en la institución a la que pertenecemos. Los hay incongruentes (por decirlo con cariño): te indican «¡cuídate!» e inmediatamente solicitan tu compromiso en una actividad. Los más te expresan cariño, disposición, adaptabilidad a tus necesidades.

Y uno sigue avanzando. Me fijo en que ya en varias ocasiones hablo de mí, de uno. El otro día me paró un conocido que había sufrido un «susto» similar y me comentó que su mujer le había verbalizado que le encontraba más egoísta, más mirando para él mismo, y que, tras reflexionar, concluyó que así es, que el superviviente es el que ha padecido la proximidad del fin y desde ese momento mira para sí, y terminó: «¡Así debe ser!». Creo que uno debe mirarse hacia sí, para cuidarse, para protegerse, pero volcándose aún más en los demás, en hacer de cada instante un momento cálido; de lo contrario, ¿para qué estirar la vida? No es cuestión de tiempo, sino de la calidad y vivencia de él.

No, la obsesión, aunque sea para tomarse la tensión, no es buena compañera. Claro que uno debe observar y comentar al médico: «noto por las noches las manos y los pies muy fríos»; él te dará la respuesta y consejo. Además, hemos de preservarnos: yo me sorprendí encontrándome incómodo y con malestar en un bar hasta que descubrí de pronto (no lo había percibido antes en mi vida) que estaba muy cerrado y la mayoría de la gente fumaba tabaco.

Pero es esencial la ilusión, la motivación; en mi caso, entre otras, la expectativa de que estas palabras, estos pensamientos, estos sentimientos compongan un día un libro que en manos de alguien que desconozco, usted, sirvan, alivien, permitan compartir.

Hay momentos simpáticos, como cuando empiezas a recibir alguna botella gran reserva, dado que has indicado este oasis en la dieta desierta de estímulos. Y te planteas los riesgos de automedicarte con el denominado néctar de Baco cardiosaludable.

Otros, curiosos: al poco de sufrir el infarto, y seguro que por una coincidencia, al abrir el buzón me encuentro con una carta remitida por la Empresa Funeraria de Madrid. Dentro de ella un tríptico en el que se lee: *un servicio especial para clientes especiales.* Al abrirlo, una tarjeta que parece la American Express o la Iberia oro, pues ése es el color con mi nombre y apellidos.

En el texto puede leerse: «titular del derecho de concesión de su unidad de enterramiento...» y le califica como cliente preferente.

«Prioridad en la elección de unidades de enterramiento, en concesiones a 99 años, en cualquiera de los cementerios municipales.»

Menos mal que estas cosas no me dan «yuyu».

Otros momentos tienen un punto amargo. En mi caso, fui por la noche al programa de Manolo H. H. *La noche menos pensada*, anteriormente *De la noche al día,* para despedirme de mis contertulios y sobre todo de mis oyentes/participantes de la noche en Radio Nacional de España. La noche, que tiene un atractivo especial, cuando cruzas la calle de la gran ciudad y te sorprendes de la vitalidad existente, de tanta gente que va y viene a fiestas, a no se sabe dónde, y se cruzan con prostitutas, con chulos, con quien baldea y limpia las calles. La noche, cuando las llamadas de los escuchantes son plenas de contenido, auténticas, impactantes; en algún caso un punto de ensoñación, de locura, se atisba en el horizonte de esa voz que agradece la presencia de la radio.

En uno de los últimos programas de tantos años siendo fiel al compromiso horario abordamos, como siempre en mi espacio *Niños y no tan niños,* el tema de «lo que callan nuestros hijos, lo que no decimos los padres». La primera llamada fue de una señora de 70 años que explicó que de adolescente había sido muy rebelde, que había tenido bastantes enfrentamientos con su padre. Éste hacía muchos años que había fallecido, pero ella nunca le había dicho que le quería, y todos estos años, día a día, se arrepentía de no haberlo hecho aunque hubiese sido una sola vez.

La magia de la radio, de la noche. Despedirse de los oyentes no es fácil, pero así debe ser.

Sabor agridulce. Uno de mis contertulios, Ángel Gabilondo, por entonces rector de la Universidad Autónoma de Madrid, me dijo: «No tienes mirada de infartado, que se les queda desvaída, como sin vida, mirando al vacío, se te ve chispeante, con ilusión». Fue un acicate, un estímulo, una motivación, cuando uno es consciente de que se está cercenando, autolimitando, castrando en algo y que así ha de ser.

Yo mismo me pongo metas, límites, me pongo en unas ideas y valores eludiendo otros, yo mismo llego a ser.

Sí, porque una cosa es lo que es y otra bien distinta lo que ha de ser, lo sano, lo necesario. Cambios que se resisten, pues los hábitos están incrustados y el cerebro tiene unas inercias, así que le decimos a él mismo, desde él mismo, que tiene que frenar. Un diálogo consciente y continuo con uno mismo. En algún momento, agotador.

Lo que ocurre es que si se le escucha, el cuerpo habla —aunque sea en bajito—. Por ejemplo, te afeitas y al rasurarte con insistencia te quedan puntos de sangre o ésta fluye en hilillos y te acuerdas de la medicación anticoagulante que estás tomando. Otro susurro del propio organismo lo percibes al levantarte con ímpetu de la cama o de un sillón y sentir un leve mareo, y entonces recuerdas en ese momento que por tu seguridad te han bajado la tensión arterial. En otras ocasiones el eco del cuerpo resulta nítido, como cuando la fatiga te alcanza, te sorprende por su inmediatez y capacidad de abarcarte. Te has excedido en el esfuerzo y sientes que te has quedado «sin gasolina», que no hay «reserva», y te adaptas o aceptas, aunque te preguntas: «¿esta manifiesta limitación, lo será para toda la vida?». Quedas a la espera. Sientes que se aproxima el invierno personal.

27 de noviembre de 2006

Pequeñas renuncias, pero severas, graves. El primer viaje (tras el día D), comodísimo, lo hice junto al presidente de la FAD (Fundación de Ayuda contra la Drogadicción); nos encaminamos a Sevilla, donde tenía que dictar la conferencia inaugural. De entrada, le sirvieron un platillo con porciones de exquisitos quesos. Pensé: «no puedo tomarlo y es para toda la vida». Para toda la vida cualquier renuncia resulta dolorosa, ensordecedora.

Llega el primer examen, en mi caso ante el público, una conferencia inaugural. Al entrar en Sevilla, me acordé de los toreros que reaparecen tras una grave cogida. Importa hacerlo bien, se necesita, y no digamos que salí a hombros por la puerta grande, pero me sentí reconfortado, y la ulterior y nutrida rueda de prensa me sirvió de puntos de sutura. Usted probablemente tendrá otra actividad, pero el mismo reto. Somos distintos, pero la trastienda cerebral se asemeja.

Cuento mi vida personal para ser sincero, para ser claro, directo. Le solicito a usted que haga la traducción simultánea. Ya se habrá dado cuenta de que antes llevaba una vida más que ajetreada, y a riesgo de sentir la «soledad entre todos», me dirigí un domingo como tantos otros por la mañana a la radio, pero esta vez para despedirme en Punto Radio de la encantadora persona que es Ana García Lozano, de su joven y eficaz equipo y de los oyentes. A quienes amamos la radio nos cuesta romper la fidelidad establecida.

Yo, que siempre he propugnado el tratamiento catártico mediante la palabra, me encamino (en parte, sólo en parte) hacia el exilio interior.

El curso del tiempo nos mostrará las veleidades del futuro. No todo es previsible. Mi hijo, aprovechando la semana vacacional que conlleva en Estados Unidos el día de Acción de Gracias, voló de Washington a Madrid y de allí nos fuimos juntos a la bellísima ciudad de San Sebastián para participar en un programa de Euskal TV sobre educación (el título era brutal: «Miedo en las aulas»); paseamos, hablamos, disfrutamos (en mi caso no de los «pintxos»); pues bien, a la vuelta, el avión no pudo despegar de Fuenterrabía por el viento cruzado. Así pues, al autobús. Y a Bilbao. Horas después nos entregaban las maletas y a otro autobús hasta Vitoria. Eran las 3 de la noche cuando llegábamos a un Madrid frío y lluvioso, y naturalmente no había un taxi. En fin, mereció la pena volver a la ciudad donde veraneaba con mis padres (el poder del recuerdo) y hacerlo junto a mi hijo. Un «test de esfuerzo» para el corazón.

Me encanta escribir estas líneas para usted, para ustedes, noto el «latido de la prosa».

Y sabedor de que muchas de nuestras actividades son perecederas, me planteo ahora que todo el mundo habla de «estrés». ¿Será como el colesterol, que uno es bueno y otro malo? Habrá que elegir, ¿pero es posible? No me había dado tiempo a contestar cuando me llamaban de Bogotá, adonde tendría que haber viajado como vicepresidente de la Asociación Iberoamericana de Psicología Jurídica. Me acababan de nombrar presidente. ¿Cómo decir que no a mis amigos y colegas de tantos países? Pues dije que sí.

Y al día siguiente me informaron de la reunión del patronato de UNICEF que presidiría su majestad la reina, con la cual he tenido el honor de compartir algunas tardes de reflexión sobre la infancia y juventud. ¿Se puede decir que No, se quiere decir que No? Empiezan de nuevo las dudas: «¿estaré cayendo de nuevo en el activismo?».

Quizás otras personas a las que veo se equivocan en sentido contrario: se las ve acobardadas, te cuentan lo mal que lo pasaron, el riesgo que corrieron, la necesidad de atención que demandaron. Ellas mismas se envuelven en algodones. Bueno será que nos planteemos si estamos inmersos en la cristalización del error.

Recuerde lo que dijo Emerson: «Un amigo es una persona con la que se puede pensar en voz alta». Posiblemente con esa amiga o ese amigo concluyan que, más que pasado o futuro, lo que existe es un prolongado presente.

20 de diciembre de 2006

Cada semana uno va a «por la baja médica» y se resitúa junto a tantos ancianos que «echan la mañana» en el ambulatorio. Se me vuelve a colar un mayor, alegando exactamente eso, «¡que el es mayor!», y dejando entrever que por tanto tiene menos tiempo que perder (no se me había ocurrido; por el contrario, pensaba que al estar jubilado...).

La baja laboral, una sensación ambivalente. Por un lado, una comodidad: se cobra sin ir a trabajar, uno puede pasear, telefonear, leer; por el contrario, se percibe que uno vive de los demás, que no aporta, que no participa de la ansiedad y las risas del trabajo del día a día. Sabes que es justo, que estás de baja por una causa grave, objetivable, socialmente aceptada, pero el «comecome» está ahí. Me recuerda a los cinco años en que por ser defensor del menor (el primero en España de 1996 a 2001), y con el tratamiento de excelentísimo señor, disfruté de un coche oficial con conductor; en todo momento iba trabajando, desde el teléfono, revisando documentos, escribiendo ideas, redactando artículos, conferencias. Pero cuando parábamos en un semáforo y los ciudadanos te miraban, sentía un cierto malestar, algo así como si me interpelaran con un: «¿y por qué tú vas en coche oficial, conducido y con mis impuestos?». Esa sensación incómoda tengo disfrutando de la baja laboral. Porque a mí lo que me gusta es conducir y trabajar, ser y sentirme útil.

Cuando acabé mi mandato como defensor del menor me incorporé a mi puesto como psicólogo de la Fiscalía del Tribunal Superior de Justicia y Juzgados de Menores a las 8 de la mañana, al día siguiente. Sentirse uno más resulta reconfortante. Tanto es así que —creo que como respuesta al coche oficial— me compré un pequeño Seat Panda de segunda mano y disfrutaba, pues la gente me miraba y claramente comentaban: «¡mira el defensor del menor!», para inmediatamente, y dado el tipo de coche, desestimar dicha afirmación.

Por otro lado, uno empieza a hacerse cómodo y piensa: «quizás me venga bien que esta baja laboral se dilate», te dices: «ya habrá tiempo para trabajar», aunque la distancia y sin duda las secuelas físicas y anímicas del infarto te impelen a defenderte y plantearte si te apetecerá reingresar; es más, te preguntas: «¿me declararán una incapacidad parcial? y ¿cuáles son las ventajas e inconvenientes?». A estas alturas sigues tranquilo, el mensaje que recibes de todos, ya sean aquellos que te rodean o quienes te llaman por teléfono o te envían un email, es: «¡Cuídate, no te preocupes por nada, salvo por ti!». Algún amigo médico te indica, entre sonrisas: «estás, como se decía antes a las mujeres, en la cuarentena».

Te llama poderosamente la atención que todo el mundo, cuando te hablan, cuando te escriben, utilizan el término: DE CORAZÓN.

A mí el infarto me sobrevino el 1 de noviembre de 2006, día de Todos los Santos (¡que ya tiene guasa!, aunque no para mi madre, que nació en esa fecha y que con este último acontecimiento le está cogiendo inquina al día de marras). Pues bien, el 14 del mismo mes tenía que presentar, y así lo hice, mi decimoséptimo libro (sí, se lleva la cuenta, son como hijos), *El arte de educar*. En las dedicatorias tuve que hacer un gran esfuerzo para no poner DE TODO CORAZÓN. Similar a lo que les ocurre a los invidentes, que utilizan mucho la palabra VER.

Ironía melancólica. Como lo es que, dada mi pasión por mi profesión, sienta un encanto turbio al penetrar en las galerías internas para analizar conductas y pensamientos. Es el caso de ir al trabajo a «entregar la baja»: por un lado lo deseas (no anhelas) por reencontrarte con compañeros, algunos de ellos amigos, pero por otro lo rehúyes porque es como cuando te despiertan mientras estabas somnoliento con otro ritmo moroso.

Vuelvo a la escritura; me encanta hacerlo sobre el blanco papel: los trazos, la presión, son distintos según lo que escribo; las tachaduras son símbolo del esfuerzo, pequeñas cicatrices. Dijo Goethe: «escribir es un ocio laborioso». Estas páginas se llenan de tinta en noches oscuras, buscan ver el panorama, saliéndose del marco, no alejado de un nihilismo zumbón y dialéctico.

Pienso con un travieso regocijo si a partir de la fecha del infarto no disfrutaré de una larga y cuidada mala salud de hierro. Claro que para eso, para ponerte en tu sitio, para que dejes de ser transgresor, siempre hay alguien (desde luego no un alma caritativa) que te explica que conoció un caso similar y que en el segundo infarto no lo contó.

Me estoy dirigiendo a usted con humor (es parte de mi carácter, y espero que del suyo): la risa es un buen embajador, una preciosa carta de presentación. Siempre me ha acompañado y ahora es piedra angular. El reír, llorar, es tan humano como el hablar, pero sin sentido del humor no hay verdadera vida intelectual, ni mucho menos vida social. Comparta, por tanto, por favor, guiños irónicos; junto a usted estamos mirándonos en el mismo espejo de agua, aunque cada uno ve reflejado su propio rostro, su propia vida. No se trata de un exorcismo freudiano.

Lo aquí escrito no vuelve a ser seleccionar lo ya leído y aportar algunas gotas personales. Utilizo el lenguaje con libertad, porque el estricto rígor es «rígor mortis». Puestos a permitirme, concédame la posibilidad de transmitir vestida de lucidez alguna frase poética. Me encantaría establecer con usted, contigo, un puente semántico, mediante una mullida prosa, que la escritura sea porosa.

Sí, le estoy abriendo mi corazón; por eso le incluyo el email remitido por mi hijo el 17 de diciembre de 2006.

«Querido papá:

Me hizo mucha ilusión que me llamarais el otro día Bea y tú. Justo salía de casa hacia la universidad y la imagen era muy americana —los autobuses amarillos llegando a la escuela que está al lado de mi casa—, y sin embargo, hablando con vosotros en España, fue un bonito contraste.

Veintiocho años, ¡uff! Ahora ya sí que suena, me suena mucho hasta mí. Pero feliz de cumplirlos como los cumplo, en un lugar donde quiero estar, contento y sabiendo que en breves días estaré viajando a Madrid para reunirme con todos vosotros.

Estas navidades van a ser muy especiales. El susto que vivimos hace ahora ya varias semanas fue mucho más que unos días de zozobra. Fue también algo positivo (ya sabes que soy optimista). Positivo porque me sentí muy cerca, muy cerca, de mi padre, de mi familia, de los que tanto quiero, y tanto admiro. Porque cuando la mañana que me tenía que ir al aeropuerto ya para regresar, llamaste desde el hospital para despedirte, y cuando hablabas con mamá, notaba que te emocionabas, tanto como me emocioné yo.

La vida a veces nos da estos momentos. Momentos en que la dinámica voraz del día a día se detiene para ofrecernos un instante de lo que es importante. Los otros. Los más cercanos. Los que nos quieren.

Fueron días de emociones intensas, y tengo muchas ideas que quiero poner por escrito sobre ellas. Días en los que aprendí también sobre mí mismo. Días a los que estoy agradecido porque sigues estando entre nosotros. Días que, como todo en la vida, debemos aprehender para mejor. Para ser más positivos.

Tu christma estas navidades irá destinado «Lleno de vida», y me parece enormemente acertado. Este correo va lleno de amor de un hijo a un padre.

Tu hijo, orgulloso de serlo de ti,

Javi.»

Sí, me basé en la frase de Ricardo Arjona: «Hay que ponerle vida a los años» para realizar la felicitación navideña, porque es un objetivo, una motivación, una razón de ser, y gusta compartir.

Comprenderá, querido lector, que teniendo una mujer, unos hijos, unos familiares y amigos tan auténticos, tan tiernos, tan próximos, uno se adhiere a la Tierra (además, soy padrino de Carlos, un algodonoso niño canario), al tiempo que, conocedor de la vida de privilegio de la que he disfrutado, me permito esperar lo que ha de venir con una plácida acogida y una cordial sonrisa. Estoy listo para iniciar el viaje incierto.

Pero hay que ser prudente con las expresiones. Gusté de decir: «No tengo miedo a la muerte». «Siento que ya he vivido, más que mucha gente gris que ha cumplido 90 años.» «Mi epitafio nunca será "murió" como vivió, sin ganas.» Porque el interlocutor, con todo cariño pero molesto, te reprende, dice: «Te necesitamos»; señalan a tu mujer y tus hijos... También exorcizan miedos: «¡no digas eso, no hables de eso!».

Quizás nunca he estado tan preparado, y ello por una grata o providencial coincidencia, como es que yo estaba dirigiendo una colección de libros titulada «SOS Psicología Útil», para la editorial Pirámide (Grupo Anaya), con los siguientes temas: *Víctima de terrorismo. Dejadme morir. Víctima de abusos sexuales. Tengo cáncer. Cuidados de un enfermo mental. Voy preso. Sufro fatiga crónica. Me deprimo.*

Libros que leí y releí para corregir en galeradas y que buscan ayudar a quien lo precisa, ser útiles para quienes sufren en silencio, reseñando casos auténticos o vivencias propias.

Después de llenarme de tanta esperanza, fuerza de voluntad, aceptación, ¿me cabía colapsarme por una avería inesperada? No, no podía, no debía paralizarme. Lo que no te exime de los problemas, contradicciones y negociaciones conscientes, inconscientes y subconscientes contigo mismo, con los demás, entre razones y emociones. Queremos creer y creemos que nunca es demasiado tarde para empezar a cuidarse.

La tormenta hace que las raíces de los árboles crezcan más fuertes.

Deseo agradecer a la vida misma por el privilegio de ser parte de su existencia. Estoy en los 50 años, puedo y debo detenerme, mirar hacia atrás, sorprenderme de todo lo hecho, conocido, visitado, bebido, amado. Disfruto el regusto de la edad adulta.

Sólo si queremos en nosotros lo vivido, resultará atractivo lo que nos espera.

La vida, al final, se mide por lo realizado, y, como dijo Whitman: «un tallo de hierba es el jornal de las estrellas».

«¿Cuál es la razón de nuestra existencia?
Ésta es la pregunta punzante y reiterada de nuestra vida.
A mí me ha sido contestada.
Los menores.
Los que están en crecimiento; los que miran con ingenuidad; los que duermen placenteramente sin recelo; los que aprenden de cada gesto, de cada palabra, de cada silencio.
Los que sufren injustamente el exceso de alcohol, la patología, la desviación sexual de los adultos; los que nacen en las cárceles...
... Gracias a los niños, porque ellos nos permiten mantener la esperanza en los hombres».

(Javier Urra. Defensor del menor. Palabras pronunciadas el 7 de octubre de 1996 ante la Asamblea de Madrid, en la toma de posesión.)

Hoy sigo pensando que me siento joven (repito, pienso que me siento joven). Me quedan cosas por hacer que me ilusionan, y me alegra comprobar que me rodea gente maravillosa y jóvenes que seguirán mejorando este mundo.

30 de diciembre de 2007

Retomo el libro, porque éste requiere su ciclo de maduración, de cosecha; hay que dejar que transcurra el tiempo para que acontezcan hechos, para que nuevos sentimientos y pensamientos afloren. Cuando brotan las ideas, las apunto en una hoja sin elaborar: ya llegará el momento de embotellarlas en forma de palabra escrita, pero precisan reposo.

Porque la evolución del paciente es al menos afectivamente algo imprescindible, porque avanza y retrocede, duda, se cuestiona, habla y calla. Hemos despegado, pero hasta alcanzar la velocidad de crucero, y con los baches que le son previsibles, estamos todavía en zona de turbulencias.

Este libro tardará en escribirse exactamente lo que él mismo demande.

Siempre comparto con los míos los temas y contenidos de mis libros. Estoy contento: las personas de confianza a las que he mostrado lo hasta aquí escrito lo valoran como claro, pertinente, una buena idea. El que médico y paciente aúnen conocimientos es aplaudido, y que el tono de la escritura sea directo y sencillo se agradece.

Salgo a la calle, a caminar. ¡Qué bellos son la ciudad, la gente, las hasta ahora desconocidas azoteas, los áticos de los edificios! Siempre con la «cafinitrina» a cuestas. Fiel aliado que transmite lealtad y confianza. Escribir es positivo, pero obliga a leer, a leer mucho, y en eso perjudica, pues uno se queda clavado a la silla cual chincheta.

Medicación, por la mañana, por la noche, todos los días, uno y otro, todos. Pareciera que ahora se asemejan más los días, las rutinas. El menú de la vida —también el gastronómico— se hace más corto y más estrecho.

Y te da por pensar ante el eco de la expresión ¡«para toda la vida»! Para toda la vida es el equipo de fútbol (balompié) al que uno pertenece, que si bien no se sabe del porqué de esa adscripción (ya sea para continuar la tradición familiar, ya para contradecirla), lo es para toda la vida. Fidelidad cien por cien. ¿Conocen a alguien que a mitad de su vida cambie de equipo? Yo soy del Madrid, claro, del Real, porque «me gusta el arte», otros del Betis «mal que pierda», o del entrañable Atleti, y se saben gustosamente «sufridores».

Déjenme que divague, que comparta sonrisas con usted, amiga, amigo lector, porque no es sano pensar en todo momento que «el país» (como nación) sigue pagándome la baja y yo escribiendo cómodamente, o sintiendo que cualquier nuevo «deterioro» que arriba a esta playa (llámese cuerpo), por ejemplo una ciática, se suma al problema principal, hablamos del corazón. Preocupante este posicionamiento sumativo.

De tanto pensar se enmaraña, de tanto escribir se hace garabato. Cuando uno dice: «¡me pude morir!», ¿realmente lo cree?, ¿lo cree realmente?

Caen las hojas del calendario y otros pacientes, otras gentes casi desconocidas, cual gripe, te transmiten miedos profundos, objetivos irracionales, miedo al miedo, miedo a las limitaciones, al futuro, a mañana, a ser parte de ese cuerpo, ser ese cuerpo, ser ese corazón, no el corazón, sino mi corazón, o sea, yo.

No tengo miedo —al menos por ahora—, pero no estoy vacunado. Dudo de si los miedos se acrecientan con el paso del imparable y continuo tiempo, pues se empieza a ser más consciente del riesgo de reincidencia. ¿Se repetirá el infarto? Sí, muchas preguntas, del tipo: «¿y si un día tengo otro problema y requiero una intervención quirúrgica compleja, qué puedo esperar de esta "pila" dañada?».

Las preguntas que golpean reiteradamente, como contra un frontón, en busca de la verdad.

Miro a mi alrededor, a los miembros de mi familia: ¿cuáles son sus percepciones, sus sentimientos profundos, callados, silenciados?, ¿qué ha cambiado entre ellos y yo?

Específicamente. Aracely, mi mujer, ¿qué impacto ha recibido? A solas cenando, un día, sin más, sin premeditación, haces un comentario y ella hila el pasado, los posibles antecedentes, te pregunta si ese día —el día D— sentiste algo especial, te comenta lo que le habían dicho de mi aspecto anterior por la calle, ante la televisión: «estabas desmejorado, habías perdido mucho peso en poco tiempo, viniste enfriado en verano del frío invierno chileno...»; todo lo ha pensado mucho, lo ha cariñosamente rumiado. Eso es AMOR.

Como lo es el de la madre que, con 77 años, vuelve a ejercer de tal ante su hijo único, comprándole borraja (verdura deliciosa de Navarra y Aragón) y pan integral sin sal, indicando la pertinencia de salir con bufanda, impidiendo coger cualquier peso por ligero que sea. Madre que vuelve a ejercer su papel, que sobreprotege, que ama a su único hijo, que trasluce un disgusto con ella misma por no haber evitado una implicación laboral tan desbordada en su hijo, que deja entrever muy levemente a su hijo que tanta vocación por ella misma propugnada e incentivada ha traído esas consecuencias. A lo que sumar el: «hijo, no te has cuidado, has comido a deshoras, no has dormido...».

Uno vuelve a la niñez, es cuidado, atendido, pero siente que los otros, los adultos, te consultan menos, son más autónomos. A ti se te designó el papel de enfermo (lo eres) y hay que cuidarte. Se establece a tu alrededor un intangible «acuerdo de familia» del que tú te sabes fuera. Ellos han hablado y lo hacen sin que tú estés (y así debe ser).

Si se es abierto, si se elabora lo que acontece a tu alrededor, no hay problema; si uno se recluye en sí mismo, mira a sus profundidades, se asoma a oscuros presagios, se está cavando su propia tumba. Aislarse impide salir, y a los otros, aproximarse. Por ejemplo, cuando esto escribo, pienso en mí, pero sobre todo en usted, en ti, en ponerle a las palabras sonoridad, en ser ameno, dotar de ritmo ágil, resultar interesante, amable.

Suena el teléfono. Es Juanjo, que, como todas las navidades, llama para felicitar el año. Se con un «¡hola, Javier Urra!». Juanjo es un joven que, siendo niño, y dadas sus limitaciones cognitivas, fue alumno del centro de educación especial donde yo me inicié profesionalmente. Desde entonces mantenemos una hermosa relación. A Juanjo las enseñanzas le vinieron muy, pero que muy bien. Se integró laboral y socialmente. Es un magnífico jardinero responsable de un equipo que cuida todo lo referente a jardinería en un ayuntamiento que está, créanme, primoroso.

Un día nos llamó a la actual directora del centro y a mí y nos dijo que estaba enamorado, que había conocido a una cariñosa y hermosa chica colombiana. Hablamos de expectativas, de vivienda, de economía. La conocimos, encantadora. Se casaron y son padres de una bendita y cuidadísima criatura.

Juanjo, cuando le conté lo que me había pasado, exclamó algo que aquí no voy a transcribir y continuó: «¡el que mucho corre pronto para!». Es el mejor resumen que he oído relativo a lo que me ha pasado, o, mejor dicho, a lo que he propiciado.

Le pregunté por los suyos, y me emocionó su descripción. No hay mejor navidad. Me interesé por él, y me aclaró: «yo estoy muy tranquilo, cuidando los bonsáis» (cuando enferman los del Jardín Botánico de Madrid, le encargan a Juanjo que los mime, los recorte, los hidrate gota a gota).

Esta llamada me recordó las palabras de un gran amigo, un espléndido sacerdote, un hombre que marcó mi vida, Plácido Fernández Aller, recto como un junco en su caminar, en su forma de conducirse por la vida, cuidado y cuidadoso, reflexivo, espiritual, nacido en León, en La Mata del Curueño, junto a cuyo río pasé algún verano. Me formó, me forjó mi voluntad —que ciertamente es de acero— y, como buen maestro, me dispuso en bien de los otros pero previniéndome de los excesos. Sí, me lo dijo: «hay que cuidarse, el cuerpo antes que después pasa factura». Llevabas razón, pero la causa lo merecía: la infancia.

Siempre he sentido que desde lo más alto se me protegía, y obviamente no por mí, sino por mi objetivo. No he sido proclive a las actividades de riesgo, pero siendo niño me atropelló en Madrid un coche norteamericano que circulaba marcha atrás en un día de intensa lluvia y me arrolló mientras cruzaba con mi cartera de cuero, que recibió el primer impacto. Recuerdo el desconsuelo del conductor, que me acompañó a casa y junto a mis padres al médico. Me caí, también de niño, en el gimnasio desde 7 metros de altura. Tenía que subir la escala y agarrarme a la techumbre y el miedo me proporcionó el sudor en las manos que me condujo al vacío y a quedar tendido y en coma; creyeron que estaba muerto: obviamente no era así. De joven, en mi tierra, Estella (Navarra), una vaquilla, ante unos recortes reiterados que se aprendió, me volteó y nueva conmoción; desperté en la enfermería escuchando (no podía ver, pues tenía los ojos llenos de la arena de la plaza): «éste para Pamplona, está mal». No fue para tanto.

La pérdida de conciencia (como el sueño) bien podría ser el anticipo o la antesala de una muerte dulce. Añádase un grave sobresalto de avión en un aterrizaje en el Prat (Barcelona). ¡Con qué gusto caminamos disfrutando despacito por la ciudad tras el susto de muerte! Y dos situaciones con el coche: en un día de lluvia torrencial en que se suspendió un partido en el Bernabeu, viniendo de la sierra, al entrar en un túnel de la M-30 de Madrid, con mi mujer y los hijos, de pronto se inundó de agua y cieno proveniente de la Casa de Campo y allí quedó el coche; salimos mitad corriendo, mitad a nado. Después sufrí un siniestro total en la A-2, a la altura de Pegaso, en mi pequeño coche (al que cariñosamente llamaba 2X2, un Seat Panda), al frenar bruscamente el que me precedía y no hacerlo el que venía detrás. No ha llegado mi hora; debe de ser que tengo más cosas que hacer, y me dispongo a ellas con sumo gusto.

A estas alturas empiezan los «primeros pecadillos», cuales son comer alguna patata frita en el bar, aunque soples para quitarle la sal. Quieres normalizarte, te vas relajando, pero sigues consciente de que es necesario el equilibrio.

Al tiempo, y mientras te cuestionas por la «minusvalía» que te asignan los compañeros, los colegas, te viene a la mente si en vez de sufrir un accidente coronario hubieras recibido el diagnóstico de un cáncer malévolo, invasivo, galopante, que se extiende y te domina en lucha desigual. Te planteas: ¿esta forma de ensoñación provocada será una manera de escape, de decir: ¡qué suerte he tenido!?

Tu sonrisa juega al cinismo, deja traslucir: «soy un jubilado, o estoy caminando con zapatillas deportivas, o estoy en casa con zapatillas de felpa». Y es que uno no quiere ser sobreprotegido, pero no deja de transmitir que lo que le ha acontecido es serio, es severo, no es, como alguien te dice, «un problemilla».

Esto te lo recuerda el corazón cuando un día subes deprisa dos plantas de garaje y sin forzar la zancada en los dos tramos te sobreviene una desconocida taquicardia. O cuando un día vas a tomar unas cervezas «sin» con los amigos y notas que, tras estar de pie dos horas, te estás mareando, tienes que sentarte y a continuación ejercitar en la cama la nacional siesta.

Sigues midiéndote: ¿dónde están las limitaciones?, ¿el cerebro continúa llevando un ritmo acelerado para este corazón? Simpático debate en el que la mente le transmite al cerebro que se acompase al corazón.

Me intereso por la visión y proceder del médico que es paciente. Me parece esclarecedor. Significar que se comportan primordialmente como cualquier enfermo; lo que sí tienen claro, al menos de forma teórica, es que lo que se precisa es dieta sana, actividad física y no fumar. Los médicos pueden aceptar un infarto, pero lo que temen es un ictus (que antiguamente recibía el nombre de ataque de apoplejía), dado que te incapacita cerebralmente y convierte a los seres queridos en cuidadores crónicos.

El infarto cerebral, en el que se produce la oclusión de una arteria (como en el infarto de miocardio), es de dos tipos: embolia y trombo in situ. Por contra, en la hemorragia cerebral el problema es el opuesto: en lugar de sequía, acontece inundación; ocasionalmente se debe a la oclusión de una arteria que se rompe tras quedar obstruida por un trombo designado como infarto hemorrágico. El problema en ambos casos es similar: mueren neuronas cerebrales que son irrecuperables, pues el cerebro no se regenera y la víctima queda incapacitada para llevar a efecto las funciones propias del área cerebral afectada.

Cuando se produce un ictus, es fundamental la inmediata intervención de quien le rodea para llevar al paciente urgentemente a un hospital, pues no es infrecuente que la víctima siga hablando sin darse cuenta de que no se le entiende o dice incoherencias o que intente caminar pero una parte del cuerpo no le responda.

Las víctimas del ictus quedan muy dañadas emocionalmente, y son pocas las que se pueden reponer tras darse cuenta de sus limitaciones (cuando este autoanálisis se mantiene). No poder moverse o comunicarse resulta psicológicamente devastador.

Tras esta incursión, regresamos a la cotidianeidad. Hemos quedado con un íntimo amigo, Juan Romero, y su querida familia a mitad de camino de nuestras ciudades; ellos viven en Pamplona. Juan es el psicólogo de la cárcel. Nos encontraremos en Almazán (Soria), donde «ha caído el gordo de la lotería de navidad». Siempre desde niño me han encantado los coches, conducir me da paz, me relajo, disfruto, jamás increpo, critico o insulto, supone uno de mis mejores placeres. Tengo (tenemos) un precioso Jaguar verde (el británico de toda la vida). En este viaje comparto la conducción con mi hijo. Conducir, conducirme, sabor agridulce. ¡Toma dilema! Al fin hay que dejar paso.

11 de enero de 2007

Intento escribir este libro «como se habla», con frases repetidas, con palabras redundantes, me interesa establecer un diálogo fluido con usted, porque es mi interlocutor. Usted, que es lectora o lector y además paciente o que lo puede ser y se interesa por mi vida o por los paralelismos y divergencias con la suya.

Analicemos ahora si le parece (en caso contrario, puede «saltarse» esta reflexión) la valoración que se da a los fármacos. Yo no había tomado más allá del clamoxyl ante alguna gripe renuente a retirarse. Mi suegro, médico, era más amigo de que me quedase en casa, tomara vitamina C y dejara que la sabia naturaleza restableciera su curso. Un buen médico que lo fue en pueblos, «cuando de verdad se ejercía la medicina», y en la gran ciudad, que en ocasiones regalaba estos consejos a los potenciales clientes de la farmacia de su esposa, ante el estupor de ésta, que veía que la venta declinaba ante la ética hipocrática.

Pues bien, una vez infartado, los fármacos se convierten en la pócima de Asterix y Obelix, la confianza en sus principios activos se traduce en fe. No es mi caso, pero tampoco lo discuto: la eficacia está probada y los ingiero con rigor y escrupulosidad horaria. Se trata casi de un ritual.

Los hay de todos los tipos, y mi admirado doctor Sánchez Martos, Jesús, los describirá con claridad y finura —permíteme, doctor, que mencione los que se utilizan para controlar la tensión—. Me refiero a los diuréticos (los que te hacen orinar con frecuencia —también por la noche—), que actúan eliminando el exceso de líquido de la sangre. Otros son los que dilatan los vasos sanguíneos, denominados vasodilatadores. Por último, los betabloqueantes buscan que el latido del corazón sea más lento y menos fuerte; su estrategia consiste en inhibir los impulsos nerviosos del cerebro hacia el corazón y los vasos sanguíneos (son indicados para personas digamos temperamentales, irascibles, los comúnmente denominados de carácter fuerte, es decir, cuando la etiología de la hipertensión tiene un componente emocional significativo).

Creo (corríjanme si me equivoco) que tras el infarto hace falta una doble ración de optimismo y de confianza en sí mismo. Una dosis generosa de esperanza y la convicción de poder hacer, y hacerlo, aquello que se precise para recuperarse. Retomar el control de la vida requiere no sólo voluntad y constancia, sino reflexión. Estoy convencido de que esta actitud incide en el bienestar del paciente tanto o más —sí, más—, que cualquier fármaco (sin querer molestar a los laboratorios farmacéuticos).

No es fácil. Pero es que la vida no es fácil; resulta como el caminar, un equilibrio discontinuo, pero se puede hacer y sin caerse.

La vida es dualidad, opción, que conlleva decir no a algo o a mucho cuando se dice sí a otra cosa. Contradicción. Por ejemplo, yo estoy escribiendo encantado estos renglones, uno tras otro, y los releo y corrijo y disfruto, pero acabo de entregar otro libro sobre un tema polémico, apasionante, creo que se titulará algo así como *Mujer creciente ¿hombre menguante?* Pues bien, mientras indago para este *Con el corazón partío*, sé que tendré que promocionar el anterior. La lucha entre lo que fue (escrito) y lo que será está desde el primer momento predeterminada, la ganará la motivación, la expectativa, la esperanza.

Lo anteriormente escrito no es una parábola, pero quiere asemejarse.

Pese a todo, y si lo precisa, igual que va al cardiólogo por el corazón vaya al psiquiatra si aprecia rasgos de depresión: quizás necesite un antidepresivo. Porque cada uno sufre de una forma, no todos pueden controlar el miedo a la muerte, la sensación de que la juventud ha desaparecido.

Se precisa capacidad para salir adelante, con la ayuda de los seres queridos, de uno mismo y a veces de psicoterapia. Se calcula que un tercio de los infartados reaccionan positivamente, interpretan el mensaje como un aviso a navegantes, modifican el rumbo de sus vidas para procurarse una travesía larga y calma. Otro tercio se hunden, o quedan al pairo incapaces de hacerse con el timón, sin brújula, se dejan llevar, sin encontrar su lugar, su horizonte. El otro tercio se acobardan, temen, no inician el viaje, no se atreven a restablecer la normalidad, se autolimitan, confunden prudencia con parálisis.

¿Se acuerdan de aquella canción que dice «a veces llegan cartas con sabor a...»? Me llegó una carta, que transcribo, de una gran periodista, Tina Barriuso, presentadora y directora durante muchos años en Radio Nacional de España del programa *Contigo en la distancia*. En el espacio ya referido de RNE por la noche *De la noche al día* del que me despedí, Tina leía el «Diario de una mujer madura». Esa última noche de radio para mí me lo dedicó:

«A lo largo de mi experiencia profesional he ido conociendo gentes muy diversas, tanto personas famosas como desconocidas del gran público. En ocasiones unos y otros me han conquistado por sus cualidades y personalidad. Frente a algunas he sentido orgullo ajeno. Un lujo en estos tiempos que corren, en los que lo corriente es lo contrario, ya que muchos programas y medios de comunicación nos hacen sentir vergüenza ajena con demasiada frecuencia.

Frente a la gente inteligente, cabal y generosa una se afianza en la convicción de que el ser humano tiene grandes cualidades y merece la pena formar parte de esta raza (la humana).

De muchos he aprendido y con ellos me he emocionado, he sentido que el cariño es algo que nos ensancha el corazón y hace que nuestra mirada sea benevolente... No soy una persona que haya cultivado las relaciones que mi profesión me ha propiciado, entre otras cosas porque he sido madre y esposa por decisión propia y, por tanto, he dedicado mucho de mi tiempo a cultivar esa parcela en la que tan bien me siento.

¡Claro que a veces he lamentado no asistir a tal o cual fiesta, a tal o cual presentación!, pero había que optar... Ahora mi situación es otra bien distinta y estoy retomando contactos. Sin embargo, hay un pequeño grupo de personas que están en mi corazón aunque no nos hayamos visto con asiduidad.

Hoy quiero dedicar «mi diario» a un hombre al que conozco hace muchos años. Lo siento como un amigo y sé que él así me considera. Siempre creyó en mi trabajo y yo en el suyo.

Javier Urra fue dejándose el corazón en el camino... Ya antes de ser nombrado defensor del menor de la Comunidad de Madrid hizo de la infancia y sus derechos la razón de su vida, no sólo profesional.

¿Qué hace que una persona nos llegue más directamente? ¿Quién me ha seducido más y mejor a través de las muchas entrevistas que he realizado en mi carrera profesional? ¿Los más brillantes en su forma de expresarse, aquellos que utilizan el idioma con precisión y, por tanto, llegan mejor a los oyentes? Sin duda, ésas son las cualidades importantes cuando hablamos de comunicación, pero no se mantienen en el tiempo si no se sustentan en la coherencia.

Javier sintió mi dolor cuando lo tuve. Y yo siento el suyo como propio. Hoy mi diario está cargado de afecto hacia un buen profesional con una enorme capacidad de trabajo y sobre todo un corazón amoroso hacia los más desprotegidos, los niños.

Un fuerte abrazo, amigo. Navidad del año 2006».

Con cartas así, es difícil hundirse, o perder el rumbo. Hablando de hundimientos o naufragios, suelen darse más en el varón, pues con anterioridad al infarto muchos se sentían invulnerables, fuertes, seguros, dominantes, y de golpe y porrazo perciben su fragilidad, inseguridad, desubicación. Las mujeres asumen mejor el impacto, pues de siempre han interiorizado tanto la vulnerabilidad como la necesidad de levantarse, siempre levantarse, pues se saben necesarias.

Espero que a usted como a mí en todo proyecto le vaya la vida. Aunque es un deseo con riesgos, pues más del 3 por 100 del producto interior bruto de Francia y en casi toda Europa se va en tranquilizantes y antiestresantes para paliar la maltratada salud mental.

La depresión (melancolía) es la enfermedad del futuro, o ya casi del presente.

La prioridad más urgente es tomarse tiempo para amar y amarse.

«Creo que una hoja de hierba no es menos que el camino recorrido por las estrellas», Walt Whitman (como ven, me gusta citarlo).

Sabemos cómo disfrutar de la vida, pero somos muchas veces incapaces: el estrés crónico se apodera dando paso a gran número de accidentes cardiovasculares. Los cardiólogos insisten en que si uno padece de estrés y no de otros factores coadyuvantes, no va a padecer un infarto. No es menos cierto que la expresión «susto de muerte» se refiere al estrés súbito que en personas vulnerables puede llegar a provocar un paro cardíaco.

El goteo de estrés, la incapacidad para decidir lo que queremos hacer nos machaca. Las demandas del entorno nos dominan. ¿Cuál es la razón del estrés crónico? Una mala utilización o reparto del tiempo en conjunción con un exceso de ambición. El estrés genera más estrés, y la incapacidad para decir no ante cualquier demanda conduce al desbordamiento.

Contra el estrés (y lo digo teóricamente, no soy un ejemplo a seguir) es preciso valorar las prioridades, reservar tiempos para la actividad física y la meditación (yoga u otras técnicas o formas de vida), relajación. Sobre todo posicionarse en la tranquilidad, hacer lo que hay que hacer antes de anticipar lo siguiente, paso a paso, disfrutando. Decir que no a ciertas demandas y sentirse contento y sin remordimientos.

El infarto ha de suponer un cambio de vida. No radical, pero significativo y continuado. Comparto la afirmación de Jean L. R.

Agassiz: «no puedo perder el tiempo en ganar dinero». Haré de la lectura y la escritura una auténtica experiencia de vida.

Estiraré el tiempo para, alrededor de venerables vinos, alegrar la vida y profundizar en ella, conversando con un amigo o con varios, no muchos, siguiendo la enseñanza que tantas veces he recibido en Chile denominada «conversarse una botella».

La letra de mi canción nunca ha sido ni será la de Julio Iglesias: «me olvidé de vivir». Deseo poner nombre a cada primavera y a cada otoño.

Como Paul Auster en su novela *Brooklyn Follies*: «me siento increíblemente feliz sólo por el hecho de estar donde estoy, en mi propio cuerpo, mirando las cosas de la mesa, inspirando y espirando el aire de mis pulmones y saboreando el simple hecho de estar vivo».

Todavía no estoy cansado de mí. Tengo un hermoso reto, sobreponerme. Y un objetivo, ser fuerte y feliz para ayudar a quienes no pueden serlo. Creo, más o menos, como Woody Allen que «nunca he estado angustiado por la idea de no estar angustiado».

Propicio una interpretación poéticamente luminosa del pasado, ésa es mi versión sincera, no objetiva, de cómo acontecieron los hechos. Y en esos pensamientos estaba, divagaciones o fundamentos, cuando llega a mis manos una fotografía mía en un periódico. Llama la atención, la sorpresa que a uno le supone verse y no reconocerse. Me veo ajado, defenestrado, pachucho, ¿cómo decirlo? He comparado con fotos anteriores, ¡impactantes esos 25 kg menos, ese rostro herido!

Me pregunto si los cambios han afectado también al carácter; hay quienes refiriéndose a otros supervivientes me han comentado que les aprecian un deterioro, que están más sensibles, de peor humor. Confío en mantener mi optimismo y gusto por las gentes. Pero tendré que preguntar a quienes conforman el entorno, pues uno se confunde o autoengaña.

Confiemos en no perder «la chispa de la vida». Por de pronto, y desde el «incidente», me gusta vestir de negro, pero no se interprete como de luto. Muy al contrario, «rompedor», atrevido, adolescente. Voy sin corbata. Me han regalado un reloj deportivo de esfera negra, y por primera vez decido ponérmelo. En fin, que me ha nacido el gusto por la estética, lo bonito y sobre todo «lo minimalista».

Creo que lo superfluo es incompatible con la lección aprendida tras el infarto. Tanto es así que creí que me fallaba en algo la memoria hasta que concluí que lo que ocurre es que me he hecho más selectivo; no todo me importa, y a algunas cosas les presto menos atención. El sistema de alerta se me ha puesto en huelga selectiva.

¿Qué es lo importante? Hay un cuento popular europeo que dice que un rey, ya viejo, quiso saber cuánto le querían sus tres hijas, las llamó por orden y la primera le contestó:

—Te quiero más que al oro —al rey le agradó la respuesta.

La segunda dijo:

—Te quiero más que a la plata —y también valoró la respuesta.

La tercera le dijo:

—Te quiero más que a la sal.

El rey se enfureció y le gritó:

—¡No quiero volver a verte, la sal no vale nada!

Esa noche la pequeña princesa bajó a cocina e indicó que no se pusiera sal a ningún alimento. Cuando el rey probó la sopa, bramó:

—¡Llevaos esto, no tiene sabor! —así ocurrió con el pescado y el asado.

El rey llamó enfurecido a su presencia a los cocineros, que le explicaron las órdenes de la pequeña princesa. El rey reflexionó, llamó a su hija, le pidió perdón, le reconoció que no sabía lo importante que era la sal y concluyó:

—Me quieres más que a la sal, y tu cariño es mayor que el de la plata y el oro.

Así de simple, así de veraz (y conste que no lo digo porque nos hayan prohibido tomar sal con los alimentos).

Quizás el ataque cardíaco me ha servido para reestructurar mi existencia, para llevar una vida en condiciones, más manejable, más elegida. Estoy pensando en pedir la excedencia como psicólogo de la Fiscalía del Tribunal Superior de Justicia, Sección de Menores, para dedicarme a escribir. Escribir es vivir y viajar dictando conferencias, encontrándome con la gente de pueblos y ciudades, lo que llevo haciendo desde 1986, es increíble; las gentes, las buenas gentes, y volver a esa ciudad del norte, del este, del sur o lindante con Portugal o en Portugal y reencontrarte con las personas, con los cambios, con los recuerdos. Se aprende mucho, se aprecia la realidad, se apartan los sucesos convertidos por los medios de comunicación en noticias que parecieran cotidianas, normales y numéricamente mayoritarias.

Viajar es la mejor manera de conocer otras maneras de pensar, otros comportamientos. Nos enseña lo que nos diferencia, pero primordialmente lo que nos une, que es lo más: ilusiones, motivaciones, preocupaciones son similares. Disfruto leyendo, recopilando datos, charlando, sin angustias, sin prisas, tiempo al tiempo. Mi adjunta, Sonia Díaz Aldea (mucho más que una eficaz secretaria), lucha junto a mí porque la agenda tenga oasis de descanso sin por ello abdicar de impartir, conocer, viajar, compartir.

Poder elegir entre trabajar como psicólogo, comunicador en los medios, profesor de universidad, escritor, conferenciante, es un lujo, una gran suerte, labrada en tantos años de esfuerzos sin fin, de días de veinticinco horas, de una agenda enloquecida, solapada, imposible.

Mirando al ayer, vislumbro que era consciente del ritmo frenético, pero que no supe apartarme de esa adicción por el trabajo, por estar en todas las salsas, por ser reconocido y por realizar una buena labor. Cuando se persiste en confundir lo que se hace con lo que se es, puede terminarse succionado por el perfil laboral. Insisto, en mi vida he huido de un epitafio que ponga «vivió como murió, sin ganas». Me gusta ser apasionado, ponerle pasión a todo lo que hago, en todo lo que me implico. No calculé, no supe que me fallarían las arterias, pero creo que, de saberlo, habría seguido al mismo ritmo, me mereció la pena. Es verdad que hoy sé que el primer infarto avisa, el segundo mata (bueno, a veces).

La verdad, no me atrevo a comentar a los amigos y en casa los proyectos, los libros que deseo escribir..., pues sé la crítica (certera): «vuelves a marcarte metas, a implicarte en actividades más allá de tus intereses de salud...».

Y es que, sabedor de que la muerte acecha, no he tenido sensación de muerte, no he visto el borde del abismo, aunque soy consciente de que mi médico, Jesús Sánchez Martos, me lo ha dicho: «el corazón no avisa, el corazón no duele». Lo que sí me acompaña siempre (sé que lo repito) es la cajita de cafinitrina (que la cambio cada tres meses).

No soy, no he sido, hipocondríaco; además, asumo lo inevitable, pero soy obediente y viajo con mi pastillero (otro regalo, como el pulsómetro). Tienes un infarto y eso proporciona ideas a quien gusta de hacerte regalos. Evito en la medida de lo posible —y lo consigo— las comidas de trabajo, invento funesto como el de llevarse la labor a casa.

Hay personas que no tienen compasión, y puedes dar un curso de ocho horas, con una parada de una hora para comer, y se te acoplan para formularte preguntas en demanda de respuestas mientras intentas ingerir el alimento. Por favor, absténganse de hacerlo.

Lo que me resulta problemático es dormir de un tirón, no sólo por la medicación (diuréticos), sino porque poseo un sentido del deber formidable y en cuanto he de hacer algo, me levanto a prepararlo.

Levantarse a las cinco de la mañana es un lujo. Te invade la noche, el silencio, la carencia de llamadas, los sentimientos, hasta ideas buenas y buenas ideas.

Ahora sí soy consciente de mi edad, he caído en la cuenta de que ya hace 25 años que cumplí los 25 y que la edad obliga a ciertos peajes y limitaciones. En todo caso, estoy contento, porque en mi vida he sido coherente entre lo que he pensado y lo que he realizado. Se me ha permitido expresarme.

En mi vida he triunfado, y mis amigos, mis familiares, me han conocido y juzgado, y ahora, con el infarto, he vuelto a conocer a mis amigos. Sigue la vida, que zigzaguea en meandros. De alguna forma, siempre he tenido a los jóvenes, o, lo que es igual, lo más importante.

No tengo hermanos, pero sí amigos que se desplazaron inmediatamente desde Las Palmas de Gran Canaria, La Coruña, Pamplona. ¡Qué gran ayuda! ¡Qué razón de vida! Dijo Oliver Sack: «la enfermedad es un evento genuinamente personal, por lo que deben de luchar las personas, no sólo los fármacos»; así es, y mejor acompañado.

Según los investigadores de la Universidad de Queen, en Belfast, los dueños de perros tienden a tener la presión más controlada y el colesterol a raya, sufren menos ataques al corazón y gozan de una vida social positiva, rasgos que no se apreciaron en los dueños de gatos. La necesidad de sacar a pasear a los perros, con el consiguiente ejercicio, y el vínculo afectivo que se crea son algunas de las razones.

Hoy sabemos que las personas construimos nuestra salud y enfermedad (en gran medida), que nuestra historia psico-física-social está en nuestro cuerpo esculpida.

A veces —y durante mucho tiempo— gentes como yo trabajan 16 o 18 horas reales al día, obviamente sin molestar a nadie, sintiéndose fuertes, invulnerables, con capacidad resolutiva. Son, somos, como esas ratas de laboratorio psicológico a las que se pone en laberintos sin salida y corren y corren hasta caer desplomadas, muertas, al igual que nosotros: una muerte súbita, por trombosis, infarto, úlcera hemorrágica, etc. Cobayas todas víctimas de un estrés irracional.

Deprisa, deprisa; menos mal que a veces uno se reconforta, como cuando, leyendo el libro de Luis Montesinos *Tengo cáncer,* veo que me menciona desde Little Falls en julio de 2006: «Francisco Javier Urra, militante de la psicología, que entiende que la ciencia no tiene sentido si es que no toca vidas y no sirve de ayuda o a veces paliativo».

He tenido la gran suerte de tener desde siempre magníficos maestros en la difícil asignatura de la vida. He captado la importancia de la ingenuidad que no sabe temer. He aprendido que no hay que tomarse la vida demasiado en serio, que reír es lo más saludable que existe. Que es genial rodearse de gente maja.

El bienestar psicológico, afirma Bertrand Russell, es la fuente de la felicidad. Y la preocupación y el interés por los demás supone un comportamiento virtuoso que nos hará sentirnos bien y que propiciará que ellos requieran nuestra compañía si observan que nos encontramos bien. Porque la alegría genera energía y más alegría.

Percibo que hay que ser optimista y apasionado, que, sabedores de que nuestra materia —de la que estamos compuestos— es frágil, debemos intentar ser héroes, entendido como no poder ni querer mantenerse al margen de lo que se estima importante.

Vida, vivida por mí, un auténtico regalo, premiado por vivirla.

Somos racionales (a veces), pero sobre todo somos seres angustiados sabedores de nuestra muerte anticipada y esperanzados en el día a día, conocedores de la relatividad del tiempo o de su percepción.

Esperanzados, como cuando se escribe un libro: no se sabe a quién llegará, quién lo leerá, cómo lo interpretará, si lo guardará, si pasará a otras manos, si acabará destruido; acontece como el mensaje en la botella: lo importante es escribirlo, más allá de valorar las adversidades, o la naturaleza temporal de la esperanza. El autor escribe el mensaje, ha cumplido su misión, su deber, su deber de ser.

Lo que pasa es que, como decía Kierkegaard, la angustia es la conciencia de la posibilidad. La angustia se transforma en patología cuando las preocupaciones se desbordan. Por eso resulta insensato ensimismarse en los propios miedos. La grandeza, la salvación, está en el proyecto, la concentración en su realización gira el foco de luz, de atención al exterior, no hacia sí mismo. Dijo Simmel: «el hombre es el ser limitado que no tiene límite».

Es, o así lo creo, un lujo la vivencia de la soledad elegida. Me gustan la acción, los objetivos, los proyectos y al tiempo momentos para el pensamiento, la reflexión, la introspección.

Quisiera ser dueño de mi tiempo, pero me resulta muy difícil decir que no a gentes que te quieren utilizar con buenas intenciones (pertenecer a fundaciones, comités...), a lo que se añaden prólogos y presentaciones de libros y un largo etcétera.

Desearía uno manejar mejor el tiempo, disponer de él para viajar a la montaña, al mar; no es fácil. Ahora bien, si a uno le interesa la gente, si le encanta observar, no se aburrirá en el tren ni en un aeropuerto. Siempre se puede levantar la mirada y ver un detalle, un gesto o un paisaje nuevo.

Es genial ser conocido y al tiempo respetado: «¡el de los niños!»; la gente se vuelca con quien se dedica a la protección, la educación de los niños sin tontas blandenguerías, sabiéndolos ciudadanos plenos, con derechos y deberes. Cierto es que te sorprendes cuando recibes una llamada y te dicen por teléfono: «soy Luis». Como si sólo conocieras a un Luis. O cuando alguien por la calle se planta delante de ti y te espeta: «¿te acuerdas de mí?», y se trata de un señor que te formuló una pregunta entre el público hace doce años. Resulta significativo que todos creamos que dejamos una huella indeleble, inolvidable.

Yo, como la canción que nace desgarrada de la garganta de Ana Belén cantada a dúo con Antonio Flores, «sólo le pido a Dios que el futuro no me sea indiferente».

No con alarde bravucón o fatuo sino abriendo mi intimidad a usted, lector/a, que ha tenido a bien comunicarse conmigo al adquirir este libro, le voy a indicar tres frases que dirigidas a mí como defensor del menor me impactaron positivamente:

1. La pregunta que me realizó una niña de 7 años en directo en la radio: «¿Tú eres el papá de los papás?».
2. Las palabras que dijo la presidenta de la ONG Siglo XXI ante un cine Coliseum abarrotado: «Javier Urra es padre de una familia numerosa».
3. Lo expresado por la presidenta de la Fundación Haurralde (Asociación Vasca para la Prevención de los Malos Tratos a la Infancia) en la presentación de unas jornadas: «Frank Sinatra era conocido como La Voz; Javier Urra lo es como La Voz de la Infancia».

Pasado el tiempo, en que acabé mi labor como primer defensor del menor (una suficiente razón de vida), me ha dejado un eco percutiente la frase escrita por José Antonio Marina: «Javier Urra es un activista educativo».

En evitación del riesgo de descrismarse, hay que aplicarse en la sencillez, algo fácil: con sólo mirarse al espejo, uno se da cuenta de que es poco más que nada. Sincerémonos con la vida, con nuestras limitaciones.

Me pregunto: ¿cómo celebraré el próximo día de Todos los Santos —aniversario de mi infarto, si vivo para celebrarlo—? Creo que con alegría, optimismo, esperanza y agradecimiento. No, no me veo con resquemor por lo sucedido o invadido de tristeza.

Otra cosa: ¿qué sentiría si sufriera un segundo infarto? No lo sé, y no quiero detenerme a pensarlo mucho. He leído lo que le aconteció a Julio Anguita, perfectamente descrito en su libro *Corazón Rojo* (por cierto que, cuando esto se escribe, se acaba de casar).

Lo que sí acontece es que se generan los «hermanos del corazón»; es el caso de mi tío Rafael Cánovas, también afecto de problemas cardíacos. Nos hablamos a corazón abierto. No tengo miedo, nunca he tenido miedo, a nada, a nadie, sólo ahora a una mala noticia, a saber que a un hijo le ha pasado algo grave, me horroriza pensarlo.

Para desdramatizar les contaré un chiste de colegas (psicólogos). Una persona encuentra a un amigo dando palmadas en medio de la calle.

—*¿Para qué das esas palmadas?*
—*Para ahuyentar a los elefantes.*
—*Pero si aquí no hay elefantes.*
—*Lo ves como funciona.*

Miedos. Los dos grandes miedos de la humanidad son la muerte y el caos. En 1956 —un año antes de que yo naciera— Erich Fromm dejó escrito en *El arte de amar*: «el hombre es consciente de la brevedad de su vida, de que nace sin su consentimiento y perece en contra de su voluntad, consciente de que morirá antes que aquellos que ama, o aquellos que ama morirán antes que él... El hombre sabe que se volvería loco si no pudiera liberarse de esta prisión y unirse, de alguna forma, a otro ser humano».

En muchas ocasiones me gusta decir «nosotros» en vez de «yo», no para defender posturas, pero sí para indicar lo hecho; puede que yo escriba un libro, pero alguien ayuda a corregirlo y otro diseña la portada y otro lo publicita y otro lo distribuye... Los otros o, lo que es lo mismo, nosotros.

Por contra, me gusta aislarme, bañarme en mi autointrospección como paso hacia la espiritualidad, para que nada humano me resulte extraño, tampoco el encuentro con la muerte. Escuchando el silencio interior. En una noche cualquiera o tumbado al sol en el mar dorado de arena. Y al tiempo abrir los ojos ávidamente como un turista, en mi propia y bellísima ciudad, Madrid.

Los párpados a veces se desperezan con lentitud, pero es por el peso de los recuerdos. Lo cual no es óbice para seguir educándome, intentando dirigir con sentido la propia vida. Se trata de no volverse loco, de cercenar lo que Kafka denominó «esta conjura interna contra mí mismo».

Alguien dijo —o debería haberlo dicho— que, comportándome como si no tuviera miedo, llegué a perderlo gradualmente. No rindamos nunca las armas, no seamos enajenados de nosotros mismos. Siempre nos quedará París, es verdad, y nuestro orgullo, nuestra dignidad. Precisamos estrategias de afrontamiento, esfuerzos cognitivos y conductuales para dar respuestas correctas a las demandas internas y externas.

Deberemos someter nuestro tiempo personal a una disciplina, pero sin pecar de soberbia al punto de planificar la propia vida.

Cuando conocí a Aracely en la universidad, le dije a un gran amigo: «será mi esposa, tendremos dos hijos, el primero varón y se llamará Javier». No había hablado con Aracely. Hoy todo se ha cumplido exactamente, maravillosamente, pero veo la osadía de aquella expresión. La vida me ha sido dada, fácil, como en una ensoñación facilitada, tal y como la había previsto en lo personal y profesional. Se debe a la constancia, a la voluntad, pero también al azar.

Ya no planifico tanto, ni a tan largo plazo, no por nada, sino porque me parece un pecado de prepotencia, un riesgo innecesario. Para el final me gusta el epitafio que para sí mismo redactó Max Aub: «hizo lo que pudo», mejor: «lo intentó».

Pero si no queremos ir de entierro, le indico, amiga lectora o amigo lector, que cuando uno se encuentra bien, aunque tenga el colesterol y la tensión elevados, piensa erróneamente que el trabajo es prioritario, que la salud puede esperar.

Después del infarto, el consejo no es correr más, sino comer menos. La práctica del deporte, el simple paseo a una velocidad rápida y constante sirve como antídoto del estrés, lo que evita la ingesta de comida de forma compulsiva; además, la actividad física conlleva un cambio de actitud, lo que induce a cuidarse más.

Sepan que lo primero que conviene corregir en la dieta es el abuso de grasas saturadas, y es más que probable que le prohíban tomar carne y productos lácteos elaborados con leche entera. A mí me ha dolido que me quiten los quesos, porque me encantan sus distintos sabores, olores, texturas, porque con pan, queso y vino junto a unos amigos... Pero es así, hay que admitirlo y cumplirlo a «rajatabla».

Y esto no es la prolongación del chiste de aquel médico que se empeñó en prohibir todo, absolutamente todo, en grandes o en pequeñas cantidades, lo que hacía feliz a su paciente.

—¿Viviré así más años, doctor?

—No lo sé. Pero estoy seguro de que se le va a hacer larguísimo.

No quiera usted emular a los héroes griegos que morían jóvenes. Recuerde el riesgo de la muerte súbita.

Son varios los ejemplos de quienes se encuentran con una muerte más rápida de lo previsto poco después de haberse lanzado a nueva vida más sana.

Hay que cuidarse sin obsesionarse. Los problemas del cuerpo no se han de convertir en el centro de la vida. La atención debe fijarse en otros temas externos.

Por mi parte sigo ilusionado con escribir, esta actividad que supone aislarse en busca de relación social. Es difícil expresar la gran alegría que supone el saberse leído. Todos los años firmo en la Feria del Libro, y en una ocasión vino un señor perfectamente vestido que me solicitó tres ejemplares; mi sorpresa fue cuando al ir a escribir la dedicatoria me indicó que eran para Australia, uno de ellos para la Casa de España. Resulta emocionante, y protagonizas anécdotas como la que me aconteció en un pueblecito de Teruel: al acabar la conferencia se me acercó una mujer con un libro mío escrito hace muchos años, me mostró una frase subrayada y me indicó que le cambió la vida.

La verdad, es una suerte dedicar el tiempo a leer, a escribir y no a introducir sardinas en una lata o vender paquetes de tabaco en un estanco o... Lo digo con admiración hacia quien realiza tareas aburridas, monótonas y las efectúa correctamente, con buen tono.

Aun así, todos experimentamos nostalgia de la intrepidez, la aventura. Te invade una gran melancolía cuando piensas en las ciudades que visitaste y a las que no volverás... situaciones, momentos, personas irrepetibles, etc. Sí te embarga la tristeza. Cabe la compensación de pensar que quedan otras ciudades por conocer, otros lugares, momentos, personas...

Se agolpan en mi mente, en el imborrable recuerdo de las sensaciones, el viaje a Perú con Mensajeros de la Paz; a Nicaragua con UNICEF... ¡Vi tanto!, tan distinto, tan sin elaborar, tan para implicarse. Pero no se preocupe, lector o lectora, no soy como ese compañero que cuando vuelve de su viaje a Egipto te muestra sin descanso los tres álbumes de fotografías. Agotador. Sólo quiero compartir con usted que se recuerdan imágenes puntuales, en mi caso con Aracely, mi mujer, en Kenia, con nuestro hijo en Estrasburgo, en París, en Dijón, en Nueva York, en Washington.

No sé si el recuerdo es anticipo de la muerte o pura vida vivida. Lo que tengo claro es que somos en gran parte lo que hemos visto, oído, sentido junto a la naturaleza (caso de África), captado de los otros, personas, mundo. Y eso no se puede retener en fotografías,

SOS... Infarto de miocardio

en películas de cine. Lo que realmente nos interesa es íntimo, no se puede compartir.

Quizás en algo cabe depositar momentos y percepciones con los amigos íntimos. Creo en los amigos más que en la familia: los amigos lo son por elección entre miles, los miembros familiares lo somos por azar designado (¡y en algunos casos, bien que se sufre!).

En este repaso a la vida que voy haciendo, sin prisas, a los 49 años (que es una buena edad para realizar una «inspección técnica del estado del vehículo que nos conduce»), me topo con que soy un reconocido comunicador, un valorado ponente en universidades y contertulio en radios y televisiones, pero en mi primera comunión me equivoqué al recitar la poesía tanto tiempo preparada y me quedé callado. Me veo en aquella situación haciendo la estatua junto a mi prima, que por cierto recitó perfectamente, y soy la viva imagen de lo que hoy se define como «un membrillo».

En esta travesía hacia el pasado, recuerdo la frase que me dijeron en el colegio de los maristas de Chamberí: «Urra, su apellido será conocido para bien o para mal».

Visiono todas las memorias de la vida y veo los imprecisos límites de mi existencia, del futuro. Privilegio ese, conocer en la vida el juicio de la posteridad, que está reservado a muy pocos. A grandes hombres tan sólo.

Somos poca cosa; usted también tiene su historia (recuérdela), sus viajes, sus anécdotas (escríbalas, compártalas). Lo que nos une a usted y a mí es casi todo, nos parecemos mucho, aun en las diferencias. Por ejemplo, yo mido 1 metro 74 cm: pues bien, si un centímetro o menos de uña encarnada se adueña de mi dedo gordo del pie izquierdo, parece que no hubiera otro tema más importante en mi cuerpo y aun en el mundo. Usted, yo y aquél somos poca cosa.

Los tropiezos tienen algunas consecuencias positivas. Tras sufrir el infarto, creo que me pongo más en el lugar de mi suegra con Alhzeimer. Por contra, tengo la impresión de que la memoria me flojea; me pasa con este libro, que lo escribo de vez en vez, pasadas fechas, según siento y elaboro, y dudo de si hay ideas ya escritas con anterioridad o no (tendré que revisarlo bien antes de llevarlo a la editorial, aunque no es menos cierto que si se repite alguna idea es porque en más de una ocasión me ha parecido interesante, o lo es para mi cerebro autónomo).

Me pasó tras el infarto: sabía que tenía que entrar por teléfono en la cadena de radio SER, una entrevista importante a una hora prudencial, las 22 horas. Fruto de la desmemoria mezclada con el agotamiento, cuando llamaron a casa yo me había acostado hacía unos minutos y dormía plácida y profundamente. Pedí disculpas. Y es que tras el infarto las fuerzas al principio flaquean y la activación atencional disminuye. Ahora tengo la impresión de que fue un hecho puntual no generalizable al presente y futuro, aunque me gustaría tomarme todo en serio, pero sin el acogotamiento permanente del riguroso sentido del cumplimiento del deber.

Creo haberme dado cuenta de que el cuerpo es vulnerable, pero tengo dudas racionales. Me pregunto si me cuesta decir no porque no sé o porque no quiero.

Fíjense en qué filosofía del trabajo me había impuesto. Siempre llevaba libros para leer y papel para escribir en todo momento y lugar (nada de descansar en el avión —aunque el viaje fuera de 12 horas y 13.000 km— o de ver la película del tren). Apuntando ideas cuando comía... Pero es más: si tenía cuatro cosas que hacer y una de ellas era la más importante, necesaria, la dejaba para el final, sabedor de que la haría, y así atacaba otras tareas robándole tiempo al sueño, sí, al sueño, pues no disponía de otro tiempo. Miro hacia atrás y soy consciente de que he trabajado como lo hacen sumativamente tres personas normales, sanas, equilibradas. Cierto es que con mucho gusto, que mi trabajo es mi mayor ocio.

Ahora es cuando escucho —no sé si se me había dicho con anterioridad— que soy hiperactivo. Puede ser, no tengo déficit de atención, pero me gusta llenar la vida de contenido.

Siempre tengo más de un reto en mi vida, en estos momentos dirigir la Asociación Iberoamericana de Psicología Jurídica, terminar la tesis doctoral sobre dilemas éticos de los psicólogos, publicar dos libros... y vivir. He percibido que soy mortal; lo sabía, lo aceptaba con gusto; lo que ha cambiado es que sé que hay otras personas a las que amo que tienen derecho a disfrutarme y yo de ellas más intensamente, con mayor proximidad y, además, más tiempo.

«El más grande descubrimiento de mi generación es que un ser humano puede cambiar su vida si cambia su actitud» (William James). No debemos sufrir por pequeñeces, y casi todo son pequeñeces. Hemos de positivizar la vida, reemplazando las conductas reactivas por hábitos de perspectiva. No olvidemos la plegaria de la serenidad: «cambiar las cosas que puedas cambiar, aceptar las que no puedes y tener sabiduría para ver la diferencia».

John Lennon dijo una vez que «la vida es lo que sucede mientras estás ocupado en hacer otros planes». Una vida es una ingente cantidad de tareas sin realizar, de vidas no vividas.

Nadie tiene la garantía de que estará aquí mañana. Lo único que tenemos es el ahora; sobre ese tiempo escapista es el único sobre el que ejercemos algún control. *Carpe diem.*

Me pregunto: «a lo que hoy doy tanta importancia, ¿cuánta se la daré dentro de cuatro años?».

Estoy aprendiendo —me cuesta— a no hacer nada durante unos minutos para reencontrarme con mi ser, para establecer la paz conmigo mismo. Miro por la ventana sin objeto, me dejo llevar por la imaginación, reparo en mis pensamientos.

Hay que saber concederse respiros. Y dejar fluir la vida sin empecinarse con y contra los problemas. La filosofía zen nos enseña mucho sobre el desapego y la tranquilidad.

Hemos de aprender a ejercitar el arte de la paciencia. Recordemos la anécdota del periodista que preguntaba al hombre centenario que fumaba, bebía y comía abundantemente a qué atribuía su sana longevidad. «No lo sé. Quizá porque nunca discuto». «Hombre, por eso no será.» «Pues no será por eso.»

Partimos de la convicción de que somos diferentes y, por tanto, las respuestas de «los otros» serán distintas. Juzguemos, por tanto, a los demás lo menos posible. Trastoquemos la crítica por respeto y tolerancia. Suavicemos nuestros posicionamientos, objetivémoslos; de esta forma nos fortaleceremos. Eludamos la búsqueda de imperfecciones en quienes nos rodean. Esforcémonos en ser humildes, hablemos desde el corazón y no desde el ego.

Veamos dos posicionamientos contrapuestos: el de Pedro Arrupe: «no me resigno a que cuando yo muera, siga el mundo como si yo no hubiera vivido», y el de la madre Teresa: «no podemos hacer grandes cosas en esta tierra. Sólo podemos hacer cosas pequeñas con gran amor».

Lo cierto y verdad es que cuando usted y yo abandonemos este mundo dejaremos asuntos inconclusos y alguna otra persona los terminará. ¡Akuna Matata! (como dicen los kikuyus keniatas: no hay problema).

Las frustraciones, los disgustos, hay que acogerlos con sentido de perspectiva, sabedores de que la vida conlleva disgustos, que la vida no siempre es justa. Ampliar la capacidad de aceptación sin por ello dejar de luchar por mejorarse a sí mismo y mejorar el mundo resulta muy aconsejable.

Positivo es el agradecimiento, dar las gracias es saludable. Pensar en la gente que te quiere y a la que quieres es benéfico, como lo es erradicar el resentimiento. Ingrediente necesario es el sentido de la compasión. Poder donar despierta sentimientos de gratitud.

La vida, al igual que un automóvil, se conduce desde dentro.

Somos el resultado de nosotros mismos. No convirtamos la vida en un melodrama. Mi hija Beatriz me dio un buen consejo: «Tómate la vida a sorbitos».

6 de febrero de 2007

Recibo este email enviado desde Washington por mi hijo Javier Urra.

«... *Me alegro de saber que vas mejor. Una sensación íntima y tranquila me dice que poco a poco vas a ir mejor. Pero esto no tiene que ser un cheque en blanco, sino todo lo contrario, un ejercicio de responsabilidad. Ahora que te sientes mejor y más fuerte es cuando de verdad se te plantea la prueba de vida: es ahora cuando tienes que saber que aun-*

que tu corazón no ejerza de radar permanente, no debes pisar el acelerador más, no tienes que subir de revoluciones, sino mantener la disciplina disfrutando serenamente de una salud recuperada. Confío totalmente en que así será y que tus ganas de hacer más y más —que son desbordantes— tendrán esta vez el filtro de la sensatez y el ingrediente de la mesura como requisito del éxito...»

Quizás sea una suerte padecer un infarto de miocardio porque tienes una segunda oportunidad para reorientar el rumbo. Permite imaginarse el día del propio entierro, visionando a los familiares, amigos y otra gente que te quiere alrededor del féretro. ¿Qué dirán de uno? ¿Qué me gustaría que dijeran? ¡Manos a la obra!

Siempre existen motivos para estar agradecidos. Todo lo que a primera vista parece un contratiempo puede ser un disfraz del bien.

Anthony de Mellon, psicólogo, jesuita y teólogo, cuenta en su libro *Sádhana*:

«Una historia china habla de un anciano labrador que tenía un viejo caballo para cultivar sus campos. Un día, el caballo escapó a las montañas. Cuando los vecinos del anciano se acercaban para condolerse con él y lamentar su desgracia, el anciano repitió: ¿mala suerte?, ¿buena suerte?, ¿quién sabe?

Una semana después, el caballo volvió con una manada de caballos salvajes. Entonces los vecinos felicitaron al labrador por su buena suerte. Éste les respondió: ¿mala suerte?, ¿buena suerte?, ¿quién sabe?

Cuando el hijo del labrador intentó domar uno de aquellos caballos salvajes, cayó y se rompió una pierna. Todo el mundo consideró esto como una desgracia. Pero el labrador se limitó a decir: ¿mala suerte?, ¿buena suerte?, ¿quién sabe?

Unas semanas más tarde, el ejército entró en el poblado y fueron reclutados todos los jóvenes que se encontraban en buenas condiciones. Cuando vieron al hijo del labrador con la pierna rota, lo dejaron tranquilo. ¿Habría sido buena suerte?, ¿mala suerte?, ¿quién sabe?».

Gusto por escribir lo que me gusta, lo que más pienso, releo y tacho en folios de textura de cartulina, y hacerlo con los denominados role-ball 0,5, que permiten poner la presión, el latido, en cada rasgo o palabra que se escribe.

Han pasado tres meses; la primera relación sexual en el Parador Nacional de Zafra. ¿Miedo? = Ninguno. Necesidad de reencontrarme. Afianzamiento de seguridad.

Mis decisiones tras el infarto. «Lo importante»: Escribir + Dictar clases de Ética en la universidad + Tesis doctoral + Algún medio de comunicación + Consejo General Colegio de Psicólogos. (No al caso a caso —menor conflictivo, tal o cual orientación de medida, ¿saturado? ¿No se ven los resultados? ¿Hastío?)

Pienso en el reto (relativo) de «dejar lo fácil» (ser funcionario) para ser libre (autónomo). No ingresaré una nómina y habré de pagar impuestos por actividades económicas y la seguridad social. ¿Y la pensión para la jubilación?

Generar una empresa, en este caso Urrainfancia, S. L., conlleva firmar el primer contrato, sentirse «empresario», dinamizar, ampliar, difundir acciones a favor de la infancia desde un equipo amplio, preparado, experto. El gusto por generar grupo (equipo), con vistas a crear una fundación a favor de la infancia desde la educación.

Mantengo mi compromiso social con la Fundación Pequeño Deseo, que vimos nacer y que apoyamos en su desarrollo para conseguir una sonrisa, una alegría de cada niño enfermo, o con la Fundación Unicef a favor de todos los niños del mundo desde la Convención sobre Derechos del Niño. Compromiso como patrono de ambas fundaciones y consejero de la OCU (Organización de Consumidores y Usuarios) proactivo a favor de la INFANCIA.

Me doy cuenta del «peligro» de encontrarse bien por querer abarcar más actividad. Acecha el «desequilibrio» entre el corazón y el cerebro.

Tener más ansiedad puede suponer una mayor ingesta «compulsiva» en algún momento, en mi caso, las cenas. Ya me he relajado con los alimentos, no como carne, pero sí pan con sal.

Pregunta: ¿si uno no se esperaba sufrir un infarto, es posible que le coja por sorpresa un segundo?

No obstante, los cambios rejuvenecen.

Tengo la percepción de que la vida pasa deprisa (parece que hace un momento que te acostabas y han pasado de 24 horas / o que te afeitabas (también 24 horas). ¿Cuál es la causa: el infarto o los 50 años?

El estar siempre con niños y jóvenes conduce a un equívoco: creerse joven. Por otro lado siento el aspecto positivo de que todo el mundo te aplauda que estás más joven por encontrarte más delgado. La solución es pensar en cómo valoraba yo a los 18 años a un señor de 50.

Valoro más dejar criterios escritos y contactar con las gentes mediante conferencias, intentando dar un salto más allá de la propia y limitadísima existencia.

Perder el miedo a la muerte es perder el miedo al cambio, a la vida.

Forman un canto en la tierra
el dolor de tanta madre
el gemir de los que mueren
y el llorar de los que nacen.

José Hernández en *Martín Fierro*.

No hay educación para morir porque no hay educación para vivir. Si tenemos educación para morir, la tenemos para vivir, para aprovechar el tiempo, para sacar a flote todos nuestros talentos, nuestras virtudes, nuestras mejores cualidades, superar incluso todos nuestros miedos.

Los miedos patológicos tienen sus propias metástasis y pueden adueñarse de la vida entera del paciente.

Piense por un momento en el día antes de su muerte, ¿qué cree que pensará que ha dejado de hacer en la vida? ¡Hágalo!

Cada uno somos el resultado de nuestras acciones y elecciones pasadas y presentes.

Cada vez comprueba uno más la dificultad (o incapacidad personal) para ser asertivo. Todo el mundo te solicita que le escribas un artículo, viajes a su ciudad a dictar una conferencia, presentes un libro, y se sorprenden si dices que es materialmente imposible (por agenda). En todo caso, y si dices que sí, también «te riñen» por llevar una vida tan ajetreada.

Uno es consciente de lo que le ha pasado, se alegra y agradece que tanta gente te valore, invite, pero al mismo tiempo percibes el chantaje emocional constante al que estás expuesto. Te mides: ¿duermo poco?, ¿empiezo a estar cansado?

El sentimiento del deber es una peligrosa guillotina, pues crees que quedas mal con gente, que si no asistes a una cena de colegas se molestan. Creo que la batalla de relativizar las obligaciones la estoy perdiendo.

Los que más te quieren, los más próximos, te advierten de que vas muy deprisa, que vuelves a acelerarte, y sabes que es verdad y te molesta, porque te enfrenta con el discurrir del día a día, con tu falta de autocontrol.

Vuelven a la memoria, o quizás te recreas recordándolos, los momentos de la presión en el pecho, de lo fácil que es en ese momento dejarse ir, desmayarse y morir. Te aplaudes íntimamente por haberte dominado y no haber mostrado pánico, ni aun miedo.

Aprovechas una ocasión para decir «este coche y primordialmente tú (Aracely) me salvasteis». Dicho está, y seguro que resulta balsámico.

La inmejorable sensación de viajar, de que te reciban en cada aeropuerto, estación de tren, entrada de colegio, puerta de ayuntamiento, palacio de congresos…, gente maravillosa, que te aprecia, que lee tus libros, que desea conocerte… Ver sus pueblos, sus ciudades, su ambiente, disfrutar juntos de su gastronomía, escuchar sus motivaciones, preguntas, aportaciones, dudas…

Llegado el año 2007, habré impartido más de 2.100 conferencias, ¡se dice pronto! He conocido a muchísima gente, he aprendido de sus opiniones, preguntas. He visto gente buena, buena gente en todos los lugares, niños y menos niños.

A veces me pregunto: «¿realmente he sufrido un infarto de miocardio?». No lo noto. ¿Y si no fuera verdad? Algunas ventajas = he adelgazado 25 kg + me tratan mejor + me cuido más + tengo una nueva experiencia.

¿Me creo que me puede fallar el corazón? ¿Qué pasaría si me descubren un cáncer, me podrían tratar?

¿Soy consciente de mi problema o soy un inconsciente? (se dice que el riesgo de que se mueva un *stent* es del 20 por 100; llevo tres = 60 por 100 de probabilidad/posibilidad de que «se mueva» un *stent*).

En la vida, como en el diseño, la clave está en las preguntas, no en las respuestas.

11 de abril de 2007

Volví a los tres meses del infarto a ser explorado por el cardiólogo Pedro L. Sánchez, del Hospital Gregorio Marañón. Charlamos afablemente, sobre mi estado de salud: posible cansancio, ¿mareos?, ¿se duermen las piernas?, ¿qué sientes al levantarte bruscamente?, ¿qué comes?, ¿cuánto tiempo y a qué ritmo paseas?, ¿notas dolor en el pecho?... Toma de tensión (magnífica, 12/7) + pulsaciones bajas (perfecto) + electrocardiograma ideal. Todo va muy bien. Alegría callada, silenciosa. Auscultación del corazón, en el cuello, abdomen. Se para, repite, vuelve a escuchar, algo oye, nada comenta, vuelve a escuchar. Soy consciente de que algo no «termina de ir». ¿Y si en ese momento decide internarme?, ¿y si las cosas, la verdad, pese a lo que yo siento, no van bien? No tengo angustia, pero sí preocupación. Me explica que para más seguridad desea una ecografía; sale, viene acompañado por otra doctora, y cuando me doy cuenta estoy tumbado en una camilla; me dan un gel y veo la ecografía: riñones limpios, el hígado, el páncreas; hablan de dilatación, de ateromas, pero quedan contentos; no se concreta la preocupación inicial, felicitaciones y nos vemos dentro de seis meses con zapatillas de deporte para realizar una prueba de esfuerzo. ¡Que así sea! Llegué muy tranquilo al Gregorio Marañón y 90 minutos después salía igual de tranquilo; entre esos dos espacios temporales, y cual «bache» de un avión, me sacudió la zozobra.

Nos convertimos realmente en actores de nuestra vida cuando aceptamos que somos los únicos responsables de nuestra existencia. Cuando dejamos de culpar a los demás, al pasado, a las circunstancias exteriores de nuestro malestar.

En el fondo realizo tanto esfuerzo ¿porque soy altruista y solidario?, ¿o me gusta el reconocimiento de aplauso y admiración?

Pasado el tiempo, y con perspectiva, uno ve el tiempo en que ejerció grandes y graves responsabilidades y recuerda cómo le gustaba poder decidir, transmitir, influir. Hoy también se reconoce que se era esclavo del trabajo, de la responsabilidad, de la designación. Y hoy se disfruta de la individualidad, de representarse uno sólo a sí mismo. Al fin, siempre feliz, antes y ahora.

La divisa de los estoicos: «Nunca pasa nada, y cuando pasa, no importa».

Los viejos dicen: en mi juventud las cosas estaban mejor. En realidad están diciendo: nosotros éramos mejores que los de ahora, valíamos más. Naturalmente eso no es verdad casi nunca, pero necesitan enardecerse de ese modo para no morir de tristeza viendo que son viejos y que su hora pasó. Creen necesario volver, si no a ser jóvenes, sí a recuperar las cosas tal como fueron.

Pasados más de cinco meses del infarto, llega a casa un certificado del Gobierno de Canarias acerca de la conferencia que impartí sobre «La mediación y el arbitraje» en Tenerife a los inspectores educativos, y me impacta leer: «Celebrada en el hotel Anthelio el 27 de octubre de 2006 (mi infarto sobrevino el 1 de noviembre).

Recibo además en estos meses alguna mala noticia. Un día en el aeropuerto de Barajas, esperando para volar a Lisboa, tengo una llamada telefónica de mi mujer: un tío suyo acaba de morir de un infarto fulminante. Junto a la pena por la pérdida de un ser realmente querido, llegan las rumiaciones de ideas. Ha muerto y me decía que me cuidara. Es cierto que quien ha padecido un infarto tiene más riesgo de reincidencia, pero es cuestión de probabilidades, la estadística declina cuando el 1 por 100 te toca a ti.

Ningún día me permito decir que estoy cansado, que he acabado cansado, por miedo a ser tildado de poco razonable, arriesgado, inconsciente... Me acuerdo de que antes del infarto podía decir, tras una larga jornada, que estaba cansado, como la mayoría de los seres humanos. Hoy me está prohibido.

Las ideas fluyen entretejiendo un soliloquio. Pienso en la canción de Gloria Estefan: «los años que nos quedan por vivir, demostraré cuanto te quiero...», y brota el miedo de una afección cerebral que me impida callar y y me impulse a decir honestamente todo lo que pienso, todo lo que se me ocurre.

El recuerdo de la «plácida tranquilidad», cuando te bajan a la camilla en el quirófano, esa sensación agradable, como cuando te duermes «un poco» por el sol en la cara, la importancia de trasmitir tranquilidad a tus seres queridos, hoy se rememora con emoción, con gratitud.

En la actualidad pasa por la mente en muchas ocasiones el recuerdo de bellos lugares donde has viajado: Baden, Roma, Lisboa, Buenos Aires, Cartagena de Indias, Puerto Rico, San Sebastián, Estocolmo, París, Granada, Valparaíso, Viña del Mar, y un largo etcétera. Sin olvidar Kenia. Recuerdos vívidos, alegres, cálidos, cariñosos, que dejan un regusto agradablemente nostálgico y levemente amargo, pues se sabe que ya no volverán esos muchos instantes. Y uno se pregunta si tanto recuerdo y melancolía es procedente del infarto o achacable al discurrir del tiempo.

El pasado transmite al futuro una serie de probabilidades y solamente una de estas muchas potencialidades puede llegar a realizarse. El futuro es algo que no está decidido, pero tampoco es algo que está completamente «abierto», puesto que el presente determina la serie de las futuras posibilidades.

Un día los amigos empiezan a llamar por teléfono, preocupados, alguien les ha dicho que vuelves a estar mal. Se ha corrido la voz, alguna mala interpretación. Sirve para reflexionar: la verdad es que están preparados para que se produzca un nuevo infarto. He de reconocer que estas llamadas me impactaron inicialmente, pues bien pudieran ser un día reales y definitivas; es más, puede que un día llamen y ya no me pueda poner al teléfono. Pensar en mi mujer como viuda, en mis hijos como huérfanos me entristece, y más en un día como el que escribo esto en un avión que me devuelve de Granada a Madrid; la ventanilla deja correr miles de mínimas lágrimas de lluvia, suena un triste tango y en el aeropuerto me acabo de encontrar a un reconocidísimo cardiólogo que veranea también en Guadalajara, específicamente en Luzaga, y al que no le ha gustado mucho lo de los tres *stents*, pero le ha preocupado muchísimo lo de la aorta (que tenga ateromas, que se escuche un soplo); me ha explicado que la rotura de la aorta no avisa, que no da tiempo a llegar a un hospital, que no lo deje... Buenos y certeros consejos. Mientras el avión se eleva y se mueve con alguna turbulencia, pienso que llevo una bomba de relojería en el cuerpo, quizás a eso se deba que tenga menos miedo que otros a los movimientos de cadera del avión. En fin, que no tengo miedo, aunque soy un defensor del tren de alta velocidad, pero me siento acompañado por la tristeza, algo poco común en mí. Para animarme, pienso en la razón que me ha traído a la falda de Sierra Nevada y las Alpujarras, a... cerca de Calahorra, de Guadix, un paraje precioso, único, con almendros, coronados de nieve y no lejos del mar de cabo de Gata. La razón es que Antonio me ha invitado a reunirme con la gente del pueblo. Antonio es el alcalde y ha regalado a cada familia un libro titulado *El pequeño dictador. Cuando los padres son las víctimas,* del que soy afortunado autor. Me ha acompañado en la ulterior charla el juez de menores Emilio Calatayud, buen juez, buena persona, buen amigo. Hablando con Antonio, he sabido que recientemente le han implantado tres *stents*, coincidencia. Pasemos página y que nos vaya bonito.

28 de abril de 2007

Muchas veces intentamos hacer más de una cosa a la vez (conducir —en un atasco— y leer).

Somos rígidos, mucha gente se pasa la vida leyendo el mismo periódico, escuchando la misma cadena de radio, para ratificar su opinión.

Resulta positivo preguntar a algunos familiares y amigos (todos ellos de confianza): «¿cuáles son mis defectos?». Ellos se sentirán reconfortados por tanta confianza. Y nosotros aprenderemos mucho de nosotros mismos.

No existe un camino para la felicidad, la felicidad está en el propio camino. Y los obstáculos son parte de mi vida.

¡Concédete un respiro!

La verdad es que no sabemos lo que va a suceder... sólo creemos saberlo.

Considero que es muy positivo ver poca televisión y dedicar ese tiempo a la lectura, la escritura, la charla, el paseo. También es muy positivo acostarse pronto (en vez de quedarse atontado o adormecido ante la televisión) y levantarse pronto para realizar actividades personales (de madrugada no suena el teléfono), pensar, escribir, hacer yoga...

Frente a las adversidades, cabe la resilencia o crecimiento personal tras sufrir un acontecimiento traumático, una respuesta saludable y constructiva.

Boris Cirulnyck, psiquiatra francés, fue de muy niño encerrado en un campo de concentración alemán y vio morir a sus padres; padecía un grave estrés postraumático, pero no se rompió psicológicamente: es bondadoso, positivo, ha desarrollado recursos magníficos.

La resilencia se desarrolla en el tiempo, evolutivamente. Permite ser optimista, esperanzado, extrovertido, abierto, cooperativo, curioso.

No es cierto que todo niño víctima de abusos sexuales será un abusador; eso supone cargarle con una lápida terrible... y es mentira, para eso estamos los terapeutas... Por cierto, que los violadores en serie, los pedófilos, hacen un grave daño no sólo a las víctimas, seres queridos y sociedad, sino cuando transmiten que ellos de niños fueron abusados. ¡Sépase que sólo el 20 por 100 lo fue!

En la vida hay golpes tan fuertes como para volverse uno loco, pero ninguno justifica que se vuelva gilipollas.

«Sólo hay dos cosas infinitas, el universo y la estupidez humana. Y no estoy seguro respecto al primero» (Albert Einstein).

Si seguimos a Darwin, dijo: «si alguien se muere por causa de su propia estupidez, estamos de enhorabuena. No sólo es un idiota menos en el mundo. Es, también, un idiota que no va a transmitir sus genes a las generaciones futuras».

Existen desde 1994 los denominados Premios Darwin, unos galardones macabros cuyo objetivo es premiar las muertes y los accidentes más estúpidos («premiar a aquellas personas que mejoran la dotación genética del ser humano eliminando su propia dotación genética»). Gente como el chatarrero brasileño que quiso desmontar un lanzagranadas cargado perforándolo con un martillo neumático. O Jason y Sara, dos jóvenes de 21 años de Florida que se pegaron un buen colocón de helio metiendo la cabeza en un globo publicitario inflado con ese gas sin recordar que el helio es también venenoso.

Para acceder al premio uno tiene que sufrir un accidente que cumpla cinco características:

1. Reproducción (incapacidad para volver a reproducirse, lo que no implica necesariamente muerte, sino sólo castración).
2. Excelencia (que sea algo memorable).
3. Autoselección (que la víctima sepa que era algo que no debía hacer).
4. Madurez (que el premiado sea mayor de edad).
5. Veracidad (que sea una historia real).

Algunos finalistas: en Vietnam, tres chatarreros hallaron una bomba de 300 kg de la guerra contra Estados Unidos sin explotar y para romperla la tiraron por una colina. Explotó y los mató. Otro caso: un tipo iba dormido, se pasó de estación en Nueva York y al despertar decidió tirarse en marcha del tren. Iba a 80 km/h y encima estaba cruzando un puente. Se mató.

Algunos ganadores: el pastor protestante de Gabón que, convencido de que Dios le había dado la facultad de caminar sobre las aguas, intentó dar un paseo por inmersión. O Phil Harris, un inglés de 60 años que, cubierto de parafina de la cabeza a los pies para tratar una enfermedad cutánea, tuvo tal necesidad de echarse un pitillo que se metió en el conducto de ventilación del hospital y allí ardió vivo cuando la colilla del cigarrillo prendió fuego en su piel.

Otro ganador fue el estadounidense que en 1998 mantuvo un encuentro sexual con su aspiradora sin saber que la succión de la máquina era generada por una cuchilla giratoria.

También fueron ganadores —no podría ser de otra forma— el fotógrafo estadounidense que, haciendo un reportaje sobre saltos en paracaídas, se emocionó tanto que se olvidó de ponerse él mismo uno cuando se tiró del avión, y el californiano que para tranquilizar a su mujer, muy preocupada por la seguridad de las 70 armas de fuego que tenía en su casa, se puso un revólver en la barbilla y apretó el gatillo sin haber comprobado primero si el arma estaba descargada. No menos merecedor del premio lo fue el iraquí que mandó una carta bomba sin suficiente franqueo pero dejando claros su nombre y apellidos en el remite, y que la abrió cuando el cartero se la devolvió. Por ir acabando el listado interminable de ganadores, citaremos el brasileño que entró con una antorcha encendida en un depósito de gasolina.

Sin comentarios.

Actuamos como si fuéramos a vivir eternamente, pero hemos de preguntarnos: ¿qué es lo realmente importante? Plantearnos: ¿qué pensarían los otros de mí si me muriese? Te invita a un cambio.

Se dio cuenta de que vivía rodeado de cosas inútiles, catálogos, revistas guardadas, trajes apolillados, zapatos antiguos, recuerdos de viajes hoy calificables como horrendos, regalos inservibles, cuadros de gusto más que discutible, medicinas caducadas, facturas, cartas, recibos, bicicleta estática, trastos, cacharros, abrebotellas, licores que nunca se abrieron ni abrirían... Se sintió mal, ahogado por los objetos, y decidió tirarlo todo, ganar su espacio, dejar paredes limpias, zonas sin nada. Reencontrarse. Y se juró llevar esta conquista también a su vida, no dejaría que ningún idiota le robase su tiempo, ninguna comida basura entraría en su cuerpo, ninguna noticia estúpida contaminaría su placidez, ningún odio ni sentimiento de revancha le ocuparía espacio en su alma, ningún pensamiento obsesivo se almacenaría en su cerebro. Al fin libre de cargas, viviría.

No todos podemos alcanzar las mismas metas, pero sí realizar los mismos esfuerzos.

Para tener un buen envejecer, se precisa evitar la enfermedad, comprometerse con la vida y mantener la actividad cognitiva y física.

Nos sumergimos en el escudriñamiento de «los siete signos del cáncer» o de «los cinco síntomas de la depresión», o en la exorcización de los fantasmas de la hipertensión arterial y de los niveles elevados de colesterol, el estrés o la obesidad. Buscamos, por así decirlo, blancos hacia los que dirigir nuestro excedente de temores a los que no podemos dar una salida natural y los hallamos tomando elaboradas precauciones contra todo peligro visible o invisible, presente o previsto, conocido o por conocer, difuso aunque omnipresente; nos encerramos entre muros, inundamos los accesos a nuestros domicilios de cámaras de televisión, contratamos vigilantes armados, usamos vehículos blindados (como los famosos todoterreno), vestimos igualmente ropa blindada (como el «calzado de suela gruesa») o vamos a clases de artes marciales.

Cada cerradura adicional que colocamos en la puerta de entrada como respuesta a sucesivos rumores de ataques de criminales de aspecto foráneo, cada revisión de la dieta en respuesta a un nuevo «pánico alimentario», hace que el mundo parezca más traicionero y temible, y desencadena más acciones defensivas (que, por desgracia, están condenadas seguramente a desembocar en el mismo resultado). Nuestros miedos se perpetúan y se refuerzan cada vez más a sí mismos. Además, han adquirido impulso propio.

El ejercicio físico es un antídoto contra la angustia. El día a día consiste en ir simplemente un poco más allá de los límites de lo cotidiano.

En la estación, una señora que tiene que subir una pesada maleta mira a su alrededor y parece solicitarte ayuda. Miras hacia otro lado, pues sabes que no te conviene realizar ese tipo de esfuerzo, y tampoco ha lugar dar una explicación. Te sientes mal.

Vas desinhibiéndote y diciéndole a mucha gente que, además de los tres *stents* en el corazón, han descubierto bastantes ateromas en la aorta. El riesgo es innegable: si la aorta se rompe, no se llega al hospital. ¿Y por qué lo cuentas?, ¿te relaja haberlo avisado?, ¿se exime uno de responsabilidades (es genético + lo genera uno, aunque cuides la alimentación...)?

Hay un punto de sabor amargo en algún momento, y no me refiero al sentido del gusto, sino que te sientes en algún momento falto de alegría, aunque tienes estímulos y momentos más que agradables y motivantes. Pareciera que se ha roto la virginidad del tiempo, la ilusa inocencia del futuro.

Quieres hacer muchas cosas, a la vez, comprometiéndote para el futuro. ¿Siempre has sido así o deseas vivir con más intensidad?

Pienso mucho en la gente que no ves, en que la vida, las actividades, te han alejado. Sabes que es así, que así ha de ser. Pero te apena.

Habían pasado casi seis meses del infarto, venía de Tenerife, dormía en casa (Madrid), al día siguiente viajaba a Oviedo y esa noche a Santiago de Compostela (me cuidaba, pero poco). Esa noche me dolió breve pero intensamente la pierna izquierda y sentí un reflejo en la derecha. Lo mismo me había acontecido el día anterior al infarto, pero callé, me preocupé brevemente, me aseguré de que cogía los medicamentos y viajé.

En Santiago de Compostela, y comiendo rape relleno de gambas, anuncié el posible título del libro y mis colegas psicólogos interpretaron *Corazón partío* como el dolor tras una reparación afectiva. Decidí cambiar el título. Ya lo pensaría. «Corazón partío de infarto.»

Los colegas y amigos que te conocen y que hace tiempo que no te ven te transmiten todo el cariño, te abrazan. Te sientes querido. Es magnífico.

Realmente, en la vida, ¿qué es lo que vale? El amor y la amistad.

Alguna vez (más de una vez) te recorre el pensamiento: ¿y si esto se repite? No convives con ello, pero...

Uno agradece mucho la vida y duda si antes era así: concluye que sí.

Vivir es una decisión de compartir, es ilusionarse y agradecer.

Como alguien dijo: «Lo que no nos mata nos hace más fuertes».

El alta... La excedencia...

Me siento bien, «y puedo decirlo».

Una «nueva vida» y, como siempre, más atractiva, más placentera.

Cuando uno está tan a gusto (en mi caso tan reconocido), surge la pregunta: «y si de pronto ¿se va la luz?» (si se desconecta ¿y todo se acaba?), y notas que no hay miedo, ni rencor, sino atisbo de pena.

Vuelves a recordar al equipo que te operó (fue mecánico, breve y sin embargo en sus manos estuvo tu vida) y no ha habido ocasión ni posibilidad de hablar, de compartir, de dar las gracias, siente uno que ha sido desagradecido —no ha podido actuar de otro modo— y al tiempo uno se vuelve a reencontrar con el género humano (sin distingos), alguien anónimo se formó para poder alargarte la vida, para hacerlo en equipo, con sencillez, sin errores. El mundo en general funciona, nuestro mundo francamente bien, pese a que parece que se da crédito a los quejicosos, querulantes, agonías que gustan de ver lo negativo y recrearse en ello. Magnificándolo y aventándolo.

Tendemos a creer que lo que nos sucede incumbe a todo el mundo, y que lo que nos acucia acucia también a todos. Mas lo que nos pasa a nosotros es siempre mucho menos grave de lo que les pasa a los demás, lo verdaderamente urgente: el hambre y la miseria de millones de seres humanos, el cambio climático, las guerras, el sida y la malaria en África... en fin, todo aquello para lo que nadie parece tener urgencia.

Tampoco se puede caer en el vértigo de pensar que nada importa a nadie.

29 de junio de 2007

Resulta muy positivo escribir cartas afectivas a amigos.

La prestigiosa colega y amiga María Yela me envió este email:

«Hoy todos crecemos contigo, Javier, "ese hombre bueno de bigotes", como te siguen llamando mis hijos, merece todo eso y más. Y... ahora disfruta vacaciones. Ha sido un curso especial, en el que has podido constatar lo frágiles que podemos llegar a ser, y lo fuerte que nos hace tener afectos y razón de lucha.

Cuídate mucho y demos gracias por tanto bueno.

María».

Alguna vez te planteas: «¿no tendrían que revisarme los *stents*?, ¿cuánto tiempo pueden durar?».

«No te preocupes de tu corazón: te durará toda la vida» (Alfred Bach).

Ese amigo entrañable, que es nuestro cuerpo, que somos nosotros. Siendo tan propio, parece no pertenecernos nunca.

Los temas referentes al corazón, infartos, angiomas... los lees con interés, recortas, guardas.

El 64 por 100 de los españoles considera que el cáncer es la enfermedad que más miedo le daría que le diagnosticaran. El porcentaje es mucho más elevado que el miedo a padecer sida (14 por 100), Alzheimer (7 por 100), patologías coronarias (4 por 100) o Parkinson (1 por 100). Las razones que justifican este temor son la percepción que se tiene del cáncer como causa de muerte (36 por 100), que se considera incurable o difícil de curar (27 por 100) o la creencia de que produce dolor (25 por 100).

La diferencia entre el infarto y el cáncer es que en el infarto, cuando te dan el diagnóstico, es ya pasado y en el cáncer es futuro. En el primero está superado, en el segundo el reto difícil está servido.

Los que padecen enfermedades crónicas luchan contra ellas, pero se intenta vivir olvidando que la espada de Damocles está ahí, sencillamente porque, si no, no es vida: es un «no vivir». En este caso el olvido no es una enfermedad de la memoria, sino una necesidad para seguir viviendo.

«Si tu mal tiene remedio, ¿por qué te afliges? Y si tu mal no tiene remedio, ¿por qué te afliges?» (Proverbio inglés.)

Spencer Tracy, en la película *El viejo y el mar* (1958), dirigida por John Sturges, dice: «el hombre no está hecho para la derrota. Puedes destruir a un hombre, pero no derrotarle». (Según novela de Ernest Hemingway.)

El que huye ante el miedo cae en la zanja.

Una persona joven puede vivir toda su vida sin ver jamás una persona muerta. Una o dos generaciones atrás veían muertos a su abuelo o abuela porque la muerte formaba parte de la vida. Para los jóvenes es muy difícil sentir respeto por la vida si no saben nada sobre la muerte.

Pongámosle humor:

En el camino del cementerio se encontraron dos amigos. «Adiós», dijo el vivo al muerto. «Hasta pronto», respondió el muerto al vivo.

«Disculpe, señora, que no me levante» (epitafio de Groucho Marx).

La entrada del cementerio de Estella se enmarca con esta frase: «vosotros sois lo que nosotros fuimos, nosotros somos lo que vosotros seréis».

Morir, puesto a elegir, en los queridos Andes (estoy más cerca del cielo) o en África (sabor a volver a la tierra).

Un graffiti en Nueva York en los años sesenta decía: «¿hay vida antes de la muerte?».

Hay quien convierte su vida en miserable porque no tiene entereza para enfrentarse con la muerte.

Que la vida se quede corta no es bueno, pero es peor que se alargue sin razón. Irse a la cama sin una ilusión para el día de después es estar muerto.

Antes morir que perder la vida. Dice Fernando Savater: «¿para qué queremos el corazón sino para hacerlo estremecer hasta el aneurisma con fervores y pesares?».

La interrogación fundamental de la filosofía es concretar si la vida merece o no ser vivida y cómo.

Pero es necesario saber prepararnos para morir. «Una de las funciones más nobles de la razón consiste en saber si es o no tiempo de irse de este mundo» (Marco Aurelio, Libro III).

Aprender junto al que se despide de la vida supone aprender el arte del adiós.

El primer contacto que tenemos con el mundo la mayoría de las personas es un contacto afectivo que nos humaniza y es crucial para nuestra vida posterior; de igual manera, esperamos que el último contacto con el mundo venga acompañado también de algún gesto humano (que acepten nuestra voluntad y nos acompañen).

Al afrontar la muerte hay un instinto de persistencia vital, es un instinto animal, pero hay una aspiración humana a vivir con dignidad, a morir antes de vivir sin decoro.

¿Existe dignidad en esos nichos donde dejamos a nuestros muertos de «por vida», rodeados de otros que aún no habían sido presentados? ¿Ese minúsculo espacio de cemento, esa celdilla, es lo que merecen nuestros seres queridos?

Siempre cabe pensar que al final de una vida queda un saber, un sentimiento.

«Con el corazón partío» (o como se llame) es un diario que se abandona por largas temporadas y se retoma a borbotones, por cambios, emociones, sensaciones, pensamientos que un día llaman a tu propio ser (tu mente, tu corazón... y aun algo más profundo).

12 de julio de 2007

Tras el alta:

Las celebraciones son simples, cotidianas, pero que se viven como tales.

Aprecio que tengo cinco libros por escribir y me planteo editarlos. Cuando estén, tendré otros cinco y un día alguno no verá la luz, pero siempre es mucho mejor tener motivos, objetivos, razones para vivir, que quedarse seco.

La felicidad se construye. Hay que asumir la responsabilidad de la propia vida. Agradece todo lo que tienes en lugar de lamentarte por aquello de lo que careces. Deja de mirarte el ombligo y ¡¡vuélcate en los demás!!

Ahora no tengo obligaciones ni horarios fijos: el gusto de no ser funcionario; poder durante toda una mañana estar leyendo y escribiendo o simplemente realizando gestiones.

En todo caso el trabajo de autónomo exige constancia, obligarse a... (yo me levanto, me ducho, me afeito y antes de desayunar ya me visto «de calle»; esto es una actitud que me diferencia en el hogar de cuando estoy trabajando a momentos lúdicos —con ropa más informal).

El trato que me brindan todos es inmejorable. ¿Por respeto a lo que soy y lo que he sido?, ¿por haber sufrido un infarto? o ¿por ambas cosas a la vez?

El alta, una alegría, un volver a la normalidad (aunque nunca se haya perdido). Nuevas decisiones: ¿pedir un año sin empleo y sueldo?, ¿solicitar la excedencia?

La suerte de poder elegir. Te guardan el puesto de trabajo y puedes vivir de los ingresos de las conferencias y los derechos de autor de los libros.

La bonita sensación de que un infarto no es una enfermedad, que se trata de «un accidente», que hay un eco de «Ricardo Corazón de León», algo de épica.

Me encanta decir: «llevaba una vida de infarto», no queda claro (no me queda claro) si para darme «pote» (un hombre atareado y además altruista) o para reconocer la incapacidad de decir no, de limitarme, de saber pasar a un segundo plano, de no estar siempre en el relumbrón de ser actor principal.

Llega el verano: acopio de medicamentos (como los jubilados).

La idea que cual estrella fugaz cruza el cerebro: «¿y si no puedo terminar lo que tanto me ilusiona, por ejemplo un libro, por repetición de infarto?».

Resulta vital ir saldando las deudas emocionales que a lo largo de la vida vamos acumulando: hacer las paces, perdonar, dejarse perdonar, rectificar, dialogar.

El perdón da paz, y ésa es la razón por la que todo el mundo antes de morirse tiene ganas de perdonar.

Cuando a una persona se le anuncia su propia muerte, cambia, valora las pequeñas cosas, los sentimientos se avivan, se dice a quienes le rodean: «te quiero».

Han pasado ocho meses. De noviembre a julio, un guiño, una vida, solicito en la Fiscalía un año sin empleo y sueldo. Me mantienen el puesto como psicólogo en la Fiscalía del Tribunal Superior de Justicia de Madrid (sección Menores). Ulteriormente tendré que decidir si solicito una excedencia (de al menos dos años); en ese caso ya no se me conserva el mismo puesto, pero sí el nivel 1 de psicólogo, y además, al haber obtenido la especialidad de Clínica, he alcanzado el nivel de facultativo, por lo que podré trabajar en la salud mental (lo pienso y me atrae), naturalmente de jóvenes. El tiempo lo dirá. Se abren (creo) nuevas expectativas, nuevos retos (¡una gozada!). Porque sigo dando clases en la universidad y creo que pronto conseguiré el doctorado. Por otro lado, se acabó la garantía de los ingresos mensuales (el gran lujo de los funcionarios). Soy autónomo: no sólo no tengo ingresos garantizados sino que dependo de que me inviten a dictar conferencias y del éxito de los libros para poder vivir, más cuando hay que pagar para la jubilación y abonar a quienes colaboran con Urrainfancia, S. L. Lo dicho: un reto, y, por tanto, atractivo.

Cenamos mi amigo Jesús Sánchez Martos (recordemos que es mi médico), su mujer Conchi, mi mujer y nuestro hijo mayor. Una agradable velada que concluye con una revisión respecto a mis comportamientos como paciente. Aprobado justito. Exceso de copas de vino en las comidas. Exceso de picantes. Poca actividad física. A la salida me pregunta a solas: «¿qué tal sexualmente?». Y le contesto «hecho un torete» (estamos en Sanfermines).

Primeras vacaciones estivales tras el infarto. Mi propósito: caminar junto al mar al amanecer y revisar la tesis doctoral «Dilemas éticos de los psicólogos» para entregarla en septiembre. Y viajaremos a Praga y Budapest, padres e hijos, una oportunidad que nos da la vida para reencontrarnos y disfrutar juntos.

Estamos en San Juan (Alicante). Nado dos largos de piscina con mi hijo a toda velocidad (la mía no es olímpica), me agoto, el corazón bombea con suma fuerza. Manifiestamente no soy el que era. Una fuerte decepción: creí encontrarme mejor.

En Alcolea del Pinar, donde tenemos la casa del pueblo (entre Medinaceli y Sigüenza), punto donde se entrelazan Guadalajara, Soria y Aragón, poseo una sabrosa bodega y una para mi emocional biblioteca, donde guardo los últimos volúmenes del irrepetible libro *Charlando sobre la infancia,* para el cual entrevisté en persona largamente a 27 admiradas y referenciales personas sobre su apreciación de la infancia y sobre sus recuerdos de infancia. El libro está prologado por su majestad la reina y la portada me la hizo el ya fallecido Úrculo. El libro, editado con sumo gusto, con fotografías del ayer y del hoy, con letra en azul y marrón, con un gramaje del papel buenísimo, por Espasa Calpe, ya decidimos no volver a reeditarlo.

Me quedan unos 100, que regalo con cuentagotas, y me cuesta desprenderme de ellos porque se han convertido en un símil de mi vida: quisiera darlo todo pero hasta la última gota, sin precipitación pero sin demora, y en el caso de los libros de *Charlando sobre la infancia,* el ritmo lo marco yo. ¿Sabré equilibrar la generosidad con la prudencia?

Caer enfermo, o tener un contratiempo, también es positivo porque ganas en humildad, asumes la posición del paciente.

Chocar con la realidad, reconocer que no somos omnipotentes nos hace apreciar la amistad, la compasión, la paciencia.

El libro evoluciona, despacio, meloso, a golpes, como estaba previsto. Creo que después de entregarlo a la editorial lo seguiré escribiendo.

Un libro que se compone de: 1) Experiencia vital. 2) Reflexiones nacidas de las percepciones «hipersensibilizadas». 3) Ideas varias. 4) Replicante médico del saber de Jesús Sánchez Martos y un prólogo cardiosaludable.

Intento no academizar un libro que es de divulgación, que nace de dentro, repleto de reflexiones, testimonios, vivencias personales, que busca mantener el encanto.

Me llamó la atención, en la Feria del Libro, que se acercaban a comprar mis libros las mujeres-madres y al preguntarles, para escribir la dedicatoria, sobre su pareja, la inmensa mayoría de mujeres exponían: «póngame sólo a mí, soy la que lo voy a leer» (creo que no precisa interpretación).

Mucha de la gente que también me encuentro en estos eventos pasados los meses te dice: «sé que ha tenido un problemilla de salud». Paso a explicarles.

21 de agosto de 2007

Han pasado nueve meses desde el infarto (un embarazo) y he dado a luz un libro concebido y trabajado ya antes del problema cardíaco *Mujer creciente, hombre menguante*. Como siempre, lo he traído al mundo con toda la garra, ilusión y esfuerzo. Además, ya estoy escribiendo otro que me apasiona, *Lo que callan los hijos, lo que ocultan los padres* (será un bombazo, creo), y hago crecer las colecciones que dirijo «SOS Psicología Útil» y «Psicología Jurídica». También he terminado la tesis doctoral (me falta defenderla) y he firmado para que los miembros de Urrainfancia, S. L., publiquemos un libro en una editorial dedicada específicamente a la empresa. Al tiempo estoy hilvanando el material necesario para publicar un libro con los artículos que han ido escribiéndose semana tras semana y repartiéndose por periódicos y revistas. Creo que vuelvo a ser, a estar, frenético, ilusionado y capaz. Pero capto al fondo un punto de cansancio vital; no sé si es mi limitación —si es que la hay física— o una percepción mental propia de conocer más próximo el fin, pues se ha estado en el borde, o simplemente que los 50 años son la edad del realismo, no de los milagros, ya vemos cuán mayores están nuestros mayores. Se agotó el tiempo de los milagros, pero, como dice mi admirada Michelle Pfeiffer (con la que comparto edad), la naturaleza es sabia: «ahora mismo veo fatal, pero encuentro a todo el mundo guapísimo». Yo sigo viendo bien y la veo muy bien.

Pasados los primeros nueve meses tras el infarto, uno se quita «caretas laborales» y se dice y expone fuera: «Dejo la Fiscalía aprovechando el infarto, porque me aburre, me agosta, informar siempre sobre el mismo tipo de chicos disociales, cuando puedo dedicarme a escribir, dictar conferencias, divulgar conocimientos en los medios de comunicación... y además asesorar como experto a la Administración de Justicia (ya me han solicitado que lo haga). Se acabó el sentirse mal por dejar de ser funcionario».

Y si puedes amar tu trabajo y amar a la persona a quien amas, entonces, no importa cuán difícil sea tu vida: todo tiene un significado.

Yo soy feliz por haber dedicado siempre tanto esfuerzo a una meta que es volcarme en la infancia; tanta curiosidad, ilusión, me hace vibrar y vivir con intensidad.

Lo importante es hacer en la vida lo que quieres realmente ser, porque así uno es imbatible.

Al haber perdido 20 kg (quedándome en 70), todo el mundo me encuentra más joven y me lo dicen: «has rejuvenecido», lo que me disocia ante el imparable calendario que deshoja los últimos días antes de llegar al medio siglo.

Se entremezclan en mis percepciones y sentimientos expectativas de futuro muy atractivas y nostalgias irrecuperables. Me encuentro en la casa que tenemos en Alcolea del Pinar. Reviso los libros, las revistas, y me apabulla todo lo que he hecho —es cierto que aprovecho mucho el tiempo—, y siento que he vivido mucho, he viajado mucho, he conocido y sido conocido por muchísima gente. Ser reconocido, popular y famoso no debe confundirse con ser importante. Mi vida ya ha sido provechosa y eso me tranquiliza, me produce una sonrisa interna, al tiempo que llamo con los nudillos de la mano a mi conciencia, para indicarme que me queda menos, que estoy en la cuesta abajo. Así es, y la verdad, así debe ser.

Me ilusiona pensar (me propongo pensar en ello) que seguiré encontrándome con amigos y con quien no conoces en pueblos y ciudades perdidos que agradecen lo que has escrito, comunicado...

Conocer gentes, lugares, momentos, a fin de incrementar el material para el fuego de la nostalgia.

«Hoy es el primer día de lo que me queda de vida» (no sé quién lo ha dicho, pero lo comparto, está bien dicho). Cumplo 50 años y paseo por el campo, el lujo de la naturaleza, la vida intensa y breve de una mariposa. La vida no es sólo tiempo. En otoño me esperan en el hospital las pruebas de esfuerzo, la revisión (en algún punto se refleja la intranquilidad). Mientras soy profundamente feliz con la familia (la más próxima), el miedo, la angustia, el desbordamiento llegan al pensar en perder un hijo, la soledad azota si uno se ve sin su esposa (hablo de mi caso, que no ha de ser compartido por otros). Tener grandes amigos es lo mejor de lo mejor, amarran a la vida desde el viento de libertad. Y luego está lo pequeño pero personal, el haber obtenido la especialidad de Clínica en Psicología, el buscar obtener el doctorado, y un pequeño coche (escala 1/18), un coche, mi primer coche, un Seat 600D (de los que abrían las puertas en contra a la marcha). Lo encontré en Praga y viajé con él a Budapest, a Madrid, a Alcolea; aquí está aparcado, es del mismo color que el que yo con 18 años (hace 32 años) manejé por primera vez: color «arena de playa» (según la marca). Me acompaña. Pequeñas cosas, o, lo que es igual, la vida.

Los 50 años están incluidos en los denominados años de la crisis de la mitad de la vida *(midlife crisis)* o crisis de la madurez. Se caracteriza por la súbita percepción de lo limitado del tiempo, sentimiento subjetivo de la brevedad de la vida y un replanteamiento de las ambiciones personales. Se intenta reorganizar la vida en función del tiempo que queda más que en función del tiempo ya desarrollado. Es el momento del balance y la reflexión sobre lo que se ha hecho y lo que aún queda por hacer. Hay quien sale fortalecido de este autoexamen, pero hay otras personas que se acongojan, se angustian con la percepción de que el tiempo pasa muy rápido, con el temor de un descenso en las relaciones sexuales (hay quien busca en amoríos, en aventuras, un escape a ese sentir de último coletazo).

Como en todo libro, mis opiniones se confrontan con las del lector y al final cada quien cree lo que quiere creer (recuerde, eso sí, que soy «un experto»).

20 de octubre de 2007

De pronto uno se da cuenta de que casi ha pasado un año desde el infarto y escribe y viaja y dicta conferencias y... ¿será verdad que llevo tres *stents*? Debo creerlo, ¿pero me lo creo? Porque cuando me dio el infarto, también estaba bien, no pensé que pudiera suceder. ¿El ritmo precipitado vuelve a repetirse? ¿He cambiado mucho en mi pensamiento interior? La verdad, ¿sería en algo distinto de no haber sufrido el infarto?

Sigo estando en peso (entre 70 y 72 kg), sin esfuerzo, bien es cierto que no he probado el alcohol (sólo cervezas y vino) ni la carne, los quesos, la casquería, la grasa...

Pasión por la vida (antes del infarto) también. Por hacer mucho, por hacer bien.

Mi madre, en vez de decir «cuando sufriste el infarto», dice «cuanto te pasó eso» (marcadamente significativo).

Mi hija tampoco dice «el infarto», expresa: «cuando te dio el chungo» (en un tono jocoso pero preventivo).

Me propongo leer, cuando cumpla el primer aniversario, las notas que escribí, mis sensaciones de entonces, para resituarme, para no olvidar.

Un problema (y una gozada) el haber perdido 24 kg. Parezco más joven, y me lo dicen y me lo creo, aunque contesto: «si estoy mejor, pero sólo de chasis, el motor...» —y no termino la frase.

¡Qué bonito es vivir! Y cuánta gente se amarga su existencia (y lo intenta con los demás. Mi consejo = rehuirlos).

Un año de vida (segunda edición), un nuevo 1 de noviembre... ¿Cómo lo viviré?

Se acerca el 1 de noviembre, primer aniversario. No reconozco en mí ninguna prevención, ni recelo, aunque al fondo hay una inquietud, pues habré de ir al Hospital Gregorio Marañón a mi primera prueba a fondo (de esfuerzo, etc.), y siempre le cabe a uno preguntarse: «¿y si me descubren algo?, ¿y si me dejan ingresado?». Pienso: «me encuentro bien, pero...». Además, últimamente he rebasado mis límites y de pronto me encontré agotado (sin pilas), «como justo después del infarto», y me pregunto: «¿se deberá al exceso de viajes, de compromisos aceptados, o por el contrario es que mis limitaciones son mayores de las que tenía percibidas?».

¿Viajaré de nuevo como hace un año al mismo lugar (Alcolea del Pinar) y en el mismo coche? Y si es así, ¿lo haré para demostrarme algo?

Otro día, viajando en tren de alta velocidad, me «ausculto conductualmente». La verdad, me he relajado mucho en la alimentación (sin excesos, pero sin las limitaciones que me impuse al principio de sal...). Mantengo el hábito adquirido de andar. No bebo más alcohol que alguna cerveza y vino. Me emplazo a revisar lo que apunté hace un año (como compromiso a cumplir por mí mismo) y a leer el libro de Valentín Fuster.

1 de noviembre de 2007, día de Todos los Santos

Este año ha pasado rápido, muy rápido. Gratamente. No suelo pensar que llevo en mi organismo algo que no soy yo mismo (elementos extraños como los *stents*). Antes de que me los implantaran, me habría resultado «rechazable» pensar en llevar en mi corazón algo que no me es propio. A cosa hecha, no me genera el más mínimo resquemor.

El otro día me llamaron de Fiscalía (mi trabajo), de la que me he ausentado al solicitar un año sin empleo y sueldo, para decirme que un buen compañero y amigo, gran profesional de la psicología que había solicitado la jubilación anticipada por tener la salud algo quebrantada, acababa de fallecer. Pregunté la causa del óbito, y tardaron en contestarme...: «de infarto» (les da miedo decírmelo, se agradece la sensibilidad, pero uno se sonríe).

Van llegando los fríos, y como los coches diésel (antiguos), pierdo esa frescura, ese punto de chispa. Decididamente el frío no me va bien (o no nos va bien a los infartados. ¡¡Toda una vida sufriendo el calor y sacando pecho ante el frío y, ahora, con mi camisetica —y a veces de manga corta—. La vida!!).

Sí, hace exactamente un año, a esta misma hora, sufría un severo infarto, mi infarto. Creo que he convivido bien con él, que es parte de mí. Me ha tratado bien, me ha respetado. Hoy he vuelto a Alcolea del Pinar y como hace un año, exactamente, he paseado por el campo, he ido a misa, he tomado unas cervezas con los amigos, he comido en «la casa central» con la familia y, en vez de coger el coche en el que sufrí el trallazo, he decidido quedarme solo en esta bella casa de pueblo. Mi mujer y mi hija regresan a Madrid, hay que cuidar a la abuela con Alzheimer.

He cumplido un año. He felicitado a mi madre, que nació este día. He recibido la cálida y sentida llamada de mi hijo, que reside en Washington y que va a empezar a trabajar en el Banco Mundial. La distancia tiene eso de bueno: el reencuentro, el valor añadido a cada palabra, a cada latido.

He cumplido un año, lo llevo bien, lo mío no tiene de verdad relevancia, hay gente, mucha gente que lucha contra el cáncer con... y lo hace dignamente sin humillarse, sin hincar la rodilla, simple y llanamente viviendo.

Miro por la ventana, el otoño va dejando paso quizás al inicio del invierno pero luce el sol, los ocres se apoderan. ¡Qué lujo vivir! No, hoy no tengo ningún miedo a perder la vida, pero necesito saber que mi mujer y mi hija han llegado bien y llamar a mi hijo para decirle parcamente gracias e interesarme por su presente, por su futuro. Yo también lo tengo (al menos mentalmente), compromiso de libros a editar, de conferencias a dictar, de viajes a realizar (Chile, Estados Unidos, Perú...). La vida continúa sin más. Este libro no busca ser más que el *crecer* de una hoja de un árbol, que el cosmos existente en un metro de vegetación.

He rezado por los seres queridos que ya se nos despidieron (algunos no tuvieron ni tiempo para hacerlo). Un día espero que lo hagan por mí y saberlo no me acongoja; muy al contrario: me infunde serenidad.

Ayer, cuando traía en el coche a mi hija y a una amiga de ésta, Beatriz me decía: «eres un ser distinto con un control mental superlativo». Es posible, intento muscularlo; en mi vida, y siempre que la situación es difícil, he reaccionado bien, con tranquilidad y criterio. Hace un año sentí por primera vez que la vida se me escapaba, percibí cómo lo veía desde dentro de mí pero sin ser yo mismo; si la vida se ausenta, la flojera se adueña. Resistí, y además el rayo exterminador no fue rotundo y letal. Reaccioné bien, sin pánico, sin sufrir un ataque de ansiedad. Bien, la vida fluye como el agua por un arroyo y uno solo ha aprendido a ser más agradecido. Ya era vital, optimista, terco, voluntarioso, digno, orgulloso. Poco o nada ha cambiado salvo que agradezco a la vida aún más poder vivirla. Quiero acabar pronto estas líneas que estoy escribiendo para salir a caminar por el campo, para inundarme de imágenes, sonidos, olores de vida, en la que yo sólo soy una parte prescindible de un retazo que, si bien se inicia y concluye, siempre se continúa.

Me preguntaba qué sentiría al cumplir un año del infarto y ahora lo sé: agradecimiento a la vida y a los seres queridos.

Hoy me da mucho más miedo perder a mis seres queridos que perder mi vida. Y si lo pensamos y si lo sentimos, es lógico.

El reloj de la vida continúa, el «tictac» de nuestro corazón no ha de pararse, y en todo caso pondrá en marcha nuevos impulsos.

«Gracias a la vida, que me ha dado tanto, me ha dado el sonido y el abecedario. Con él las palabras que pienso y declaro: madre, amigo, hermano y luz alumbrando.

Gracias a la vida, que me ha dado tanto, me ha dado la risa y me ha dado el llanto, así yo distingo, dicha de quebranto, los dos materiales que forman mi canto. Y el canto de ustedes que es mi propio canto» (Violeta Parra).

El concepto holístico de salud de la OMS en su Carta Magna (1946) la define como «un estado completo de bienestar físico, mental y social y no solamente la ausencia de afecciones o enfermedades».

16 de noviembre de 2007

Iba en el tren hacia Elda (me paso la vida en el tren, en el avión, en el coche. Me encantan. Disfruto conduciendo, mirando por la ventanilla del avión, pero prefiero el tren de alta velocidad). Sonó el teléfono, era él, mi cardiólogo, me llamaba un viernes a primera hora de la tarde desde Salamanca, estaba recogiendo en el colegio a sus hijos y me dijo: «Javier, ya ha pasado un año, y como te comenté, quiero hacerte pruebas; sé que estás muy bien, te veo en la televisión, te escucho en la radio, te leo en libros y periódicos, no paras, pero tengo que revisarte. ¿Cuándo te viene bien?». Le contesté de inmediato: «cualquier día de diciembre salvo el 17, que defiendo en Coruña mi tesis doctoral».

Agradecí sincera y profundamente la llamada, un buen profesional con calidad y calidez personal. Le dije que pensaba llamarle la semana siguiente, y era verdad, pero le callé que había pensado indicarle que me citase tras el 17 (tras la defensa de la tesis) o, si no era posible por la llegada de navidad, ya en enero de 2008.

Me quedé un poco mal: tendría que haber llamado yo, había antepuesto el interés profesional/académico al de la salud ¡al año!, bien es cierto que pienso para mí que un pecadillo leve (tenía escrito en la agenda llamar). Me pasé revista: camino, pero poco, me cuido en las comidas, pero me he relajado mucho (y mi familia próxima también), tomo la medicación puntualmente, trabajo mucho pero con más relajo al no asistir a la radio por las noches ni los domingos, que los reservo para mí, y llevo un año sin empleo y sueldo en Fiscalía (aunque preparo un congreso y modelos escritos de intervención). Como positivo me atribuyo el haber dicho no a la invitación para viajar a Santiago de Chile a dictar una conferencia. Mi puntuación (evaluado por mí mismo): un aprobado justito.

Me planteo el día que ingresaré para hacerme pruebas en el Hospital Gregorio Marañón y noto que me preocupa, siento al pensar en ello que el calor se apodera de mi cara, porque ¿va todo bien o me encontrarán algo? Pienso: en el día a día me siento perfecto, salvo que en alguna conferencia larga hay un momento leve en que siento como si me fuera a marear (tomo agua, respiro y continúo).

Al fin, uno vive dando la espalda a su patología crónica. Una cosa es decir tengo implantados tres *stents* y otra que te evalúen. Anticipo: le miraré a la cara (al doctor) y le preguntaré ¿qué tal? Será un momento de angustia —los anteriores son de ansiedad— y saldré encantado a la calle a respirar, a sonreír a cualquier ciudadano con el que me cruce, a llamar a mi madre, mi mujer, mis hijos para darles la buena nueva. Si no es así, si las noticias son negativas, creo que como siempre lo acogeré con calma, soy muy adaptable, acepto bien. Veremos, y espero poder contarlo.

18 de diciembre de 2007

La gracia de este libro está en la forma de escribirlo, es sincera y se escribe cronológicamente, lo opuesto a quien escribe sus memorias con carácter retroactivo.

Se cuenta que un observador que pasa por unas obras pregunta a un hombre qué está haciendo. «Pues aquí —contesta él con resignación—, poniendo una piedra encima de otra, día tras día, año tras año...». Ante la misma pregunta, un segundo responde de manera muy distinta: «Estoy construyendo una catedral».

El primero se limita a vivir su realidad. El segundo la pone al servicio de un ideal y con ello cambia toda su perspectiva.

Precisamos una maternalización de la sociedad.

El mundo necesita una cultura del cuidado, guiada por una ternura inteligente.

Todos somos vulnerables, precisamos dar y recibir ternura, cuidar y ser cuidados.

Piense lo bonito que sería poder regresar, aunque fuera por momentos, al útero materno, estar ahí envuelto, protegido, con el alimento y un buen clima, calentito, sin que nada ni nadie pudiera invadir ese pequeño espacio.

Pues sí, todo llega, y a veces a borbotones. Sabía que tenía que defender mi tesis un lunes y me fui cinco días a nuestra casita de Alcolea del Pinar, pero me dediqué a escribir el libro de *Lo que callan los hijos, lo que ocultan los padres*. Apasionante. Total, que al regreso, mi suegra (una encantadora mujer) empeoró. La agonía fue larga y falleció a mediodía de un sábado; le dábamos tierra el domingo en Alcolea para iniciar viaje hacia Coruña con mi hija inmediatamente; pasamos por Soria, Burgos, León, Astorga. Llegué cansado, pero con fuerza para tomar un pulpo a feira y un albariño. Me levanté pronto, di un repaso a la tesis «Psicología y deontología. Dilemas éticos» y salí a pasear con mi hija viendo y oliendo el mar. El tribunal estuvo amable y sin críticas excesivas (y las que se hicieron fueron muy lógicas) y me concedieron un sobresaliente cum laude por unanimidad. Comimos juntos opíparamente y regresamos a Madrid. A la mañana siguiente, llegaba el otro examen, el de corazón. Allí estaba mi admirado y joven cardiólogo, Pedro Luis Sánchez, del Hospital Universitario Gregorio Marañón: unas preguntas generales y la prueba de esfuerzo superada no diré que con brillantez y sin sudar, pero sí dignamente. Se descartaron isquemias. Más tarde la ecografía: vi bombear mi corazón, todo bien, los tres «muelles» o *stents* no se habían estrechado. Todo buenas noticias, muy buenas, y un recordatorio: «tienes que caminar al menos 30 minutos cinco días por semana a ritmo rápido». El peso, el colesterol, la tensión, correctos.

Salí a la calle y volví a respirar con intensidad; no había entrado con miedo, pero me invadió la euforia, la alegría interna profunda, una llamada a mi mujer, a mi madre, a mi hija, a mi hijo en Washington, y regreso al hospital para entregar un agradecido obsequio que no es recompensa sino signo profundo de afecto. Me encaminé a Pequeño Deseo, la fundación de la que soy patrono y que da algunas alegrías a niños muy enfermos a veces con la esperanza de vida limitada. Miren: cuando sabes que te siguen dando prórrogas, debes continuar esforzándote aún más por los demás, aunque creo que eso no depende de haber pasado por una situación límite, sino que es una forma de entender nuestro paso por este mundo.

Una semana, una triste noticia y dos maravillosas, no se compensan, se acumulan e intentan ir acomodándose. Llega la navidad, agridulce como la vida. Me invitan encarecidamente a mi programa (ex) de Radio Nacional de España *La noche menos pensada* y me reencuentro con Manolo H. H., con los contertulios, y llaman oyentes que te aprecian y te solicitan, te invitan a regresar a la atractiva noche de la radio, te resistes, das largas, sin decir no. Volvemos a vivir, pero no volvemos a las andadas.

La vivencia de que todo en la vida, en mi vida, ha sido un sueño, es el caso de mi día a día como defensor del menor o cuando sufrí el infarto. Una «realidad velada», cierta pero rodeada de bruma, sabedor, conocedor de que es la verdad, pero como si me viera desde fuera en mis acontecimientos.

La sensación de saber que si tengo un accidente o me clavan una navaja me desangraré con facilidad ¿me impediría ayudar a alguien ante situaciones imprevisibles en las que uno debe exponer su vida? Porque yo siempre he reaccionado positivamente. Me preocupa no saber cómo reaccionar a favor de los otros o no poder donar sangre o... ¿volver a viajar a Kenia? ¿Puedo?

27 de diciembre de 2007

Había pasado poco más de un año del infarto. Mi hijo Javier regresaba por navidad desde Washington, donde estudia en Georgetown y trabaja en el Banco Mundial. Acababa de defender mi tesis doctoral y de pasar el examen cardiológico (todo ello con «brillantez»). Le invité a acompañarme, como tantas veces, a San Sebastián para entregar mi tesis al maestro y amigo Antonio Beristain, de 83 años. Viajamos por Pamplona, donde comimos con el también amigo y psicólogo de la cárcel Juan Romero y su familia (tanto me quieren que el cardo y el rape no habían probado la sal). En el Instituto Vasco de Criminología, carretera de Francia, en la avenida Ategorrieta, pasamos una entrañable velada con don Antonio rodeados de libros y de su saber, comprometido con la gente que sufre, con las víctimas del terrorismo. Me dictó la siguiente sentencia: «la Psicología debe volcarse en los que sufren». De acuerdo.

Por la noche unos magníficos pintxos y a dormir al hotel Niza; vimos el amanecer único en la bahía de La Concha. ¡Qué bello es vivir! ¡Qué preciosa la naturaleza cuando se la deja ser ella misma!

Paseamos hora y media viendo romper las olas, pasando por el Aquarium, La Concha, Ondarreta, el Peine de los Vientos y vuelta, a buen ritmo, y además tuve que atender una llamada telefónica de la radio mientras caminaba. No me cansé nada. ¡Qué diferencia, qué evolución en un año! ¡Mi condición física, mi aspecto, ha mejorado más que sensiblemente! Regresamos por Burgos. Javier tomó unas apetitosas alubias rojas, y yo, puerros (diferencia de estado y de edad).

Recibí, mientras comía con mi hijo en Burgos, una llamada telefónica. Era de Lucrecia Blasco, la que hace unos años fuera gravemente herida en el atentado de Omagh (Irlanda) por el denominado IRA auténtico, atentado en el que perdió a su hermano Fernando y a la monitora Rocío Abad. Desde entonces he seguido puntualmente su evolución apoyada por una familia extraordinaria, irrepetible, con una gran fe religiosa. Un día le dije: «Lucrecia, cuando ejerzas una profesión y tengas una nómina, me llamas e invitas a un restaurante». Eso es lo que hacía con esa llamada, invitarme el 4 de enero al restaurante Jai-Alai. ¿Se puede empezar mejor el año?

Siempre he seguido la evolución de dos chicas víctimas del terrorismo: Lucrecia Blasco (víctima del IRA) e Irene Villa (víctima de ETA) y he aprendido mucho, mucho, de su calidad humana, de sus sufrimientos, de sus esperanzas y motivaciones, de su crecimiento personal; por mi parte, les he transmitido afecto, seguridad y criterio.

En esta navidad agridulce he perdido, hemos perdido, a un joven único, Diego Gallego Tolbaños, que nació con fibrosis quística y pasó trece años en el Hospital Niño Jesús; era querido, amado, reconocido. Pasaba por las habitaciones para alegrar a otros niños, para comentarles la película que se iba a proyectar. Aprendió a ser payaso. Ganó el afamado premio Toneti. Diego, un joven único, al que llevé a la radio, a la televisión, conoció en persona a los grandes deportistas, al Papa en Roma...

Le trasplantaron los dos pulmones (donados por la familia de una adolescente que murió en un accidente de tráfico). Como siempre, regaló sonrisas, inocencias, cariño. Vivió poco, poco más de 20 años, pero vivió contento, ilusionado e ilusionante. Una verdadera pérdida de un amigo, de un niño, de un joven que pasó por el mundo haciendo el bien. Se cumplió el dicho «de Madrid al cielo».

15 de enero de 2008

Hay días irrepetibles. Habían transcurrido 14 meses y 14 días del infarto y acudí a la cita con el médico del ambulatorio, el doctor Enrique Muñoz, que en síntesis me dijo: «Le cambio mis analíticas por las suyas. Está fenomenal. No se suele ver que se tenga más "colesterol bueno" que "malo". Me marché encantado. Por la tarde nos reuníamos con su majestad la reina Sofía en el Instituto de España para dialogar sobre los nuevos retos e infancia. Conozco bien a la reina, nos hemos encontrado en bastantes ocasiones. La admiro. Pero esta vez no comparecía como «experto», sino que se me encargó la preparación de toda la reunión, para lo cual contacté con otros diez compañeros y amigos, que son parte del equipo de Urrainfancia, S. L. Unos, psiquiatras, otros, abogados, periodistas, psicólogos, buena gente y conocedores de lo que acontece en y con los niños y jóvenes. Resultó una tarde estupenda por el tono, el ambiente, lo dicho, lo reflexionado. En la antesala en la que esperamos a la reina comenté los buenos resultados obtenidos en las analíticas al amigo y médico Jesús Sánchez Martos. Se alegró, se alegró mucho, y me dijo: «escribe todo esto». Y eso hago.

«No existe una piedra de nuestro camino que no podamos utilizar para impulsarnos en nuestro crecimiento personal» (Javier Urra).

20 de enero de 2008

Me levanto de una siesta dominical y compruebo que «me duele el corazón»; no me asusto, pero me hace consciente del agradecimiento que todo ser humano debe tener a otros congéneres que no conoce (por ejemplo a quienes fabricaron los *stents,* muellecitos, tres de los cuales llevo en mi corazón). Es más, estos muellecitos son parte de mí. Estamos en manos de los demás. Yo viajo casi diariamente y cuando llego al aeropuerto o estación de tren me recoge una mujer o un varón a quien no conozco y que me lleva en un coche de día o de noche (estoy en sus manos), y el camarero que te pone una «caña» de cerveza podría no haber aclarado el vaso que contenía jabón líquido y... ¡¡Gracias al mundo y a quienes lo habitan!!

Conviene, al acostarse, pensar en las razones (a veces hay que buscarlas con interés) por las cuales ha merecido la pena vivir.

El hombre tiene y ha de tener necesidad de reflexionar. Existe el riesgo manifiesto de perder la pausa necesaria para desarrollar el pensamiento crítico.

Me preocupa la pérdida de la capacidad lingüística para expresar la complejidad del mundo o la propia complejidad interior.

Corremos el riesgo de convertirnos en meros consumidores, en personas que caminan movidas por resortes externos, por estímulos superficiales. Caeríamos en un nuevo totalitarismo.

Me decía el otro día mi hija (23 años, psicooncóloga), delante de su madre: «Creo que desde que sufriste el infarto has acelerado aún más tu vida, quieres dejar más cosas hechas, es como si supieras o al menos intuyeras que no vas a vivir mucho». Se refería entre otras cosas a que, recién obtenido el cum laude con la nota de sobresaliente por unanimidad, me planteé hacer otra tesis doctoral, esta vez no en Psicología, sino en Enfermería, dirigida por el amigo, doctor y catedrático de «Educación para la Salud» en la Escuela de Enfermería de la Universidad Complutense de Madrid, el doctor Jesús Sánchez Martos, con un tema próximo a: «Educación para alcanzar una correcta higiene mental. Individual y colectiva». Es posible.

Nuestra hija (Beatriz) le ha dicho a su madre (que acaba de perder a su madre, de 84 años, y hace 14 meses a su padre): «no te equivoques, eso es simplemente lo natural, porque no vas a tener a tu marido tanto tiempo».

Repaso mi CALIDAD DE VIDA = no tener una obligación horaria funcionarial, adaptarse a vacaciones, guardias, junto a otros compañeros. Ventajas de ser autónomo: te marcas menos obligaciones (quizás más) pero te permite (a mí me lo permite) un día viajar para dictar una conferencia, otro acudir a un medio de comunicación, otro retirarte a Alcolea del Pinar a escribir (y pasear por el campo)...

Llamo a Jesús Sánchez Martos como médico para explicarle que me encuentro francamente muy bien y le escucho al otro lado del teléfono jadeante. Me intereso y me explica que está dando un paseo en bicicleta. Existe en el saber popular la expresión «de los médicos hay que hacer lo que dicen, no lo que hacen». En el caso de Jesús, es un ejemplo positivo por cómo se conduce en la vida. Le he visto leer, estudiar, dictar, comunicarse, perdonar, disculparse, aceptar retos, implicarse, decir no, hacerse valer, restarse méritos. Siempre con moderación y equilibrio, con un motivo de vida, cual es la felicidad de los otros (ya sean pacientes o simplemente ciudadanos). Hablo con él como amigo; por relaciones institucionales: Colegio de Médicos, Colegio de Psicólogos; como director de tesis. Desde el primer día se ha apasionado, y no sólo está siempre dispuesto sino que se implica ilusionado.

Unimos este campo de relación al ya establecido para escribir este libro compartido entre la visión del paciente y la del médico.

10 de febrero de 2008

Nuestra hija Beatriz, que recientemente se ha licenciado en Psicología y colegiado y que cursa un máster de Psicooncología, nos comenta que le han indicado que debe ver la película de Julian Schnabel *La escafandra y la mariposa*. Aracely (mi esposa) y yo decidimos acompañarla. Al momento capto que mi mujer está silenciosamente llorando. No lo he previsto, pero en un corto plazo de tiempo ha perdido a su padre, ha visto a su marido postrado por un infarto y ha perdido a su madre. Mucho, demasiado. La película es interesantísima y muy buena, con una fotografía estupenda, preciosa, pero salvo que todas las chicas que aparecen son preciosas, es un film duro, muy duro, un hombre joven postrado, sin poder moverse ni mover nada salvo un ojo. Le quedan la imaginación y la memoria. Con voluntad, un equipo de profesionales magníficos crea un abecedario especial y cerrando el párpado una o dos veces escribe un precioso libro (él era un prestigioso periodista). Al final de la película le vemos disfrutando recorriendo París y la campiña en un precioso coche, un Jaguar. Le acompaña su hijo, sufre el infarto y queda postrado. Lo mismo, lo mismo que a mí, me parece tremendo, conduciendo un Jaguar y llevando a alguien querido de copiloto. Una coincidencia que me invita a pensar (lo hago escribiendo esto en un avión que me lleva al día siguiente a Tenerife, invitado a dictar una conferencia en la universidad). Sí, he pensado más de una vez que tengo que dar muchas gracias a Dios porque el infarto no me afectara al cerebro; pienso ocasionalmente que si me sobreviene otro infarto esta vez sí podría quedarme impedido, pero, si conservo la capacidad cognitiva, haré lo mismo que el personaje de la película: escribir un libro que ayude (como el suyo, que ha permitido esta bella película que llega a tantas personas, que sensibiliza). Una neumonía acaba con la historia, la película y el personaje. Abandonamos abrumados el cine, pero agradezco haber visto una relación tan unívoca como es el «síndrome del cautivo» (la escafandra) y la capacidad de volar desde la memoria con la imaginación (la mariposa).

12 de febrero de 2008

Se me empezó a mover una muela, «la más lejana de la nariz». Fui a mi odontólogo y me dijo: «lo siento, Javier, pero baila mucho, vamos a tener que extraerla». Lo dejé pasar, pues suponía no tomar durante un día el adiro (aspirina con menos cantidad de ácido acetilsalicílico). Pasó el tiempo y me olvidé de ella, pero un día volvió a moverse y lo notaba con la lengua: un leve empujoncito y, al ritmo de «la yenka», se movía, así que cogí el teléfono para llamar esa mañana a Alfonso (mi odontólogo). Yo estaba como miembro del Comité Científico y Organizador del I Congreso Internacional de Responsabilidad Penal del Menor en el Palacio de Congresos de Madrid; además, a raíz de unas manifestaciones del jefe de la oposición sobre este tema, tuve que hacer declaraciones ante todos los medios de comunicación. En ésas estaba cuando, escuchando la magnífica conferencia de clausura, noté que se me caía; con disimulo fui al servicio y allí estaba, grande, limpia, seca. La tiré, volví al auditorio y seguí escuchando. Fue ya en casa cuando pensé: «qué deterioro. ¿Se me irán cayendo una a una las piezas que componen mi bonita dentadura?». Recordé que de niño había oído hablar de la «lepra seca» (una persona iba caminando y de pronto se percataba de que había perdido un dedo del pie), indolora y terrible.

Me preguntaba si debía estar consternado; pensé en dejar pasar un buen tiempo y consultar ulteriormente a mi odontólogo.

Al fin, y aunque parezca que somos otras cosas, para el ordenador central de nuestro cuerpo somos sus componentes. Y perder una muela supone algo no grave, pero sí irreparable. Es un adiós para siempre. Hemos ido juntos mucho tiempo, hemos sido mucho tiempo uno. En verdad que ahora que como menos carne precisaré menos de su compañía, pero uno es consciente del inicio de su deconstrucción y al tiempo de la asunción acogedora de ésta (no digo que recreándose en la suerte, pero no posicionándome a la contra).

Hay que ver lo bueno, lo tengo claro, y la caída de mi muela me sirve para seguir comunicándome con usted, contigo. No está mal.

¿Deberíamos nacer con una fecha de caducidad como los yogures? Pensemos en ventajas e inconvenientes.

A medida que nos apresuramos por la vida, cargando con más cosas hora tras hora, nos estiramos como una goma elástica hacia el punto de ruptura.

Hágase un favor: escriba su obituario, y si su vida no responde a como quiere ser recordado, mejor empiece a cambiar.

Ha pasado casi un año y medio desde el accidente cardíaco y me pregunto —a veces—: «si tengo un accidente de otro tipo, ¿me desangraré?», porque la verdad, cada vez que estreno una nueva hoja de afeitar y me corto un poco en la cara, no deja de brotarme sangre. Y a mí, que siempre he fantaseado con la posibilidad de arriesgar la vida por salvar la de otro ser humano desconocido, me genera un punto de dolor mi situación de riesgo, me hace pensar de forma más conservadora y preventiva.

No es menos cierto que pienso de vez en cuando en dejar todos los «papeles» arreglados para mi mujer e hijos. Quizás se ha unido también que, por el fallecimiento de mis suegros en poco tiempo, hemos heredado alguna propiedad.

En la consulta me embarqué en un diálogo socrático y le pregunté al paciente qué habría pasado si él hubiera muerto antes. «Ella habría sufrido tanto...», respondió él. Ante ello, sólo me cabía responder: «su mujer se ha ahorrado este sufrimiento, es por eso por lo que usted debe sobrevivir y llorarla a ella». En ese mismo momento, él pudo ver un sentido a su sufrimiento, el sentido de un sacrificio.

Bajo el miedo de la muerte existen muchas veces otros miedos, como el de tener que reconocer que las cosas no han sido como uno las había deseado y, sobre todo, reconocer que es muy posible que ya no puedan ser de otra manera.

13 de abril de 2008

Viajé por decimocuarta ocasión a Santiago de Chile (por conocimiento y cariño, mi segunda patria). Soy profesor invitado visitante de la Universidad Diego Portales, donde imparto el área de Menores en el Magíster de Psicología Jurídica. Era el primer viaje transoceánico tras el infarto, y además alguna sesión formativa es de cinco horas continuadas. Me encontré francamente bien, pese a lo cual fui precavido: solicité en el avión un asiento que me permitiera caminar durante las 14 horas de trayecto, llevé medicación para más días de los que tenía previsto estar en Chile (por si acaso), paseé por la ciudad y por Viña del Mar y Valparaíso, fui al hipódromo. Trabajé, sí, pero midiéndome y me sentí contento por mi estado, pero también por mi responsable actitud (hasta me sorprendo).

Quizás no queremos enfrentarnos con nuestra finitud, no deseamos recordar, y nos dejamos llevar por la vorágine de la aceleración, de las prisas.

Hay quien, sabedor de que no le queda mucha vida por delante, la disfruta y ralentiza junto a sus seres queridos (familia y amigos), pero hay otros que por el contrario aceleran sus actividades (como si quisieran dejar todo hecho o aun hacer lo que no habían realizado en su vida).

De regreso de Santiago de Chile en un avión absolutamente repleto y acomodado junto al pasillo, pensaba en ese duermevela de los viajes transoceánicos, en el ritmo frenético, realmente increíble, que llevaba antes del infarto y que la tensión arterial era alta y el colesterol también. Recuerdo a mi suegro, médico, ya fallecido, que me manifestó su honda preocupación por mi ritmo de vida (mala vida, aunque a mí me encantaba por lo que tenía y tiene de solidaridad y reconocimiento a mi persona) y también inquietud por los datos analíticos y me aconsejó que bajara el ritmo y fuera a mi médico. No hice nada de ello, estaba activado, imparable, no tenía un minuto que perder. Hoy me doy cuenta de mi error (lo que no me garantiza que no lo vuelva a repetir). Cuando uno se siente útil, adicto a lo que hace, cuasi elegido y señalado para una labor como la mía de defensor del menor, se considera indestructible y en todo caso cree que debe hacerlo sean cuales sean las consecuencias.

Hay quienes tenemos un verdadero problema cual es el no saber decir NO; añádanle un hipertrofiado sentido de la responsabilidad y tienen la mezcla explosiva preparada.

En estos viajes transoceánicos uno se fija en quién le toca de compañero; en este caso era una bellísima y delicada joven, además percibí que bien educada, pues miró de soslayo cuando empecé a tomar el racimo de medicamentos. Este acto tiene la virtud de que te sitúa con lo que eres: un enfermo crónico.

Mi intención es buena (no sé si mi voluntad lo es tanto), he leído en el viaje el libro *Elogio de la lentitud*.

Los grandes pensadores a lo largo de la historia han conocido el valor del sosiego mental.

Hay que practicar el arte de no hacer nada, de cerrar las puertas al ruido de fondo y las distracciones, de aflojar el paso y permanecer a solas con nuestros pensamientos.

Caminar dilata el tiempo y prolonga la vida.

Estoy aprendiendo a disfrutar de la serenidad, a conservar un estado de calma interior, incluso cuando las prisas acechan (para llegar a una reunión, o para entregar el libro al editor).

Estamos pasando de un mundo donde el grande se come al pequeño a un mundo donde los rápidos se comen a los lentos.

La enfermedad del tiempo nos invade. Cada vez nos cuesta más aguantar un retraso (del autobús, del cajero automático...), no conseguir lo que nos proponemos nos frustra muchísimo. Erróneamente nos hemos convencido de que conseguir todo es fácil y natural (luz, agua, microondas...).

El consumismo, más la hipervelocidad, han generado mucha ansiedad y angustia.

En Japón denominan *karashi* a la muerte por exceso de trabajo; suele sobrevenir de la mano de la hemorragia cerebral o de la insuficiencia cardíaca o respiratoria, problemas que se incuban debido a la fatiga y el estrés físico y mental por largas jornadas de trabajo.

Estudios realizados en este país demuestran que los hombres que trabajan 60 horas a la semana tienen el doble de posibilidades de sufrir un ataque cardíaco que los que trabajan 40. El riesgo se triplica en el caso de que, como mínimo dos veces a la semana, duerman menos de cinco horas por la noche.

Un estudio realizado con 287 hombres que habían sufrido un ataque cardíaco, y en el que se pretendía evaluar la atribución causal y el beneficio percibido a las siete semanas de haber sufrido el infarto y a los ocho años, mostró que aquellos individuos que habían percibido beneficios tras el primer ataque tenían menos posibilidades de sufrir un segundo ataque y exhibían una mejor recuperación ocho años después. Quizá la supuesta explicación sea que los pacientes comprendieron las ventajas de llevar una vida saludable, pero los beneficios percibidos no se quedaron sólo en esto. Muchos de los pacientes encontraron que el infarto les había hecho reconsiderar sus valores, prioridades y sus relaciones interpersonales.

Javier Urra es ¿hiperactivo? No etimológicamente hablando, pero sí un preso del tiempo acuciado por el vértigo del tiempo, un adicto del «aprovechamiento» de cada minuto. Este libro es un reto personal, una invitación a usted, lector, y un viaje interior ahora que la vida me ha concedido una segunda oportunidad.

22 de mayo de 2008

Han pasado 18 meses desde el infarto y un día mi hija comenta: «papá, tienes barriguita». Lo niego, pero es verdad. Dura verdad, he engordado siete kilos. He de poner «pie en pared», me he dejado llevar por la buena comida y bebida (no alcohol de graduación), me he relajado y éstas son las consecuencias.

Me encuentro mejor, tengo mejor cara, no me canso, pero ya no soy estricto en la dieta ni salgo a pasear todos los días. Tanto es así que al ser invitado a alguna casa donde se acuerdan de la estrictez inicial, me sirven patatas sin sal, cerveza sin alcohol... Me sorprende, me callo, pero me parece excesivo. Mal asunto, mucho he cambiado en mis conductas. Me he relajado sin razón para ello.

Claramente son avisos. Creía que no podría pasar, que no me dejaría llevar por esa fácil y peligrosa pendiente, pero he caído. Debo «revisar mis papeles» con inmediatez. Papeles de mi patología crónica, de mis compromisos adquiridos, de lo que me dijeron que tenía que hacer y dejar de ingerir, del ritmo de trabajo que me impuse... Es claro que la memoria es selectiva, y la función del olvido ha hecho su labor de borrado.

En estos meses (no llega a dos años) uno llega a dudar de haber sufrido un grave infarto, de llevar tres *stents,* de... Y además uno piensa: «bueno, todos los días tomo la medicación y esto será suficiente». ¡Qué capacidad de autoengaño!

Sigue la vida y uno asiste a funerales apenado, pero consciente de que lo contrario sería peor.

Es verdad que desde el infarto he realizado inversiones económicas y gestionado el dinero por si un día falto (algo que no abordé con anterioridad).

Pasan días, meses y uno debe despedirse de tantas cosas. En el año 1992, y junto a otros tres compañeros (uno de ellos ya fallecido), pusimos en marcha en el Café Iruña (c/ Hileras, entre Mayor y Arenal, ahora en Chiqui c/ Mayor —derribaron el Iruña—) la tertulia «Justicia y Utopía», todos los jueves primeros de mes a las 15 h. Se invita a un contertulio que nos habla desde su saber (desde un joven grafólogo perito hasta un anciano que fue comisario jefe y detuvo al «Jarabo»). Han pasado cientos de contertulios, dos han fallecido, pero también una psicóloga y un abogado se han casado. Todo un mundo de afectos, de relaciones, una reunión mensual por el placer de conocer a gente interesante. También hemos viajado a Cáceres, a Soria, a Toledo, a Pamplona. En esta ciudad ha nacido una joven tertulia hermana.

Un día, inesperadamente, Víctor —el dueño—, compungido, y su esposa —cocinera—, llorando, nos dicen que el ayuntamiento va a entrar con la piqueta, que hay que irse. A ellos se les acabó el negocio —su vida—. Han de despedir a los camareros. Tristeza, nostalgia, pesadumbre.

La vida sigue, pero las heridas inolvidables quedan.

Volverá a renacer la tertulia, pero no será la misma, como no lo es el hijo de 30 años en relación con el de tres. No somos los mismos.

7 de junio de 2008

No me considero un enfermo de soledad, pero a veces miento a mis amigos para estar solo, pongo excusas para viajar solo. No he llegado a entender a la gente que dice que se aburre estando sola. No me cabe en la cabeza eso de detener el cerebro, de ponerlo en punto muerto.

Bendita soledad si es elegida. Sin embargo, un joven americano recibió 5.000 llamadas y mensajes tras colgar un vídeo en Youtube con su número de teléfono y la oferta de escuchar a quien quisiera llamarlo. El joven Ryan Fitzgerald, que vive con su padre y está sin empleo, tras pasar por esta experiencia quiere cambiar de planes y estudiar psicología en lugar de informática, como tenía pensado hacer inicialmente.

Pasemos a leer otra noticia. George Turklebarn, de 51 años, que había trabajado como corrector en una compañía de Nueva York durante 30 años, compartía la oficina con otros 23 trabajadores. Falleció silenciosamente un lunes, pero nadie se percató hasta el sábado por la mañana, cuando un empleado de la limpieza le preguntó por qué trabajaba en fin de semana. Él no contestó.

Su jefe, Elliot Wachiaski, declaró: «George era siempre el primero en llegar cada mañana y el último en salir por la noche, así que nadie vio inusual que estuviera en la misma posición todo ese tiempo y que no dijera nada. Estaba siempre absorto en su trabajo y era muy retraído».

Un examen post mórtem reveló que llevaba muerto cinco días tras sufrir un ataque. Paradójicamente, George estaba corrigiendo manuscritos de libros de texto de medicina cuando murió.

Me planteo: ¿cuál es la diferencia entre el todo y la nada?

Desde Austria nos llega otra noticia. El dueño de un supermercado fue detenido por dejar marchar a las mujeres que robaban en su tienda. El individuo llegaba a un curioso acuerdo con las ladronas: no tomaba represalias por los hurtos si ellas accedían a posar desnudas para él.

Quizá sea cierto lo dicho en *Force of evil* (1948, dirigida por Abraham Polonsky): «todo es sumar y restar, lo demás es conversación».

16 de julio de 2008

He viajado a Lima (Perú) a dictar conferencias en el VI Congreso Iberoamericano de Psicología, tanto en «La hora con Javier Urra: Psicología Jurídica» como sobre «Dilemas éticos de los psicólogos» en el magnífico Hotel Sheraton, pero también a compartir experiencias con los 24 psicólogos que trabajan en la superpoblada cárcel de Lurigancho (allí donde tenía que haber 1.500 presos hay 11.500: ésta es la superpoblación existente).

Aproveché el viaje para hacer un examen de mis conductas cardiosaludables y suspendí. Viajo muchísimo por España y al extranjero: Chile, Estados Unidos. Además, he engordado nueve kilos (me siento mal y ya no quiero pesarme). Camino poco, muy poco. No he ido a revisión odontológica. El tiempo pasa, me implico en obligaciones que me encantan —como publicar libros—, pero me estoy descuidando. Claramente. Lo que sí es cierto es que me viene muy bien escribir éste (a título de diario) para autoobservarme. Ya les comentaré si he conseguido corregir mis hábitos ahora que llegan las vacaciones estivales.

La línea divisoria entre lo real y lo imaginado es muy tenue en el ser humano.

Las personas que dicen recordar sucesos anteriores al tercer año de edad están —probablemente sin saberlo— confabulando.

La memoria es una reconstrucción pausible de la realidad, pero nunca una copia exacta de ella. La memoria nos engaña de dos maneras al menos: por una parte, almacenando información de forma inconsciente, información que cuando sale a la superficie de la consciencia parece algo maravilloso o sobrenatural; y, por otra, mezclando contenidos reales de la memoria con otros imaginados, irreales, para construir historias más o menos coherentes que, naturalmente, no son verdaderas.

El sueño REM o sueño paradójico, ya que la actividad eléctrica que lo acompaña es similar a la que se registra en la vigilia, es importante para la consolidación de la memoria.

Por lesiones del lóbulo temporal, donde se encuentra el hipocampo, se producen fenómenos de despersonalización o fenómenos de desdoblamiento de personalidad. Una lesión de la región orbitofrontal se relaciona con la desaparición de cualquier tipo de sensibilidad ética o moral.

En la esquizofrenia el mayor número de alucinaciones es de tipo auditivo, mientras que en pacientes que sufren de síndromes cerebrales orgánicos o de trastornos afectivos son más frecuentes las alucinaciones visuales.

Leonardo da Vinci se preguntaba: «¿por qué ve el ojo más claramente en sueños que la mente cuando está despierta?».

El hombre se caracteriza por ser un *Homo symbolicus*: la capacidad cognitiva que más lo diferencia de los otros animales es la capacidad simbólica.

La evolución ha liberado la mano del ser humano para que pueda escribir. Sólo el *Homo sapiens* puede captar el pensamiento, tanto individual como colectivo, mediante símbolos. En todas las culturas de la escritura, el aprendizaje de la lectura constituye una iniciación, una transición desde la dependencia y la comprensión limitada hacia la capacidad de participar del pensamiento colectivo con la ayuda de los signos.

«La vida es un proceso de adquisición de conocimientos» (Lorenz).

El músico alemán Richard Wagner decía que componía como una vaca producía leche.

Me he ido dando cuenta con el paso del tiempo de que compañeros de la misma edad me tratan con condescendencia, que entienden que por la noche me retire relativamente pronto. Nadie es explícito pero... La verdad, se agradece su sensibilidad, pero no debo negar que me molesta, porque, al encontrarme «perfectamente» bien, no deseas gestos de compasión, pues al final uno se siente en ese momento disminuido crónico (o, como dicen en los ambulatorios, «de larga duración»). Incongruencias personales que probablemente le acontecen a todo el mundo. Lo que uno es y lo que le gustaría ser. Inconsecuencias, posicionamientos injustos. Si entienden que te retires pronto, te molesta, si te fuerzan a quedarte, te molesta. Pequeñas miserias que obligan a hacerlas conscientes y abordarlas intentando minimizarlas.

¡¡De verdad que este verano beberé cerveza sin alcohol, prescindiré del pan, tomaré más bíter sin alcohol, pasearé más, adelgazaré!! Me lo digo y ¿me lo creo?

Es un examen para mi voluntad. Me he marcado una fecha, el 10 de septiembre, cuando presento el esperado libro *¿Qué ocultan nuestros hijos? Lo que callan sus padres*. Estoy en 79 kg, he de quedarme en 72. Se lo contaré a usted, a ustedes.

«El deseo florece,
la posesión marchita todas las cosas.»

Marcel Proust
Los placeres y los días.

21 de agosto de 2008

Avanza el verano, me propuse andar, y lo hago; me marqué adelgazar, y como menos (casi todas las noches un yogur). Pero un día, tontamente, en un bar me tomé solito un bote de aceitunas rellenas, una latita de berberechos y un platito de patatas fritas, con dos cervezas (eso sí, *light*). Me he sentido luego —mentalmente— mal, muy mal, por mi incapacidad en ese momento para anticipar que me iba a sentir mal conmigo mismo. Espero aprender (aunque lo dudo).

Me han dicho distintos grupos de amigos (en las tertulias a las que soy tan aficionado) que desde que sufrí el infarto hablo menos. Es posible, aunque no era consciente. En todo caso, muy probablemente lo agradecen.

«Pon en tu cordura un grano de locura» (frase griega que preside la biblioteca del Colegio de Psicólogos de Madrid).

He cumplido 51 años, recientemente hemos enterrado a mis suegros, los hijos tienen 29 y 23 años, sin novia y sin novio (reconocidos como tales). Percibimos que la vida pasa deprisa. Era ayer cuando nuestros suegros nos despedían a pie de coche y nos decían: «id despacio, llamad al llegar», y hoy lo hacemos nosotros con nuestros hijos. Es ley de vida, así debe ser, pero entra cierta angustia, desazón; la vida fluye, pero parece que se escapa. Se atisba que lo mejor de la vida ya se ha vivido. En estos momentos me aferro a mis objetivos: vuelvo en septiembre a matricularme en otro doctorado, en este caso en Medicina, mas confío mucho en el éxito profesional de mi próximo libro, ¿Qué ocultan nuestros hijos? He de viajar a Portugal. Ante estos atractivos retos, revivo.

¿Es el tiempo el que te atrapa o tú el que, en un desesperado intento de evasión, te aferras a él?

La ilusa idea maniquea de que el mundo sólo está dividido entre lo verdadero y lo falso y todos los consabidos pares de opuestos.

Debemos preocuparnos todos, no únicamente los meteorólogos, por la conducta de los días venideros. El tiempo se nos está echando encima y puede aplastarnos.

A modo de ejemplo, veamos lo que dice Friedman: «tenemos un sistema que cada vez grava más el trabajo y subsidia el no trabajo». O lo que aporta Kurt Hold: «poder es la posibilidad de hacer daño».

Es imposible habitar en la verdad. La verdad mata: es silencio, catatonia o muerte.

¿Por qué los esquimales nunca se enfurecen?: porque en una sociedad tan vulnerable, en que la cooperación es indispensable para sobrevivir, no se puede permitir el estallido de una emoción que rompe los lazos sociales.

Los teólogos se dieron cuenta de la seriedad del problema al estudiar si Dios era libre o no. Un ser absolutamente bueno y absolutamente sabio ¿tendría posibilidad de elegir? Movido por su sabiduría y su bondad, ¿no tendría que elegir siempre lo mejor? Así las cosas, la libertad se convertía en una libertad para elegir el mal o en un fruto de la ignorancia.

«Mentir en beneficio propio es impostura, mentir en beneficio ajeno es fraude, mentir para perjudicar es calumnia, es la peor especie de mentira. Mentir sin provecho ni perjuicio de otro no es mentir; no es mentira, es ficción» (Rousseau).

Las batallas políticas en la era de la información se ganan o se pierden en las mentes de las personas y, por tanto, son procesos de información y comunicación. Además, los políticos y los niños son los únicos convencidos de que el futuro no llega nunca, y por eso prometen sin compromiso. Es más, las democracias mueren detrás de las puertas cerradas.

Frase leída en una valla en el campo: «el que salte esta balla (sic) me cago en su puta madre y es una maricona y me cago en sus muertos pisoteaos» (sin comentario).

En España, quien admira es tildado de pazguato, tontolaba, pelota, adulador, hipócrita, arribista. Por contra, quien desprecia es calificado de inteligente, insobornable, independiente, veraz.

Nada agrada tanto a las masas como insultar a las masas.

Una rama que está doblada, y aunque transmita la sensación de frágil, si se suelta bruscamente golpeará con una fuerza terrible.

Tentación abismal. Orgasmo como experiencia cósmica.

Las palabras tantas y tantas están en el viento.

Se acabó lo íntimo, la expresión «de ti para mí» o «entre nosotros». Añádase que hay cámaras en los bancos, las calles, los autobuses, los garajes, los grandes almacenes, en todos los sitios. Estamos siendo observados en todo momento y lugar. Se nos dice que por seguridad, para grabar a los atracadores, delincuentes, bárbaros, pero la libertad está como nunca tutelada, somos bebés a los que aun dormidos se nos mira, vigila...

En la película *El tercer hombre* (1949), dirigida por Carol Reed, el personaje de Harry Lime, interpretado por Orson Welles, encaramado a lo alto de la noria de un desierto parque de atracciones, afirma que no nos ocasionaría problema ético alguno eliminar a ninguno de los puntos negros —las personas mismas— que desde allí arriba se ven si a cambio recibiésemos una sustancial cantidad de dinero. Sólo desde allí arriba ya no vemos ningún rostro, ninguna historia, ninguna cotidianidad, tan sólo puntos negros. Pero, una vez en tierra, vemos lo evidente: que este punto negro no es nunca un cualquiera, que ese nadie al que se había pretendido borrar la expresión es siempre alguien que tiene algo que contar, algo que contarnos.

El guerrero árabe que quemó la Biblioteca de Alejandría justificó su acción con contundencia: «si todos esos libros dicen lo contrario que el Corán, son falsos. Si dicen lo mismo, son inútiles».

> *La ley se hace para todos,*
> *más sólo al pobre le rige.*
> *La ley es tela de araña,*
> *en mi ignorancia la explico,*
> *no la tema el hombre rico,*
> *nunca la tema el que mande.*
> *Pues la rompe el bicho grande*
> *y sólo enreda a los chicos.*
> *La ley es como el cuchillo*
> *no ofende a quien lo maneja.*

> *Martín Fierro.*

«¡Ben Trainer, amigo mío, me recuerdas mucho a mi padre adoptivo! Se cargó a mi verdadero padre después de jugar con él una partida de póquer, y le dio tanta lástima de mí que me adoptó. ¡Era un buen tipo mi padre adoptivo! Solía aconsejarme: "¡muchacho, no te fíes ni de quien tengas que fiarte". Tenía razón el viejo: me lo cargué por la espalda en cuanto aprendí a usar un revólver. Ahora que me doy cuenta, eres el primero a quien cuento mi vida. ¡Ben Trainer, amigo mío, creo que te aprecio! ¿No te dije nunca que me recuerdas a mi padre adoptivo?», decía Burt Lancaster en *Veracruz* (1954, dirigida por Robert Aldrich, sobre una historia de Borden Chase).

Más mentiras y/o verdades.

Polígrafo para muertos. Llega una máquina de nueva generación capaz de detectar si una persona miente sólo escuchando su voz. La tecnología permite de esta forma que, gracias a grabaciones del pasado, personas ya fallecidas no se libren de esta moda imperante de revivir a los muertos y sean utilizadas como protagonistas de programas.

El procedimiento dará pie a que se analice las grabaciones de personas ya desaparecidas. Finados famosos que, en aras de la distracción televisiva, son en la actualidad plato fuerte de «programas rosas».

Menos mal que aún no hay polígrafos ultratumba.

¿Cómo iniciar un tratamiento de alto riesgo si el enfermo instruye una demanda judicial en cuanto aparece la más mínima secuela o efecto negativo?

Y no manifestamos ninguna gratitud hacia los progresos asombrosos de la velocidad o de la medicina. Un retraso de unas decenas de minutos en tren nos escandaliza; un ascensor que tarda en llegar, un cajero automático demasiado lento nos sacan de nuestras casillas. En cuanto a la incapacidad de la ciencia para enfrentarse a todas las enfermedades, nos choca más allá de lo concebible: «incurable» es la única palabra obscena del vocabulario contemporáneo.

Esa propensión a medicalizar las dificultades, a eliminar todos los malestares mediante píldoras, la promoción de los tranquilizantes como remedio universal.

La estupefacta machaconería sobre nuestros problemas, esa especie de onanismo mental, no nos deja distinguir entre lo transformable que depende únicamente de nuestra voluntad y lo inmutable que no depende de nosotros.

Uno de los rostros posibles del individuo contemporáneo es el de un viejo bebé gruñón flanqueado por un abogado que le asiste + fisioterapeuta + psicólogo.

Todas las causas, hasta las más estrambóticas, se vuelven materia de pleito, el mundo jurídico se degrada y se convierte en un gran mercado donde los abogados persiguen al cliente, le convencen de su infortunio, fabrican litigios inexistentes y le prometen grandes ganancias si encuentran un tercero que pague.

El que cada vez haya más ciudadanos dispuestos a socorrer a sus compatriotas necesitados sin esperar los subsidios del Estado constituye el anverso positivo de las crisis. Que unas personas famosas o ricas dediquen una parte de su tiempo a los indigentes no tiene por qué chocar, es una forma de agradecer a la suerte los favores recibidos. Más vale un poco de generosidad, aunque sea por vanidad, que ninguna.

Pongamos corazón a la vida. Sí, donde hay latido hay esperanza. Demos importancia a la vida espiritual.

No sé si quiero saber en profundidad cómo funcionan los *stents*, qué riesgos tienen en cada pálpito, su durabilidad... Sí quiero, pero...

Recuerdo como bonito el cateterismo. Nunca olvidaré la belleza, al contemplar el avance de la sonda, llegar a un punto, abrirlo y ver disparados unos «fuegos artificiales».

Pasados ya casi dos años, uno recapitula. Llevaba una vida de infarto, sí o sí. Un trabajo duro con menores conflictivos, con temas escabrosos, con el estrés que conllevan los juicios, compatibilizado con escribir libros (quitándole horas al sueño, al dormir), con viajes por ciudades y pueblos de España. Intentando que la agenda se hiciera más grande, que las 24 horas del día dieran juego como si fueran 36. Los sábados y domingos a la radio por la mañana. Una noche a las 3 a la radio (rompe toda la noche y el ciclo para toda la semana). Recuerdo acostarme nervioso para intentar dormir una hora y media y al sonar el despertador levantarme con taquicardia. Un bárbaro convencido de lo importante de lo que hago, de lo que dejo «en herencia» a la sociedad, imbuido del sentido de responsabilidad, y a quien le gusta ser reconocido pero sobre todo sentirse satisfecho consigo mismo (lo que capté le ocurre también a otra gente, como al juez Baltasar Garzón).

Nunca he «desperdiciado» el tiempo, escribía y hablaba por teléfono en el coche oficial. Y lo sigo haciendo en el tren, en el avión (donde escribo muy a gusto, lejos del mundo sin teléfono).

Decía Mitterrand que él no tenía miedo a morir, sino a dejar de vivir.

Me encanta llegar a la gente, dictar una conferencia, escribir un libro, expresar mis ideas en los medios de comunicación. Soy muy selectivo a la hora de compartir el tiempo, me encanta escuchar a gente que tiene algo que decir interesante por sus experiencias, sus vivencias, sus reflexiones. Pero huyo de los agonías, cenizos negativistas, rehúyo asimismo a los que sólo dicen banalidades, a los que no salen de lo tópico, lo manido, intrascendente.

Sí, me gusta la gente, pero me encanta la reflexión conmigo mismo. Pasear solo por el pinar, escribir al amanecer, leer para mí. Rehúyo las fiestas de cumpleaños (hay quien me lo critica; en fin, es el coste de salirse a veces del rebaño, al que uno pertenece y del que es consciente que lo necesita).

Creo que la agenda vuelve a apoderarse de mí, mantengo una lucha interior en busca del equilibrio, pero quienes me quieren consideran que me está ganando aquel que llevo dentro, que es parte de mí, que soy yo quien quiere publicar más, estar en más sitios. Soy consciente de lo inconsciente que soy. Soy adicto al trabajo porque me encanta, pero este *sprint* vital, intenso, puede hacer que la carrera sea corta, aunque me engañe mirando al futuro, adquiriendo compromisos de publicación para dentro de tres años, doctorándome en Medicina...

26 de octubre de 2008

«Las estrellas no brillan sino en la noche oscura» (a la entrada del monasterio de Subiaco).

Dos años después del «accidente» coronario, lo vivo como una positiva experiencia. A veces me pregunto si soy un imbécil, un iluso, un tonto que se engaña a sí mismo. Aquellas fechas en la soledad de la habitación disfruté no sólo del cariño de los míos, de los miles de emails, del bloqueo del teléfono de casa, sino del trato de las mujeres y hombres dedicados al ámbito sanitario y de la soledad de la reflexión, unas horas para hacer balance. Interesante. Muy interesante.

Tengo un fuerte sentido del compromiso, una alta autoestima. Un sentido muy fuerte del honor, de la dignidad, de moverme éticamente, de ser valiente ante el fuerte, de llevar mi vida en mis propios brazos.

No puedo prescindir de la charla, soy un tertuliano impenitente; tampoco puedo ni quiero dejar de viajar, viajar, viajar, y el colmo del placer es conducir, ¡me encanta!

Hemos de construir una hoja de ruta vital.

Vivir no es pasar el rato.

La vida es finita y puede terminar en cualquier momento. De hecho, lo hará.

«La vida no vivida es una enfermedad de la que se puede morir» (Jung).

Ningún día, hora, minuto o segundo vuelve.

Una cosa es estar vivos y otra vivir la vida.

Nada tiene que ver ser espectadores del mundo con ser actores, o, aun mejor, guionistas del mismo, mejorar el escenario. Importante decisión.

No hemos de dejar en manos de la inercia y el devenir el transcurrir de nuestra vida.

«Todo el mundo sabe que se tiene que morir, pero casi nadie se lo cree» (Morrie Schwartz).

Si la vida es aburrida, si hasta el día de hoy no tiene profundo sentido, hay que ser valientes y crear nuevos escenarios existenciales.

Nos salva el compromiso, el reto para mejorarnos a nosotros mismos, para mejorar el mundo.

Hemos de trazar una hoja de ruta, que es mucho más que una lista de buenos propósitos.

«Quien tiene un porqué para vivir encontrará siempre un cómo» dijo Viktor Frankl (que sabía en sus carnes lo que es sufrir), quien, cuando le llegaba algún paciente a su consulta y le decía «estoy deprimido», le preguntaba: «¿y por qué no se suicida?». Entonces el paciente le hablaba del amor a tal persona, del daño que ocasionaría... (análisis de la realidad, motor de vida).

El otro es esencial, es lo esencial.

Pregúntense: ¿por qué merece trabajar? ¿Cuál es el legado útil?

Precisamos una brújula interior.

«Los que dicen que es imposible no deberían molestar ni interrumpir a los que lo están haciendo» (Edison).

La vida lo merece.

Ruskin pidió en una ocasión a las enfermeras que participaban en un curso que describieran sinceramente cuál sería su estado de ánimo si tuvieran que asistir a casos como el que les describía a continuación: «se trata de una paciente que aparenta su edad cronológica. No se comunica verbalmente, ni comprende la palabra hablada. Balbucea de modo incoherente durante horas, parece desorientada en cuanto a su persona, al espacio y al tiempo, aunque dé la impresión de que reconoce su propio nombre. No se interesa ni coopera a su propio aseo. Hay que darle de comer comidas blandas, pues no tiene piezas dentarias. Presenta incontinencia de heces y orina, por lo que hay que cambiarla y bañarla a menudo. Babea continuamente y su ropa está siempre manchada. No es capaz de caminar. Su patrón de sueño es errático, se despierta frecuentemente por la noche y con sus gritos despierta a los demás, aunque la mayor parte del tiempo parece tranquila y amable; varias veces al día, y sin causa aparente, se muestra muy agitada y presenta crisis de llanto involuntario». La respuesta que suelen ofrecer los alumnos es, en general, negativa. «Cuidar a un enfermo así sería devastador, un modo de dilapidar el tiempo de médicos y enfermeras»; «un caso así es una prueba muy dura para la paciencia y vocación del médico o de la enfermera»; «desde luego, si todos los enfermos fueran como el descrito, la especialidad geriátrica sería para médicos y enfermeras santos, pero no para médicos y enfermeras comunes». Cuando se les dice que estas respuestas son, además de incompatibles con la ética de no discriminar, notoriamente exageradas, injustas, los comentarios suelen ser de desdén o rechazo. La prueba de Ruskin termina haciendo circular entre los estudiantes la fotografía de la paciente referida: una preciosa criatura de seis meses de edad. Una vez que se sosiegan las protestas del auditorio por haber sido víctimas de un engaño, es el momento de considerar si el solemne y autogratificante compromiso de no discriminar puede ceder ante las diferencias de peso, de edad, de expectativas de vida, los sentimientos que inspira el aspecto físico de los distintos pacientes o si, por el contrario, ha de sobreponerse a esos datos circunstanciales. Es obvio que muchos estudiantes y médicos han de cambiar su modo sentimental de ver a sus enfermos. Han de convencerse de que la paciente anciana es, como ser humano, tan digna y amable como la niña. Los enfermos que están consumiendo los últimos momentos de su existencia, incapacitados por la sensibilidad y la demencia, merecen el mismo cuidado y atención que los que están iniciando sus vidas en la incapacidad de la primera infancia (G. Herranz).

No menos perturbadora es esta frase: «Me hice enfermera porque toda mi vida, incluso desde que era una niña, estaba decidida a servir a la humanidad sufriente. Después de un mes con usted, Mr. Whiteside, voy a trabajar en una fábrica de munición. Desde ahora, cualquier cosa que puede hacer para ayudar a exterminar a la raza humana me llenará del más grande de los placeres. Mr. Whiteside, si Florence Nightingale hubiera tenido que cuidarle, se habría casado con Jack el Destripador en lugar de fundar la Cruz Roja» (Monty Woolley en *The man who came to dinner*).

Hablemos del corazón, «partío».

El *infarto de miocardio* se *define* como una necrosis aguda de origen isquémico frecuentemente secundaria a la oclusión trombótica de una arteria coronaria.

Factores de riesgo para la enfermedad cardiovascular:

Inherentes:

— Edad.
— Antecedentes familiares.

— Género.
— Diabetes juvenil, etc.

Fisiológicas:

— Hipertensión.
— Obesidad.
— Elevados niveles de colesterol tipo LDL.
— Acido úrico sérico, etc.

Conductuales:

— Dietas ricas en grasas saturadas.
— Ejercicio físico inexistente o bajo.
— Tabaco.
— Café, etc.

Psicosociales:

— Matrimonio y redes sociales conflictivas.
— Elevados niveles de ansiedad y estrés.
— Patrón de conducta tipo A.
— Hostilidad.
— Ira, etc.

Es frecuente encontrar a lo largo del proceso de rehabilitación postinfarto los siguientes aspectos.

a) Presencia de trastornos emocionales, especialmente ansiedad y/o depresión, elevados niveles de ira y hostilidad y, en menor medida, trastornos de estrés postraumático.

b) Problemas de reincorporación laboral, aspecto que correlaciona con una disminución en la calidad de vida del paciente.

c) Problemas de funcionamiento sexual, en el sentido de una disminución de la frecuencia y/o calidad de la actividad sexual posterior al episodio.

d) Disminución en el nivel de actividades sociales y de ocio relacionada con una disminución del nivel de actividad habitual del paciente asociada a la insatisfacción de la actividad reducida impuesta, según el paciente por el padecimento del infarto de miocardio.

e) Presencia de síntomas somáticos funcionales frecuentemente relacionados con el corazón (disnea, dolor torácico, palpitaciones, dolor del brazo izquierdo, etc.).

Los seguimientos de sujetos infartados señalan un notable deterioro físico, psicológico y social, posiblemente relacionado con el hecho de haber padecido un infarto más que con el empeoramiento de su sistema cardiovascular.

Pasan los días, los meses, y uno aprecia indicios negativos de su propia conducta: 1) Viaja sin cafinitrina. 2) Ha incrementado mucho su carga de trabajo. 3) Ha aumentado en 6 kg el peso. 4) La tensión —pese a la medicación— ya está en 14,5/8,5. 5) Come con sal y se permite «licencias» de productos. 6) No camina. 7) Rechaza leer la revista *Corazón y salud*. Eso sí, sigue escribiendo este libro y se propone revertir esta mala pendiente (ya les contaré).

Ha nacido *¿Qué ocultan nuestros hijos? ¿Qué callan los padres?*, estoy de «gira»: Madrid, Barcelona, Valencia..., televisiones, radios, periódicos, revistas. Una gozada explicar lo hecho, lo aprendido, lo constatado. Un esfuerzo que esta vez he planificado con antelación evitando la coincidencia con conferencias, que he dejado para los meses de octubre a noviembre.

El reto es fuerte, busco alcanzar un éxito no sólo de ventas sino de repercusión social, similar al conseguido con *El pequeño dictador, cuando los padres son las víctimas*. Listón altísimo, pero me gustan los retos conmigo mismo.

Estoy prolífico: entre *El pequeño dictador* y *¿Qué ocultan nuestros hijos?*, he publicado *¿Hay alguien ahí?*, también *Mujer creciente, hombre menguante* y ya he entregado el libro colectivo *Conciliación personal, laboral y familiar*, estamos terminando el también de varios autores *Secretos de la consulta*, casi concluyo *Educar con sentido común*, sigo avanzando este de *Vivir es poder contarlo* y recopilo material para *Superando los socavones de la vida*. Añádase que voy a iniciar el doctorado en Enfermería, Fisioterapia y Podología y concluiremos que durante un tiempo no me voy a aburrir.

Me da la impresión de que en algunas ocasiones, cuando algo no me sale bien (aunque sea un detalle burocrático, o una fotocopiadora que cierra en el momento en que yo llego), me pongo nervioso y de mal tono. Lo supero, pero soy consciente de que me perturba y molesta en demasía.

Estamos en octubre de 2008, casi han pasado dos años desde el infarto. Se me han movido los dientes (algo que nunca me había pasado) y, con mal pronóstico, me informan de que la «obra» será impresionante. He de ir al oftalmólogo, pues yo, que he disfrutado de una inmejorable vista, tengo dificultades para leer la letra pequeña de los informes e incluso alguna de las atiborradas cartas de restaurante. Es más, cuando esto escribo, me «bailan» las letras, no sé si achacar el deterioro al infarto o a haber superado el medio siglo. Seguiré —espero— informando.

> A veces resulta magnífico
> dejar aflorar el impulso
> y abrazar al primero que pase
> con los ojos levemente vidriosos
> por haber bebido más de la cuenta
> en el vaso opaco de la nostalgia.

> ¿De qué sirve emborracharse de palabras?
> Si se olvidan. ¿De qué bebérselas de un trago?
> Silencio. Conversemos un vino.

Mis palabras yacen muertas bajo el papel mortaja. El libro se convierte en tumba y yo fui el sepulturero que no supe dar alas a las ideas que subyacen en el texto.

> Más allá de la memoria
> y de todos los olvidos,
> más allá del silencio

y el eco de todos los silencios,
queda la línea sobre el agua
presencia efímera de una vida,
psicohistoria que vuela con el alma.

Permíteme la duda,
no afirmes siempre,
aflora palabras sin rumbo,
deja el pensamiento a merced de los vientos.

La vida es seguir adelante.

Las palabras, ya sean dichas o escuchadas, tienen su propia vida, su propia energía, y provocan pensamientos, los pensamientos generan sentimientos (si uno piensa bien, se sentirá bien), los sentimientos a la vez emociones. Y las emociones penetran en el subconsciente (allí donde todo es posible).

El momento de máxima oscuridad en la noche es justamente cinco minutos antes de amanecer.

Algo parecido al infierno es encontrarnos al final de la vida con la muerte y recordar lo que pudimos hacer y no hemos hecho, lo que pudimos ser y no nos atrevimos.

Nos debemos arrepentir de lo que no hicimos, mas no se debe perder el tiempo en lo que pudo haber sido, sino que hay que centrarse en lo que es y lo que puede llegar a ser.

Si la gente, en vez de quejarse reiteradamente, se pusiera a resolver sus problemas, llevaría mucho ganado.

Preguntémonos si estamos invirtiendo el tiempo en las cosas adecuadas.

Toda la vida he tenido muy presente que el tiempo es finito. Una de mis fijaciones más pertinentes ha sido la de administrar bien el tiempo; sinceramente, creo que he sabido comprimir muchas vivencias en mi vida.

Creo que la única manera de mejorar es desarrollando la capacidad de evaluarnos a nosotros mismos.

La suerte es lo que ocurre cuando coinciden la preparación y la oportunidad.

Una persona vale lo que vale su palabra.

Hay más de un modo de medir los beneficios y las pérdidas, es por ello por lo que instituciones y organizaciones pueden y deben tener corazón.

Puestos a ejercer de vendedor, lo más gratificante es vender educación.

Qué interesantes los secretos que uno decide revelar al final de su vida.

«Que la muerte, cuando llegue, sólo encuentre un pellejo vacío, porque nuestra sementera humana la hemos esparcido fecundamente» (Juan Ramón Jiménez).

Créanme, cambiando nuestra mentalidad, podemos en gran medida modificar lo que nos acontece.

«En la vida hay que saber aprovechar los intervalos entre putada y putada» (Álex de la Iglesia).

1 de noviembre de 2008

Día de Todos los Santos, cumplo «dos años». Un día bonito, pues nuestro hijo ha venido de Washington para renovar la visa (ha estado trabajando en el Banco Mundial y ahora lo va a hacer en el Interamericano). Viajamos a Alcolea del Pinar Aracely, Beatriz, Javier y yo. La comida familiar deja entrever los fallecimientos producidos en estos dos años, son varios (si bien de quienes ya habían cumplido los 80 años).

Es un día extraño, ambientalmente. Por un lado, es el cumpleaños de mi madre (79), yo «cumplo» dos años y me encuentro francamente bien (casi olvido la carencia de fuerza que sufrí —me arrastraba sobre mis pies). Por otro lado, un día así es un recuerdo triste por los que no nos acompañan, y de lo que aconteció queda una sensación difícil de describir, te sabes «tocado», pero, la verdad, no te lo crees mucho.

Por la noche, en Madrid, Beatriz (ya una experta psicóloga) me pregunta, delante de Javier y Aracely, si creo que voy a vivir muchos años. Me sorprende, me sorprendo. Contesto que no vivo con esa pregunta de cabecera, y que creo que sí puedo durar bastante. Por otro lado, considero que he vivido con intensidad, que he disfrutado, que he hecho bastante en favor de la infancia y de la sociedad, que he sido prestigioso, que he publicado, etc. Además, sigo motivado y genero proyectos y expectativas en los que me implico vitalmente. Por si fuera poco, estimo que la ciencia en una década evolucionará mucho y podré disfrutar de nuevos avances médicos (basados en ingeniería-veterinaria...).

Soy un optimista vital que me esfuerzo y alegro por serlo. No cambiaré.

Acabo de leer un magnífico-precioso libro, *La última lección*, que versa sobre lo pensado y escrito por un profesor universitario estadounidense al que le comunican que padece cáncer de páncreas; sabe que le queda poco de vida y escribe una última clase magistral (que da vida al libro) en la que busca subrayar de forma sencilla los aspectos relevantes de la vida, emocionales, afectivos, recuerdos, fotografías, momentos. El sufrimiento viene por lo que dejará de hacer (primordialmente, cuidar de sus pequeños hijos y dejar a su mujer viuda). En mi caso, Javier tiene 29 años, Beatriz, 24, y están formados, en todos los sentidos.

Le comenté a Beatriz que contemplo de muy distinta manera haber sufrido un infarto de miocardio que saber que convives con un cáncer. En el primer caso es un hecho exógeno, puntual, mecánico. En el segundo, te va creciendo, invadiendo. Doy importancia al cerebro, a la vista, a la voz, muy poca a los pies, al corazón. Creo que siempre ha sido así, que no es una excusa, un posicionamiento defensivo.

La verdad, no me quejo, creo que «lo que me ha tocado» (mejor dicho, me he buscado) no es tan negativo. Sé que tengo tres *stents* implantados, que la aorta está dañada, que los vasos tenderán a cerrarse, pero camino, tomo medicación... La verdad, no sé, no sé si quisiera saber. Mis suegros fallecieron a los 81 y 84 años, mi padre, a los 69 (cáncer de vejiga), ¿ y yo? Pues sí, posiblemente a los 69. Da pena pensar que podría uno vivir más años, y quizás ya no sea así, pero me salva el no saberlo, el que el tiempo es relativo, el que cada día da mucho de sí. Soy feliz, responsablemente feliz, conscientemente feliz.

¿Qué se preguntan quienes me quieren, están preocupados por mí? ¿Me ven como un enfermo? La verdad, sí lo soy, y crónico, pero no quiero serlo, no acepto serlo. ¿Lo soy?

3 de noviembre de 2008

De regreso a Washington, mi hijo Javier me remitía un mail que entre otras cosas ponía:

«Sólo te pido, sólo, que te cuides. Y que no te engañes; que quitarse queso y carne puede ser bueno, pero de nada sirve si no va acompañado de bajar ese estrés. Me comentabas que hace unos días debatíais mamá y tú quién se casaría antes, Bea o yo. Pues no lo sé, pero sí sé que quiero que estés para disfrutar de tus nietos, sean primero los de Bea o los míos. Así que baja el ritmo para ganar en profundidad de los que te quieren y queremos que te quedes aún muchos años. Es bueno vivir intensamente. Pero no es bueno vivir deprisa».

Todo un mensaje, una exigencia de compromiso con los que más quieren. Un aviso que sabe a beso.

Lo releo: lleva toda la razón; hay días en que dicto dos conferencias en ciudades muy lejanas de España, además de seguir escribiendo, atendiendo a los medios de comunicación, contestando emails, presidiendo la Comisión Deontológica, atendiendo a las demandas de la OCU, de UNICEF, de la Fundación Pequeño Deseo... Obligaciones que he adquirido, que me niego a dejar, al tiempo que conozco a más gente y adquiero nuevos compromisos ¿Hasta dónde quiero llegar? ¿Me creo invencible? ¿Soy junto a Baltasar Garzón un salvador del mundo? Me emociona pensar en posibles nietos, en aprender de ellos, en que pongan a prueba mis teorías, correr tras ellos, jugar, sí, jugar, jugar. Aprender a «perder» el tiempo.

Por cierto, me doy cuenta de que últimamente estoy viajando sin la cafinitrina. Mal síntoma. Vuelvo a cogerla.

Quedo a comer con el amigo, médico, asesor y ahora director de tesis Jesús Sánchez Martos, quien terminará este libro. Le presento lo escrito hasta el momento —como siempre con un pilot azul sobre papel de buen gramaje—. Le gusta, entiende que el libro se publique así, a borbotones, como se ha escrito, a impulsos, un día sí, varios no, según me lo pide el cuerpo. Reescribirlo supondría novelarlo, perdería autenticidad (lo que acontece con las autobiografías). Éste es un libro que un día consideraré concluido, pero sabedor de que no es así, de que no tiene fin (mientras viva). Pero el lector también se cansa, y habrá de darse paso a las valoraciones, los consejos del médico para todo el que lea este libro, que tiene dos objetivos: ayudar a los que se encuentran en procesos como el mío y ayudarme a mí a poner negro sobre blanco mi evolución (en ocasiones involución).

En esta comida Jesús me solicita que sea yo el que pida el menú y que aliñe la ensalada (menú: ½ de jamón + brandada de bacalao + ensalada mixta + rodaballo a compartir + vino de rioja + manzanilla/poleo). No me había avisado, pero al terminar me explica que se trataba de una prueba, que le ha gustado ver que no he utilizado el salero. Me alegra su aprobado y sentirme tan cálidamente acogido por un médico. Mi médico.

No deberíamos levantarnos ningún día sin saber qué hacer. Hemos de luchar por nuestros sueños.

Seamos conscientes de que la vida nos da y nos quita, pero el dolor y el sufrimiento emocional tienen sentido.

Nos cabe sonreír a los problemas y no olvidar a quienes nos quieren.

Podemos crear nuestra historia.

Dicen (los expertos) que los accidentes cerebrovasculares se producen los meses ulteriores al incidente. Pues es una verdadera tranquilidad haber «superado» esa fase.

Son muy importantes las ganas de vivir y quienes te rodean.

Soy consciente del riesgo de aneurisma de aorta, de que reviente este gran vaso sanguíneo. Sabedor de que el 80 por 100 de las personas que llegan a un hospital con roturas aórticas fallecen.

No se me olvida que porto tres *stents* (pequeños tubos autoexpandibles que se alojan dentro de los vasos sanguíneos del corazón para forzar que se mantengan abiertos). Recuerdo que el cirujano jefe verbalizó que uno de ellos estaba «acodado» (lo que supone un mayor riesgo). Y sí, no olvido que al final de la intervención se enfadó por lo que había tenido que hacer: «¡esto es una chapuza!». La verdad es que mi credibilidad del testimonio debe ponerse en duda, quizás el paso del tiempo, el «shock» y el deseo consciente o inconsciente de olvidar sesguen la fiabilidad de mis recuerdos.

Preocupación es la que a uno le sacude cuando llega a sus manos un periódico con un artículo en la sección de Ciencia y Futuro donde se puede leer: «un panel de expertos, convocados por la Agencia de Medicamentos de Estados Unidos (FDA), recomienda a los cardiólogos que adviertan a sus pacientes sobre los riesgos que implica el uso de *stents* medicados, los dispositivos intracoronarios más modernos. Los mismos especialistas piden que se vigile estrechamente a los enfermos a los que se implanten y estén en tratamiento con aspirina o fármacos similares para evitar la formación de coágulos, al menos, durante un año».

Y uno, lego en la materia, se pregunta: «¿tendrán que retirármelos un día, por desgaste?, ¿será fácil?, ¿me implantarán unos que sean biodegradables?, ¿tendrán que colocarme un by-pass?, ¿operarme a corazón abierto?».

Sigo sin saber, sin preguntar, sin necesitar querer saber.

25 de noviembre de 2008

Ahora mismo (cuando esto se lea «hace tiempo») me traslado en AVE de Málaga a Madrid procedente de Ceuta, donde viajé ayer para dictar una conferencia sobre «Educación para evitar la violencia de género». La vida es hermosa, hoy he visto amanecer en el estrecho de Gibraltar desde el helicóptero que me ha trasladado de Ceuta a Málaga. Y mañana viajo a Oporto para impartir una conferencia en un centro de salud mental. Vivir es bello. Viajar es bonito. Vivir es viajar.

Debo pesarme; recuerdo lo leído a Valentín Fuster: «perder peso puede aportar beneficios también en poco tiempo a la hora de prevenir accidentes cardiovasculares».

Daré un repaso mental: cuidar la dieta (me estoy liberando en exceso). Practicar actividad física (No. Soy un desastre, antepongo los viajes, el trabajo, al necesario deporte). No fumar (hace más de 20 años que abandoné esa insana conducta). Acudir al médico (lo cumplo puntualmente, una vez al año al cardiólogo y varias al médico del ambulatorio; asimismo, solicito analíticas).

Me apenaría mucho sufrir una embolia y quedarme sin habla.

La pena no es que los médicos salven al 90 por 100 de los pacientes que llegan a urgencias por un infarto, sino que no sean capaces de educar a la ciudadanía para evitar que los tengan.

En Europa occidental se muere más de enfermedades del corazón que de todos los cánceres juntos.

Es fundamental que los padres enseñen a sus hijos a comer una dieta correcta, equilibrada, algo muy necesario para la salud cardiovascular.

Según los expertos, en los últimos años se utiliza menos el by-pass dado que es una técnica muy agresiva, pero no más eficaz que los *stents*.

Hay pacientes (en Estados Unidos) con riesgo de reincidencia de infarto, porque tienen el colesterol y la tensión arterial descontrolados, que compran un desfibrilador doméstico.

No se dice, pero en el caso de los infartados de menos de 40 años, es posible que su etiología sea la cocaína.

Recuerde que la sauna está desaconsejada a los pacientes cardíacos.

¿Cuándo debemos preocuparnos?

Los síntomas son: dolor en el centro del pecho, dolor opresivo, como si alguien empujara con fuerza hasta aplastar el tórax. Es un dolor continuo. En algunos casos, el dolor puede irradiar a los brazos, generalmente al izquierdo.

Conste que, aunque sé que lo soy, no me considero enfermo. Me defiendo racionalizando que quien padece cáncer es un enfermo, mientras que el que ha sufrido un infarto ha sufrido un accidente.

Me pusieron unos muelles, me informaron de que era posible que saltaran —a veces ocurre—; en mi caso, hasta el día de hoy, no ha ocurrido.

Cuando me sobrevino el infarto, tuve una sensación nueva, la de un agotamiento, que perdía las fuerzas, que me iba a caer, a desmayar, que la vida me abandonaba, sí, que podía perder la vida, se alejaba.

A la pregunta de antecedentes familiares, contesté con inmediatez que no. Luego resultó que sí: mi abuelo paterno murió de un infarto mientras comía.

Con los años valoro cada vez más la amistad, pero defiendo un mayor grado y tiempo de soledad.

En casa no permití la sobreprotección, el «no hagas, no cojas, tápate, etc.». La sobreprotección excesiva entiendo que es contraproducente.

Considero que el afecto, la risa, la tertulia son parte de la terapia para reparar el cuerpo dañado en lo emocional y aun en lo físico.

Nadie puede imaginarse la presión que uno recibe y acepta si es muy responsable, si es señalado como un referente —en mi caso en el tema de infancia—. Cuando uno no sabe decir NO, cuando no quiere decir NO, cuando no le dejan decir NO, la presión —para escribir prólogos, hacer presentaciones, asistir a reuniones, dar conferencias, responder a medios de comunicación, dar contestación a llamadas telefónicas, a emails— resulta invasiva, agotadora, extenuante. Agradeces profundamente tanto cariño, valoración positiva, pero padeces la responsabilización, cuando te invade el hogar, cuando despiertas a mitad de la noche, consciente de que tienes tareas y compromisos por realizar.

Me gusta ser esperanzado, optimista, activista y un punto utópico, sentir la nostalgia del futuro.

Alguna vez me inunda por un momento, sólo por un momento, una pequeña nostalgia, la consciencia de que ya no soy el de antes, que necesito cuidarme, descansar algo, que mi entrega puede y debe ser al cien por cien, pero mi rendimiento físico simplemente ha disminuido.

Hay quien consigue, tras un infarto, hacerse dueño de su tiempo y todo le cambia. Yo no lo he conseguido, es más, no sé si de verdad lo he intentado.

Me gusta que descargue la tormenta, me gusta el olor a tierra mojada.

Me relaja mucho coger el coche y conducir, aunque durante la semana he aprendido a viajar en tren, en ese magnífico invento llamado el tren de alta velocidad que sale y llega a la hora que parte y regresa a Atocha, una estación a la que llego andando en 15 minutos. Un tren donde puedo leer, escribir, comer, llamar por teléfono, llevar la maletita. Y aun descansar, lo que sólo hago de regreso alguna noche cuando vuelvo literalmente reventado.

No soy una persona a la que agobie estar en el hospital, o tratado por sanitarios, tengo gran confianza. Soy un paciente que cumple lo que se le indica. Agradezco el saber y calidez que muestran los profesionales y creo que es por ello por lo que la relación resulta cómoda y positiva.

Mi experiencia respecto a la sanidad pública española no puede ser más positiva, tanto en lo técnico como en lo humano.

Amo Madrid, porque es una ciudad abierta, inacabada, adolescente, convulsiva, cosmopolita y provinciana. Una ciudad en la que laten corazones solidarios, como se comprobó tras el atentado de Atocha. Amo Madrid.

Luchemos como ciudadanos implicados, movidos por la utopía ideológica de un mundo mejor, más justo, más amable, más sonriente, más pausado, más próximo a la naturaleza, más amante de la belleza, más tierno.

Me gusta el diálogo. Mi libro «preferido» es *La República* de Platón.

El mundo que viene, que ya está aquí, va a exigir de sus ciudadanos un compromiso y criterio ético sólidamente arraigado.

El imaginario colectivo asigna al corazón la capacidad de querer, de soñar, de extasiarse, de ponerle pasión. Se llegó a creer que era portador del alma. No es así, el corazón es un músculo, imprescindible, pero músculo.

El órgano portentoso es esa gran nuez llamada cerebro, complejo, interactuante, interrelacionado, limitado por un cráneo que le exige estar plegado en circunvalaciones y de cuyo potencial aprovechamos un pequeño porcentaje.

¿Cómo cuidar ambos?

Haremos bien en educar a nuestros pequeños en la práctica del deporte, en evitar el sedentarismo. Hemos de posibilitar zonas de juego, parques amplios y seguros donde poder caminar, correr, montar en bicicleta.

Los niños imitan; por eso resulta esencial que vean en casa que se come fruta todos los días, que no se fuma, que se sale de excursión los fines de semana.

Deberíamos acostumbrarnos al control del peso, valorar el índice de masa corporal para calcular si el peso es adecuado a la altura que poseemos.

Tendríamos que acostumbrarnos a tomarnos la tensión arterial, o, lo que es igual, a saber cuál es la presión con la que la sangre circula por el interior de nuestras arterias.

A la hipertensión se la llama «la asesina silenciosa»: es el factor de riesgo que más muertes causa, por delante del tabaco y del exceso de colesterol.

La tensión debe estar entre 120 (tensión asistólica, cuando el corazón se contrae y expulsa la sangre a presión) y 80 (tensión diastólica, cuando el corazón se relaja).

Superados los 140 de máxima y los 90 de mínima, portamos una bomba de relojería.

Los hipertensos deben tomar poca sal porque ésta retiene agua, incrementando el volumen de la sangre y elevando la tensión.

Con una tensión de 155/95, el riesgo se multiplica por cuatro. El jamón de york y la leche contienen bastante sodio. Los platos precocinados también suelen llevar sobredosis de sal. No debemos cocinar —en casa— con sal y, desde luego, no usar el salero.

La medida más eficaz para bajar la tensión es adelgazar.

Debemos comer frutas, vegetales, productos lácteos desnatados, cereales integrales, pescado y frutos secos.

Hay que caminar, y hacerlo rápido, para elevar el HDL. Conviene hacerlo al menos tres veces por semana con una duración no inferior a 30 minutos cada sesión.

Para reducir el nivel de colesterol en la sangre, es necesario eliminar o reducir drásticamente la ingesta de quesos, huevos, embutidos y mariscos.

Es recomendable realizarse a partir de los 20 años un perfil de lípidos (análisis de sangre que informa sobre los distintos tipos de colesterol y sobre los triglicéridos).

Los que precisamos colesterol «bueno», hemos de tomar aceite de oliva, sardinas, salmón, nueces y avellanas. Hemos de tomar grasas, pero no saturadas; por eso nos está prohibida la carne roja o la leche entera. Podemos tomar clara de huevo pero no yema. Hemos de rebajar la cantidad de alcohol y de azúcares.

A partir de los 45 años, deberíamos hacernos análisis de glucemia (glucosa en sangre).

Cada día hay más personas que hacen régimen y sin embargo cada día hay más personas obesas. Es claro que algo —mucho— estamos haciendo mal.

La medida más importante que podemos tomar para cuidar la salud es dejar el tabaco (si se es fumador) y no ganar peso.

Dicen los expertos que una circunferencia de cintura de más de 120 centímetros en hombre y de 80 en mujer indica sobrepeso y riesgo cardiovascular.

Los que estamos afectados por un infarto no podemos darnos banquetes, comidas muy copiosas y aun menos ricas en grasas animales y en azúcares, pues el aumento de triglicéridos puede desencadenar un infarto.

No es infrecuente que una persona con las arterias coronarias ya deterioradas caiga fulminada a la salida de un restaurante tras pegarse un atracón.

En mi caso, soy consciente de que el estrés ha sido un muy mal compañero. Cuando trabajé en el Centro de Cuenca, con la violencia física que allí se desataba entre y con los jóvenes delincuentes, cenaba de forma más copiosa para quedarme con «el electroencefalograma plano». En Madrid, y con el sobreesfuerzo de ser el primer defensor del menor, me acostumbré equivocadamente a cenar en casa con cerveza, quesos..., pues era el único momento en que me encontraba con la familia. En síntesis, el efecto «sedante» de la comida para combatir el estrés me ha resultado muy perjudicial.

Lo ideal para combatir el estrés es practicar deporte.

En mi caso, soy en gran parte culpable de mi infarto. En primer lugar por llevar una vida de infarto, por anteponer el trabajo a todo. En segundo, por olvidar que ya no tenía 20 años, que aunque trabajo con jóvenes ya no soy joven. En tercero, por no saber decir NO, o por no querer decir NO, un cierto mesianismo, un creerme realmente importante. En cuarto, por ir por la noche a la radio, lo que me produjo desajustes horarios importantes, nerviosismo para aprovechar ratos en microsueños, siendo consciente de que me vencía el cansancio. En quinto, por no haber ido jamás al médico, y cuando las analíticas detectaron que tenía alto el colesterol (lo que preocupó gravemente a mi suegro, médico), por no darle trascendencia, dadas las demandas laborales que yo mismo me marco, tipo «escribir libros» (no tomarme jamás la presión arterial...). Y en sexto lugar, y fundamental, por decidir adelgazar de forma drástica (primordialmente dejando de comer) consiguiendo una pérdida de peso radical. Quizás esta estúpida decisión me hizo perder nutrientes necesarios al tiempo que desmoronaba la grasa de las arterias, provocando lesiones que forman coágulos de sangre, posible causa del infarto.

Veamos ahora algunas recomendaciones alimentarias y saludables.

Es muy buena la vitamina E para la prevención cardiovascular, se encuentra en el aceite de oliva, las almendras, las avellanas. Auténticos antioxidantes.

Respecto a la vitamina C, son buenísimas las naranjas, las fresas, el kiwi. El brócoli, la col o la coliflor son magníficas verduras. También tiene muchos antioxidantes los tomates y las zanahorias.

Valentín Fuster nos aconseja: «Un bol de cereales integrales para el desayuno, un plato de verduras con patata a la hora de comer, una manzana de postre. Y a la hora de cenar, una ensalada y un tentempié de frutos secos».

Productos cardiosaludables: el chocolate negro (con mucho cacao y poco azúcar). El vino (no más de 2 copas de vino al día). El ajo (es un cóctel de antioxidantes). Los frutos secos. Y el pescado.

Debe tomarse frutas, hortalizas y verduras variadas.

Una ensalada es magnífica con aceite de oliva y un puñado de frutos secos.

Las personas con problemas cardiovasculares reducen el riesgo de muerte súbita en un alrededor de un 45 por 100 con el consumo diario de pescado. Los ideales son el salmón, el atún, la anchoa, la sardina. (Los infartos son excepcionales entre los esquimales que basan su dieta en el pescado).

El jamón de jabugo si es de bellota posee el mismo tipo de grasas que el aceite de oliva.

La soja es extraordinariamente rica en isoflavonas que ayudan a prevenir enfermedades cardiovasculares.

El alcohol es negativo, pues aporta muchas calorías, siendo partícipe de la obesidad y además si bien dilata los vasos sanguíneos más superficiales, en las arterias más profundas tiene una acción vasoconstrictora. No se desaconsejan hasta dos copas de vino o de cerveza al día (pero no más).

La aspirina tiene una gran eficacia en la prevención cardiovascular, tanto porque previene la formación de coágulos en la sangre, como por su acción antiinflamatoria.

Lo mejor para dejar de fumar es: Querer. También resulta eficaz tener un infarto. El tabaco es perjudicial desde el primer cigarrillo.

El embarazo es un espléndido momento para abandonar el vicio tabáquico. En todo caso hay que fijarse un día y comprometerse. Un buen apoyo es la conjunción de terapia psicológica y farmacológica.

A los infartados nos va muy bien los ejercicios aeróbicos como correr o nadar. Son ejercicios que reducen la tensión y el colesterol. Al realizar la actividad física sometemos al corazón a un sobreesfuerzo que eleva la tensión pero lo que conseguimos es que la tensión se estabilice después a un nivel más bajo.

El ser humano ha nacido para caminar y aún para correr. Lo bueno de quien practica deporte es que se responsabiliza de su propia salud. La práctica de actividad física reduce en un 35 por 100 el riesgo de sufrir un nuevo infarto.

El yoga resulta muy benéfico para personas estresadas.

La creencia de que mantener relaciones sexuales eleva el riesgo de infarto es falsa. Si una persona puede subir dos pisos de escaleras sin quedarse sin aliento y sin experimentar dolor en el pecho, es que pueden reanudar sin temor su vida sexual. (Debe dejarse en todo caso un espacio temporal de 4 semanas después de sufrir un infarto antes de restablecer las relaciones sexuales.)

La viagra está absolutamente contraindicada a todos los pacientes que se medican con nitroglicerina.

El corazón infartado, es un corazón deteriorado, nunca será tan eficiente como antes del infarto. Psicológicamente se suele sentir vulnerabilidad, apreciar que se es efímero. Ocasionalmente se percibe dependencia respecto de otras personas e incluso culpabilidad.

Sigamos adelante. Un infarto es limitativo, pero la vida no se ciñe a escalar montañas.

Un infarto no necesariamente conlleva una condena a una muerte prematura. El 6 por 100 de los infartados, sufren un segundo infarto en los 3 meses siguientes al primero. Después el riesgo se reduce. Hay quien corrige sus problemas de salud, modifican sus hábitos alimenticios, varían sus conductas, practican deporte, controlan el colesterol y la tensión arterial y viven más de 90 (noventa sí) años.

Los familiares de los infartados no deben sobreprotegerlos, ni privarles de autonomía. Tampoco deben culparse por las desatenciones a la salud que habían observado en el hoy paciente. Ni generarle ansiedad por el miedo a una recaída.

Los familiares de los infartados lo que deben hacer es apoyarles, invitarles a salir, practicar deporte con ellos, viajar allí donde siempre se había soñado.

11 de diciembre de 2008

Acabemos (en algún punto hay que acabar todo). A los dos años vuelvo al hospital. Mi cardiólogo, un hombre joven responsable, con buen talante, experto y con gran proyección profesional, el doctor Pedro Luis Sánchez, acompañado de un grupo de doctores aún más jóvenes y que ya le llaman jefe, me recibe con todo afecto.

Parece mentira, pero ya no soy un novato. Hago la prueba de esfuerzo (no me canso excesivamente en los 12 minutos que dura), inmediatamente me realizan un electrocardiograma, se me explora la aorta...

En conclusión, los datos fisiológicos son positivos, los analíticos también lo son, pero el doctor me explica que he «ganado» 7 kilos, que eso no le gusta, que debo caminar más y que en estas navidades no consuma dulces. Me insiste en la necesidad de no engordar, de caminar. Es consciente de mi trabajo, más comedido que antes pero imparable (entre otras cosas me ve en la televisión).

Quedamos en vernos el próximo año.

En estos 24 meses no he sufrido ningún dolor precordial, ni dificultad respiratoria, ni he hecho uso de la cafinitrina.

Es una suerte tener un cardiólogo del que te fías absolutamente, pues transmite saber, interés, normalidad, equilibrio.

Solicito al doctor Luis Sánchez que me escriba el prólogo y contesta inmediatamente que sí, que es un honor. Gracias, doctor, gracias, Pedro.

Un médico así, un hombre así, debe ser un amigo, y ésa es la relación que estamos generando. Mucho más que un médico, o, mejor dicho, un médico (como debe o debería ser).

Hablando de médicos y de amigos, el otro doctor, Jesús Sánchez Martos, amigo desde hace muchos años, nos invita a Aracely (mi esposa) y a mí a cenar en su casa con su encantadora esposa Conchi.

Pasamos una velada genial con amigos de toda la vida, Nieves Herrero, Willy, Constantino Mediavilla, Lola. Amistad: no hay nada mejor, lo sé, y usted, lectora/or, lo comparte.

En esta velada comento que Sánchez Martos va a escribir la segunda parte del libro y él se siente orgulloso.

Dos médicos: uno me prologa, otro da razón de ser educativa al libro. ¿Puedo estar en mejores manos? Sí, las de mi mujer e hijos.

Por cierto, que en la velada, y como el que no dice nada, Jesús se pregunta en voz alta: «¿por qué, Javier, decidiste adelgazar tanto antes del infarto?», y continúa: «yo te vi un día al salir del programa de Nieves Herrero y capté que estabas demacrado, te dije que vinieras a verme, me preocupé, pero a los dos días tuviste el infarto».

Y Jesús concluyó con reflexión: «pero éste es tema para otro libro».

No, llevas razón, he de afrontar la verdad, no puedo huir hacia delante, y menos hurtar al lector la verdad.

Este infarto me lo he ganado a pulso, por inconsciente, por prepotente, por creerme invencible, imprescindible, importante.

Éste es el infarto de miocardio de un imbécil que trabajó día a día hasta la extenuación, convencido de que lo que hacía era imposible que nadie lo realizara. Un síndrome de «supermán salvador» al que se añade que un día me enfrío y durante 48 horas no como, y como me siento bien, decido —sin comentar ni consultar nada a nadie— adelgazar.

Bebo agua y como lo mínimo (algunos días nada); la báscula es agradecida, pierdo kilos. A ojos vista, día a día, me encuentro físicamente más atractivo. ¡¡El riesgo de caer en la anorexia es difícil de valorar y de prever!! Veo alguna foto en la que aparezco con «papada», y ahora tengo que cambiar de ropa porque la «pierdo».

Estoy encantado.

Sigo trabajando lo que nadie puede creer, me quito de dormir para leer, escribir o ir a la radio. Sigo comiendo lo mínimo. Me encuentro más ligero.

Me vuelco en la infancia, la gente me lo agradece. Mi ego se acrecienta. El riesgo es inminente. Yo no tengo ganas ni tiempo de percibir que me encamino al precipicio.

Un hombre equilibrado, buena persona, feliz, se autodestruye y no es consciente. ¡¡Qué peligro un psicólogo que se conduce inconscientemente!! ¡¡Qué riesgo de personaje respetable, admirado, que no es capaz de cuidarse!!

El infarto fue un aviso: quizás me evitó caer en el mundo infernal de la anorexia.

Tres *stents* me permiten vivir con total calidad de vida.

La pregunta es: ¿he aprendido?

Aunque a mí lo que me importa es:

A usted, lector, ¿le servirá?

P.D. Julio Anguita ha sufrido otra angina de pecho. Mi tío Rafael Cánovas murió. Nuestro hijo Javier ha conseguido plaza fija en el Banco Interamericano. Nuestra hija Beatriz cursa su tesis doctoral en Psicooncología tras realizar un máster. La vida continúa.

Hace tres años del infarto, paso mi parte del libro a los doctores.

Es fácil facilitar el infarto y más que pausible reincidir en los errores.

He publicado *Educar con sentido común* y *Secretos de la consulta*. Pronto verá la luz *Recetas para compartir felicidad*.

Continúo trabajando en la tesis sobre «Fortalezas para superar las turbulencias de la vida». Me inicio como profesor de Psicología en la Escuela de Enfermería.

Vivir es poder contarlo. Por favor, lectora o lector, viva con intensidad y plácidamente. Haga felices a los que lo rodean con su sola presencia.

18 de abril de 2010

Mi maestro, amigo y médico Jesús Sánchez Martos me solicita que explicite algunos aspectos antes de escribir él la parte esencial del libro que le corresponde.

Paso a ello.

Los días previos al infarto fueron horrorosos de trabajo. Me había agotado y además seguía conscientemente adelgazando. Días hubo en que regresando en un avión y semiadormecido no me acordaba de dónde venía. ¡Grave!

Me creí invulnerable. El sentido del deber me puede. Hacer cosas por los demás me encanta y el reconocimiento social me hiperestimula.

Asistía a la radio por las noches, viajaba, dictaba conferencias. La noche anterior al infarto estuve hasta las 4 escribiendo un discurso para su majestad la reina doña Sofía, como patrono de Unicef.

Posiblemente fui el único incapaz de prever lo que se me venía encima. ¿O no me importaba?

Siempre he sentido que un ser muy superior me lleva de la mano, para volcarme por los niños y causas justas.

Nunca tendré respuestas a la pregunta de cómo es que el día del infarto viajé a Alcolea del Pinar con el coche de Ara en vez de con el grande (el cual nunca ha conducido mi mujer).

Me encanta conducir, y sentí que estaba sufriendo un grave infarto; no quise alarmar a los tíos de Aracely (ya mayores), pero al conseguir parar el coche sentí que la vida tenue pero irreversiblemente se me alejaba, percibí que me iba a desmayar. No tuve miedo.

En el hospital reaccioné como un niño obediente y comprendí que la frontera entre la vida y la muerte es una línea muy estrecha. Capté lo que es el ser humano en cuanto me puse una bata y no llevaba nada más.

Pese a la seriedad del tema y la explícita prohibición, llamé por teléfono móvil esa misma noche desde el box a mi hijo (en Washington) y a mi madre. Quise que oyeran mi voz para su tranquilidad.

Me puse en manos de médicos y enfermeras; nunca agradeceré su trato personal, humano, cálido, empático y su saber científico. Es una razón más para confiar en la especie humana (en general), pues caes en manos de... (y no sabes su nombre, ni currículum), pero es un profesional, o mejor dicho un vocacional.

Me preocupó mucho en la UVI poder transmitir a Sonia instrucciones para anular conferencias (o invitar a otros expertos para que me sustituyeran). Sonia se agotó contestando a miles de mails, de llamadas, fue un trabajo extenuante. Me encanta saber que hay tantas personas que me aprecian y lo transmiten tan bella y profundamente.

No tuve miedo, disfruté de la soledad, que aproveché para formularme preguntas, concederme alguna respuesta y sentir amor, profundo amor a mis seres queridos. Fui consciente de una rara mezcla de altruismo-egoísmo, cual es dar la vida como primer defensor del menor (por quienes se lo merecen) y privar a madre, esposa e hijos de mi presencia. Dilemas.

No me hice demasiadas preguntas técnicas sobre mi dolencia, ni me las formulo ahora.

Doy clases en la Escuela de Enfermería, situada en la Facultad de Medicina; se lo debo a estos magníficos profesionales y alumnos que agradecen se sea sincero, claro y que se desee vitalmente compartir.

¿He cambiado? En las conductas, no; en la actividad frenética, no (salvo que me reservo las noches); en el carácter, poco; en la motivación, nada. Pero soy más sensible, más cálido, transmito a quienes quiero que les quiero.

He escrito *Recetas para compartir felicidad* y en este libro comparto 60 razones por las que soy feliz. He publicado *Fortalece a tu hijo. Guía para afrontar las adversidades de la vida*. Creo que en algo hay un antes y un después del infarto.

Sigo siendo un trabajador empedernido, un luchador comprometido con la sociedad, un pensador absolutamente social.

Aprendí que no pasa nada por no poder ir un día al baño, que la dignidad es un concepto superior a las formas. Concluí que somos poca cosa, pero sí únicos e intransferibles. Pronto escribiré sobre *¿Qué se le puede pedir a la vida?*

Disfruté hasta con el cateterismo (es bello verlo en pantalla: ¡como fuegos artificiales! al abrir las vías obturadas).

Disfruto actualmente cuando voy al ambulatorio (aprendo mucho de las conductas de los ancianos).

Tengo una vida feliz, buenos amigos, buena familia, viajo mucho, leo, escribo. ¿Qué más le puedo pedir a la vida? = Más vida.

Además, no tengo taras ni limitaciones. Eso sí, el frío me afecta radicalmente, y cuando me canso, me quedo «sin pilas».

Recuerdo que al salir del hospital estaba agotado, me cansaba mucho ir de una habitación a otra. Hoy vuelvo a ser un referente en mi especialidad.

A veces creo captar un silenciado miedo de amigos y conocidos de que vuelva a sufrir otro infarto.

He buscado siempre no aprovecharme de la situación (sería fácil).

En algo es claro que he empleado la técnica del borrado y del olvido.

Pero sí recuerdo cuando me llevaban en la camilla a la sala de operaciones. Iba tranquilo y en eso vi en el pasillo la cara emocionada de mi hijo, que en ese instante llegaba de Washington: nos comunicamos todo con un gesto. Inolvidable. Siendo él muy pequeño, estuvo en la UVI de La Paz, yo le miraba, él no me veía. Jirones, emociones de vida, recuerdos instransferibles, el verdadero amor, la vida.

No me extenderé más.

Tampoco le preguntaré a mi madre de 80 años por su vivencia, pues siempre dice «cuando te ocurrió eso» (sin nombrarlo), pero intenta que no coja peso, y si le digo que tengo un viaje, pregunta: «¿no es demasiado?». Está todo dicho.

Pasemos ahora a ver:

Cómo lo vivió mi mujer Aracely.
«Tuve la intuición de que sí era un infarto. Iba en la parte de atrás del coche, pues llevábamos a unos tíos. Te vi mala cara en el

espejo retrovisor y entonces me respondiste que te encontrabas mal, que ibas a parar.

Al salir del coche, me fijé en la mano y el brazo izquierdo: estaban como caídos, «muertos». Tuve la certeza de que era un infarto.

Al sentarme al volante, pensé en llegar lo más rápido a Madrid (descartado parar en el hospital de Guadalajara); pensé por un momento ponerme a toda velocidad, para que la policía me abriera paso.

No perdí los nervios; además, y por azar, conduje el coche que llevo todos los días al trabajo.

Cuando nos dicen en el hospital que era un infarto muy severo, en ningún momento pensé que te podrías morir.

Me mandaron a casa. Llamé a mi hermano y le dije personalmente a Beatriz (hija) que habías sufrido un infarto.

No me pilló de sorpresa, ya había pensado que te podía ocurrir, por tu forma de vida (tu ritmo de vida).

Creí desde el primer momento que saldrías de ésta.

Llamé a tu secretaria Sonia (me lo dijiste tú) para que pudiera anular compromisos y conferencias y se hiciera cargo de todo.

Recuerdo como horroroso el número de llamadas desbordantes. Es lógico que hubiera miles de llamadas con toda la gente con la que te relacionas.

Se lo comuniqué a los grandes amigos.

Recuerdo cuando hablé con nuestro hijo Javier, que estaba en Washington, que me dijo: «cojo el primer avión, como haríais vosotros a la inversa».

De los días que estuviste en el Gregorio Marañón recuerdo primordialmente una conversación en la que me dijiste «que no te arrepentías de lo hecho en la vida y que además los hijos ya eran mayores».

Me dio el bajón cuando llegamos a casa, cuando te dieron de alta, porque te vi como un enfermo, y al comprar todos los alimentos sin sal, etc.

Tomé conciencia de que ibas a ser un enfermo crónico.

Pasados unos meses, me di cuenta de que volverías a tu forma de ser y a las múltitples actividades.

A día de hoy (18 de abril de 2010), tengo el recuerdo de que tomas tus pastillas, pero no tengo la percepción de que eres un enfermo crónico. Pienso alguna vez —cuando fuerzas mucho— que se te puede repetir y en ese caso quedarías más afectado.

Creo que tu carácter no ha cambiado en nada, y tampoco has variado tu ritmo de vida. Noto que cuando estás más cansado tardas más en recuperarte.

A veces pienso que a ti o a mí nos puede dar un infarto (quizás cerebral) que hunde posiblemente su explicación en lo que te aconteció y en el sufrimiento y fallecimiento de mis padres.»

Cómo lo vivió mi hija Beatriz (hoy psicóloga que cuenta 25 años).

«Venía de viaje y me lo dijo mamá. Lo viví con tranquilidad en un primer momento. Luego los datos (electros) eran más preocupantes.

Pensé desde el primer momento que a la habitación deberían pasar mamá (por ser tu esposa) y Javier (por venir de Washington).

Cuando llegaste, en casa te vi desmejorado, cansado, como si te hubieran caído 20 años de golpe. Llamaba la atención porque te faltaba una de tus características (tu vitalidad).

Creo que has cambiado, eres más familiar. Hablas con claridad de temas de la muerte dejando claro que no le tienes miedo. Te siento más sensible, más cariñoso, también con tu madre (mi abuela).

Respecto a las conductas, al principio eras estricto (en lo relativo a la práctica del deporte y consumo limitado de alimentos), ahora te has relajado mucho.

Has vuelto a tu nivel de estrés de vida, de preocupaciones, de intereses.

Cuando te vas de viaje, pienso que se te puede repetir, y en ese caso que la vida no da una segunda oportunidad.

Creo que no morirás de mayor con 80 años, pero entiendo y respeto tu decisión de vida, aunque me gustaría que vivieras aspectos que no has vivido, como ser abuelo.

He visto algo positivo en el infarto, primordialmente la comprobación del número de amigos que tienes y algunas conversaciones que mantuve. Nunca olvidaré la conversación con Amalio Blanco o con Antonio Beristain.»

Cómo lo vivió mi hijo Javier (hoy con 31 años, residiendo en Lima. Trabaja para el Banco Interamericano de Desarrollo).

Eran las ocho de la mañana. Hacía un rato que me había despertado y recuerdo bien que estaba en el escritorio de mi cuarto, desayunando unos cereales y leyendo el periódico en el ordenador. Sonó el teléfono y vi que me llamaban desde casa en Madrid. No me sorprendió, porque siempre habíamos usado la diferencia horaria entre Madrid y Washington para aprovechar las llamadas (mi desayuno, su almuerzo, mi almuerzo, su cena). Me saludó Beatriz, mi hermana, y recuerdo que le respondí con alguna de nuestras bromas de siempre. Sin embargo, cuando volvió a hablar, noté en su tono que algo pasaba. Me dijo que a papá le había dado un infarto. Que estaba bien y que no era grave. Que le iban a operar. Pero que estuviera tranquilo.

No hablamos demasiado. Al colgar, noté que tenía las ideas desordenadas. Llamé a mi amiga Laura Cordero, compañera de la Universidad de Georgetown y mi mejor amiga allí, y le expliqué brevemente. Laura vivía a unos 15 minutos de mi casa, y me dijo de ir a su casa. En el camino ordené algo más las ideas. Al llegar a su casa, tomé café y llamé de nuevo a Madrid. Pude hablar con mi madre y le dije que volaría a España lo antes posible. Me dijo que no, que no era necesario. Que no era nada grave. Sus palabras me desconcertaron, pero recuerdo que pensé: «un infarto es un infarto».

Con la ayuda de Laura busqué en internet algún vuelo para ese mismo día. No era posible comprar ningún billete, el sistema no permitía comprarlo en el mismo día. Llamé por teléfono a una de las compañías y me dijeron que me harían la reserva, y podría abonarlo directamente en el aeropuerto, pero en efectivo, dado que mi tarjeta no aceptaba un cargo por un monto tan alto. Me despedí de Laura, volví a casa, tomé algo de ropa en una bolsa cualquiera, mi pasaporte y me fui al campus de Georgetown, donde estaba el banco universitario. Pedí retirar una cifra muy alta y me dijeron que no era posible, algo lógico tratándose al fin y al cabo de una cooperativa de crédito de estudiantes. Cuando les expliqué la razón, al momento me dieron el dinero que pedía. Fue un detalle que agradecí.

Me dirigí al aeropuerto en un taxi. Recuerdo que en todas estas gestiones no pensaba apenas en cómo estaría mi padre, cuál sería el desenlace. Toda mi energía y atención trabajaban sólo con un objetivo: llegar lo antes posible a Madrid. Ya habría tiempo más tarde para pensar. En el aeropuerto todo fue bien. Tenía vuelo a las tres de la tarde. Tenía algo de tiempo, así que busqué donde comprar una mochila —llevaba algunos objetos personales en una bolsa de plástico—. Compré una muy bonita y cara, que aún uso hoy. Volé hacia Filadelfia, para hacer la conexión para mi vuelo a Madrid. Tras embarcar en el vuelo para España, el capitán habló por megafonía y recuerdo bien sus palabras: «tengo dos noticias que darles, una mala y una buena; la mala es que este avión no va a ninguna parte, tiene una avería grave. La buena es que hay otro avión listo y en poco rato podremos salir». Desembarcamos y nos dieron unos vales para cenar algo. Recuerdo esos momentos vivamente: entablé conversación con una chica, y charlamos amigablemente sobre varios temas y hasta hicimos varias bromas. Recuerdo pensar: «¿no debería estar triste y preocupado? ¿Por qué sigo hablando así?».

El avión despegó poco más tarde. Aterricé en Madrid en un día lluvioso y gris. Tomé un taxi que me dejó en el Gregorio Marañón. Recuerdo la humedad y el viento al bajar del coche. Tardé muy poco en encontrarme con mi madre. Estos momentos son los que recuerdo con menos claridad, se desordenan las secuencias en mi memoria. Subimos y pude ver a mi padre. En un primer momento, me reconfortó verlo bien, consciente, con un chiste aún para contar. Luego se lo llevaron para el quirófano. Pude intuir una gota de miedo en el fondo de sus ojos, de un hombre que nunca desde que yo recuerdo ha querido admitir una flaqueza o temor. Bajé las escaleras. Estaba mi amigo Jorge Marinas. Le hablé de muchas cosas, de mi vida en Washington, de los estudios. Me volvió a invadir esa sensación de «¿qué hago yo hablando de estos temas mientras a mi padre le están operando?». Luego, en un bar en la calle Sainz de Baranda, tomé una coca-cola con un pincho de tortilla con mi madre y mi hermana. Igualmente seguía hablando mucho, casi se diría que estaba de buen humor, con ganas de preguntar por el Real Madrid y por la actualidad política en España. Con el tiempo he entendido que cada uno canaliza y vive la tensión de una manera distinta. Horas más tarde mi padre salió del quirófano. Todo había ido bien. Justo ahí empecé a entender la gravedad y la profundidad de la situación. Me calmé. Me volví a encontrar con mi padre. Di gracias a la vida, a Dios, al tiempo, de poder haber llegado antes de la operación. Para intercambiar un apretón de manos y una mirada antes de ir al quirófano.

Hoy mi padre está mejor, y se ha recuperado aparentemente muy bien. Mantiene un peso razonable y ha cambiado sus hábitos alimentarios. No ha cambiado, sin embargo, su pasión por tener la agenda llena y vivir la vida como una carrera. Sé de qué hablo porque, pasados los años, yo soy igual, y sé reconocerlo cuando lo veo. Mi hermana dice que mi padre morirá joven, porque se le repetirá el infarto. Yo no sé si será así, espero que no, pero sé que es probable. Yo le pedí a la vida —y la vida me lo concedió— que me ayudara a llegar antes de que él entrara en el quirófano. Sé que quizás si ocurre una segunda vez, ya no tenga tiempo. Pero no importa. Yo pude tomar la mano de mi padre y cruzar una mirada. Durante años, nuestros caracteres, muy distintos, se habían cruzado y no nos habíamos entendido en muchas cosas. Aun hoy, con mi padre ya recuperado, sé que le admiro, le quiero y, sin ser consciente, le sigo, pero sé también que si paso más de una semana con él, es inevitable el roce. El infarto quizás le haya quitado años de vida. Pero a mí me dio unos segundos en los que mi padre fue un hombre en una camilla con una bata ridícula, indefenso, y que por eso precisamente fue mucho más persona, y yo me pude sentir mucho más cerca de él, y entender que las verdades de la vida no se aprenden con grandes palabras, sino con un puñado de momentos que la vida nos da.

Lima, Perú. Abril de 2010.

Francisco Javier Urra

ANEXO

7 de octubre de 2011. 6 horas, aeropuerto de Las Palmas. Escribo antes de regresar a Madrid, para impartir clases en la Facultad de Medicina de la Universidad Complutense de Madrid, y específicamente en la Escuela de Enfermería, donde comparto con los alumnos (mayoritariamente alumnas) lo que significa vocación, entrega y pasión. Les preparo para que afronten la vida, la muerte, la alegría, la desesperanza, para que sean magníficos profesionales y equilibradas personas.

Pocas cosas pueden motivar más que unos alumnos participativos, expectantes, con ganas de aprender.

Naturalmente en julio obtuve mi segundo doctorado, esta vez en Ciencias de la Salud, por la Universidad Complutense de Madrid, y obviamente con sobresaliente cum laude por unanimidad. Es sensacional compaginar ser profesor y alumno.

La vida me ha permitido devolver a la sociedad el agradecimiento por tanto amor recibido, tanto esfuerzo individual y colectivo, que me ha facilitado la existencia.

Publiqué *¿Qué se le puede pedir a la vida?*, un libro que ha gustado mucho y me ha permitido ratificar la bondad de las personas: algunos lectores me lo mandan a casa, junto a otro sobre ya franqueado, para que se lo remita dedicado a un ser querido.

Pues sí, y como imagina, ya estoy escribiendo otro libro: *Los sentimientos son un material inflamable*.

Sigue mi devenir, con gusto, con reiterado agradecimiento, y es que ayer inauguraba en Las Palmas «La escuela de los conocimientos»: fíjense qué título tan bello. Me encantó que me presentaran como «uno de los pensadores más potentes del momento». Luego firmé libros a personas encantadoras y cariñosísimas en una librería de nombre «Sueños de papel».

Este mes viajaré a Lisboa, a presentar mi cuarto libro en Portugal, y a Coimbra, a dictar una conferencia que se titulará «Educar en una sociedad líquida».

Desde enero de 2011 dirijo el programa recURRA-GINSO, que aborda la realidad de padres e hijos en conflicto. Cuento con dieciséis magníficos profesionales de la educación social, la psicología, la psiquiatría, el trabajo social. Tenemos la sede central en la calle Cea Bermúdez de Madrid, y el campus residencial, en Brea de Tajo.

Acabo de dirigir un congreso internacional... Como ven, mi vida profesional sigue pujante. En noviembre, y como presidente de la Asociación Iberoamericana de Psicología Jurídica, viajaré a Cartagena de Indias.

En fin, no les aburro más con mi vida, pero permítanme ir despidiéndome como tantas veces para indicarles que la vida continúa y nos continuará. Nuestra hija se ha independizado, pero la vemos mucho, nuestro hijo sigue en las Américas; mi madre continúa supervisada pero autónoma, y Aracely, con sus niños discapacitados. Y los amigos siguen ahí: nos cuidamos mutuamente la amistad.

Esta mañana he tomado las pastillas; ya pronto vendrá la quinta revisión anual, la prueba de esfuerzo, y volveré a creerme mis propias palabras, deseos, de que caminaré, y adelgazaré, pero será verdad sólo en parte, pues todos anteponemos, priorizamos.

Mañana recorreré los campos otoñales de Castilla, desde Alcolea del Pinar, y regresaré a mi amada biblioteca.

Mañana, si el tiempo no lo impide, volveré a encontrarme con las gentes, con personas tan amables como usted, que me ha acompañado en este discurrir vital, y les agradeceré su presencia.

Si nos encontramos, si volvemos a encontrarnos, gracias anticipadas. En todo caso, dé de sí lo mejor, que es mucho, y que Dios le lleve cálidamente en la palma de su mano.

Vuelo / Flight
1B 817
JAVIER URRA.

Vivir es poder contarlo
PARTE SEGUNDA

«Dale a un hombre un pez y comerá un día;
enséñale a pescar y comerá toda la vida.»

Proverbio anónimo.

De bien nacidos es ser agradecidos, y yo tengo muchos motivos para agradecerle a la vida, y uno de ellos ha sido poder conocer a mi gran amigo Javier Urra. Debo empezar por decir que me siento especialmente orgulloso, tanto a nivel personal como profesional, por tener la gran suerte de escribir la segunda parte de un libro testimonial en el que Javier Urra nos cuenta con valentía y con un gran sentido autocrítico constructivo cómo superó su infarto agudo de miocardio, hace ahora cinco años.

Un libro que nace con el fin de servir de ayuda a cualquier persona que haya sufrido un infarto de miocardio o cualquier otra enfermedad cardiovascular y a su familia, así como a cualquier otra persona que sintiéndose totalmente sana, e incluso estándolo, pudiera tener algunos hábitos de vida que se consideran, desde el rigor de la medicina, verdaderas prácticas de riesgo. Se trata, pues, de conocer el diagnóstico precoz y el tratamiento eficaz de un infarto de miocardio y de cómo superarlo gracias al trabajo en equipo de los profesionales sanitarios y la ayuda de la familia, sin olvidar la importante y necesaria conciliación laboral, pero haciendo un especial hincapié en la prevención de las enfermedades cardiovasculares en general.

Una aclaración que entiendo necesaria para todos aquellos que estén interesados en profundizar en cualquier tema de salud, y en éste en particular, a través de internet, y especialmente de los conocidos como «Doctores Google o Yahoo». Si bien hemos de aceptar que internet ha sido el mejor descubrimiento del siglo XX en cuanto a comunicación se refiere, no deberíamos olvidar que es el lugar donde muchos tratan de hacer su negocio sin escrúpulos a costa de la salud de muchos internautas. Para evitar las informaciones que no gozan de credibilidad desde el punto de vista científico, cada vez que hagamos una búsqueda es aconsejable introducir la palabra «honcode», tal y como está escrita.

De este modo sólo nos aparecerán aquellas páginas que sí han querido someterse a un filtro internacional de rigor y seriedad científicos. Si hace la prueba y escribe en el buscador de Google, por ejemplo, «infarto agudo de miocardio», le aparecerán 569.000 páginas en tan sólo 0,21 segundos, pero no todas contienen información rigurosa y científica. Sin embargo, si escribe «infarto agudo de miocardio honcode», sólo podrá consultar 22.000, pero todas ellas dispondrán de una «información médica fiable», como asegura el organismo no gubernamental Fundación Health on the Net en su página web, que usted puede consultar en www.hon.ch/HONcode/Spanish/. Esta fundación fue creada en 1995 y cuenta con la acreditación del Consejo Económico y Social de Naciones Unidas. Hecha esta aclaración para navegantes, continuamos con nuestro saludable objetivo.

En este libro, que será el primero de nuestra colección, conoceremos a un paciente joven y lleno de vitalidad que se sentía totalmente sano pero que a pesar de todo sufrió un infarto agudo de miocardio. Javier Urra, nuestro verdadero protagonista de la historia, nos cuenta cómo y cuándo sucedió todo, cómo lo vivió junto a su esposa Aracely y luego con sus hijos Beatriz y Javier, sus amigos y compañeros de trabajo, cómo le trataron clínicamente en el Hospital Universitario Gregorio Marañón de Madrid y cómo consiguió no sólo sobrevivir, sino supervivir, y, como él mismo confiesa en el título del libro, llegar a decir que «vivir es poder contarlo».

Y hasta aquí lo verdaderamente importante del libro, aunque lo novedoso es que un médico de cabecera y diplomado en enfermería, quien escribe estas líneas, va a tratar de contestar a cuantas cuestiones se planteó en su momento nuestro común amigo Javier Urra con el fin de conocer la enfermedad, sus causas, su desarrollo, el tratamiento, la rehabilitación y reinserción laboral y familiar, y sobre todo y por encima de todo, qué hacer para prevenir esta temida enfermedad, el infarto agudo de miocardio. Se trata del primero de una nueva colección de libros en la que iremos contando historias clínicas vividas por los pacientes y sus familiares, con las respuestas y consejos de un equipo multidisciplinar formado por médicos, profesionales de enfermería, psicólogos, psiquiatras, fisioterapeutas, podólogos, farmacéuticos, nutricionistas, trabajadores sociales, etc.

Hoy tiene usted en sus manos este libro protagonizado por Javier Urra como paciente, activo y totalmente implicado, como no podía ser de otro modo conociéndole como le conocemos, y con la colaboración de un médico y diplomado de enfermería totalmente vocacional. Pero en breve podremos disponer de algún otro libro de la colección en el que el propio Javier Urra volverá a ser el protagonista, pero no como paciente, sino como un gran psicólogo clínico especializado en cada caso que tratemos. Y ahora, si les parece, conozcamos a Javier Urra como hombre, como esposo, como padre, como amigo y como persona que, llevando una vida inmersa en muchos factores de riesgo, llegó a conocer muy de cerca, en primera persona, en qué consiste un verdadero infarto agudo de miocardio.

LAS ENFERMEDADES CARDIOVASCULARES CONSTITUYEN LA PRIMERA CAUSA DE «MUERTE EVITABLE» EN ESPAÑA

Una de las cuestiones indiscutibles en medicina desde hace tiempo y que se ha convertido en un verdadero titular en todos los medios de comunicación es el hecho de que «las enfermedades cardiovasculares constituyen en España, como en la mayoría de los países desarrollados, la primera causa de muerte». Pero siendo totalmente cierta esta afirmación, necesita una importante matización que deberíamos tener presente en todo momento, un matiz que debería hacer cambiar el titular por este otro: «las enfermedades cardiovasculares constituyen en España la primera causa de muerte **evitable**».

Sólo una palabra, **«evitable»,** pero que sin duda alguna, y desde la medicina basada en la evidencia y la experiencia, nos demuestra que, sin olvidar los avances científicos en cuanto a diagnóstico y tratamiento, el individuo en primera persona puede poner mucho de su parte para que podamos llegar a decir que «las enfermedades cardiovasculares pueden prevenirse y reducirse, tanto en frecuencia como en mortalidad y en sus propias complicaciones, cuando somos capaces de modificar nuestros hábitos de vida».

El sobrepeso, la obesidad, el sedentarismo, el consumo de tabaco, el exceso en el consumo de alcohol, las grasas animales en la alimentación, que son las responsables del aumento del «colesterol malo», la sal y el estrés son los verdaderos enemigos del corazón y los estudiaremos con cierto detalle. También enfermedades como la arterioesclerosis, la diabetes mellitus o la hipertensión arterial, cuando no son controladas adecuadamente por sus verdaderos protagonistas, se convierten en verdaderos factores de riesgo para poder llegar a padecer un infarto de miocardio. Y como digo, todo ello es evitable en un altísimo porcentaje con sólo modificar nuestros hábitos de vida. Pero... ¿cómo pueden llegar a afectar al corazón estas prácticas de riesgo? ¿Cómo llegaron a afectar al corazón de Javier?

EL CORAZÓN DE JAVIER URRA

Hasta el momento en el que sufrió el infarto de miocardio, el corazón de Javier había latido de forma infatigable y totalmente inadvertida para él, como nos sucede a todos nosotros, más de 1.900 millones de veces, sencillamente porque en ese momento contaba con 49 años de edad. Usted también puede hacer su cálculo personal sabiendo que su corazón late una media de 70-90 veces por minuto, lo que hace un total de más de 100.000 latidos al día y casi 40 millones por año. Ahora sólo tiene que multiplicar 40 por su edad y tendrá el total de veces que su corazón ha recogido la sangre de todo su cuerpo, lo que se conoce como diástole, y la ha enviado con toda la fuerza posible a través de la sístole cardíaca a todos los órganos; y seguro que nunca ha sido consciente del trabajo y el esfuerzo a los que ha sometido a su corazón durante todo este tiempo. Un órgano que trabaja de forma silenciosa y abnegada, nada exigente, tolerante y que se acopla inmediatamente a nuestros diferentes requerimientos en cada momento, eso sí, siempre que hayamos sido capaces de cuidarlo como se merece.

Muchas veces nos habremos hecho la pregunta de ¿qué órgano es el más importante de nuestro cuerpo? Una cuestión que puede ser difícil de contestar, aunque seguro que todos podríamos llegar al consenso de que se trata del corazón. De todos modos, si se produce una obstrucción intestinal, no podríamos eliminar los residuos tóxicos de nuestro metabolismo interno, lo que llegaría a producir una intoxicación general que afectaría directamente al corazón. Si se tratara de una infección renal, pulmonar o cualquier otra que no fuéramos capaces de diagnosticar a tiempo y de tratar adecuadamente, podríamos estar ante una situación de shock séptico, con lo que también fracasaría finalmente la función del corazón. ¿Y si pensáramos en el cerebro? Pues en ese caso la situación es más difícil, porque si fracasara su función no podríamos vivir. ¿O sí? Pues realmente podríamos llegar a una situación de coma cerebral, en que desaparecerán todas nuestras funciones de relación con el exterior pero sin embargo seguiría latiendo nuestro corazón.

Llegados a este punto, imagino que usted ya habrá pensado que yo me «mojaré» en esta cuestión y que defenderé que el órgano más importante es el corazón. Si fracasa, si se desencadena una parada cardíaca, se habrá acabado todo, aunque nuestro cerebro, nuestros pulmones, nuestro hígado o nuestros riñones funcionen perfectamente. Si esa bomba que se contrae con fuerza para hacer llegar la sangre a cada una de las células de nuestro organismo deja de funcionar, el resto de los órganos no podrán desarrollar su función, sencillamente porque les faltará el oxígeno necesario para poder vivir. Ese oxígeno que se transporta dentro de los glóbulos rojos de la sangre y que es el elemento esencial para la vida. Esa situación es la que se produce dentro del corazón cuando aparece un infarto agudo de miocardio, porque una zona específica de su estructura se ha quedado sin riego sanguíneo como consecuencia de una obstrucción en sus arterias coronarias. Concluyamos, pues, que todos los órganos necesitan imperiosamente de la función adecuada del corazón, mientras que éste trabaja de forma autónoma, como veremos en breve.

EL CORAZÓN SE AUTOPROTEGE

Nuestro organismo es perfecto, y a medida que lo conocemos mejor, deseamos cuidarlo más para mantener un estado óptimo de salud. Y ése es el compromiso de la educación para la salud y específicamente el de este libro que ahora tiene en sus manos. El corazón tiene la misión de estar pendiente del resto de los órganos y para ello se contrae con fuerza una media de 70-90 veces por minuto, para que la sangre oxigenada contenida en su ventrículo izquierdo pueda llegar hasta la célula más recóndita de cualquier órgano a través de la gran arteria aorta y todas sus ramificaciones.

Pero lo primero que hace el corazón es asegurarse de su propia vida. De igual modo que cuando tratamos de ayudar en un accidente de tráfico debemos cuidar de nuestra propia seguridad para poder ayudar después a quien lo necesite, el corazón se «autoprotege» con las primeras ramificaciones de la arteria aorta. Se trata de las dos arterias coronarias, la derecha y la izquierda, que serán las encargadas de llevar la sangre necesaria a toda su anatomía y lo hace con ramificaciones que se sitúan en forma de «corona» (figura 1).

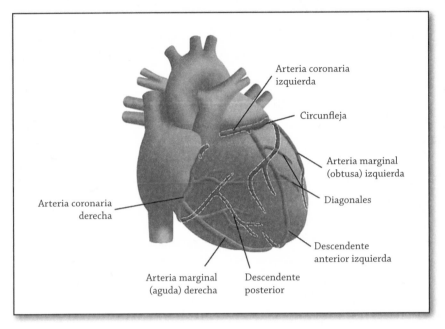

Figura 1. Arterias coronarias del corazón.

EL «MARCAPASOS FISIOLÓGICO» DEL CORAZÓN

Como antes decía, el corazón trabaja de forma autónoma, aunque realmente necesitará que esa sangre que llega a su potente músculo, el miocardio, sea rica en oxígeno, y eso lo conseguirá gracias al trabajo eficaz de sus vecinos, los pulmones. Pero la verdad es que su trabajo intrínseco, sus constantes latidos, se hacen de forma autónoma gracias precisamente a lo que denominamos en medicina el sistema nervioso autónomo (figura 2).

Se trata de un centro energético-eléctrico especial situado en el interior de la aurícula derecha, que conocemos como «nódulo sinusal», donde nace el estímulo responsable tanto de la dilatación como de la contracción del corazón y que cuenta con la ayuda del «nódulo auriculoventricular» que se encarga de distribuir la conducción de los estímulos por las cuatro cavidades del corazón, las dos aurículas y los dos ventrículos, trabajando como un verdadero

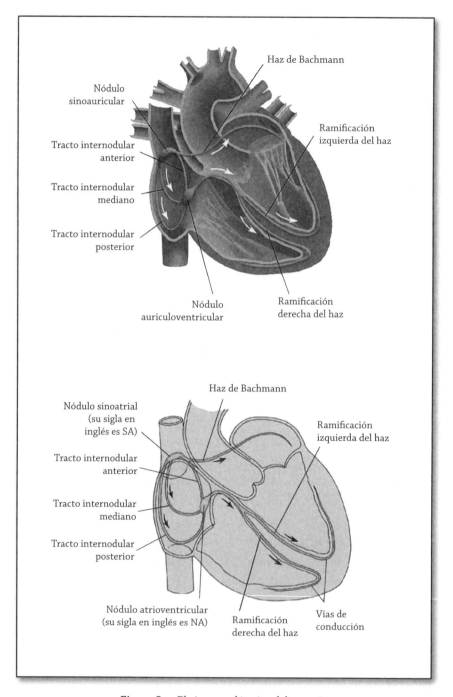

Figura 2. El sistema eléctrico del corazón.

«marcapasos fisiológico» y estableciendo lo que denominamos «ritmo cardíaco» o «frecuencia cardíaca», que podemos explorar a través de la auscultación del corazón o bien con la medida del pulso arterial en la muñeca (arteria radial), el cuello (arteria carotídea) o la ingle (arteria femoral) y que oscila en situación fisiológica entre los 60 y los 100 latidos por minuto. Si la frecuencia cardíaca está por debajo de los 60 latidos por minuto, hablaremos de «bradicardia sinusal», y si supera los 100 latidos, de «taquicardia sinusal».

LA OXIGENACIÓN DE LA SANGRE

La sangre empobrecida de oxígeno y cargada del CO_2 que sueltan las células del organismo como consecuencia de su metabolismo y que es recogida por el sistema venoso llega a la aurícula derecha a través de las dos grandes «venas cavas» y de allí, a través de la «válvula tricúspide», pasa al ventrículo derecho, que se contraerá potentemente para enviarla a través de la arteria pulmonar a los pulmones, para que se oxigene a través de nuestra respiración. Una vez oxigenada la sangre gracias al intercambio gaseoso que se produce en los alveolos pulmonares, regresa de nuevo al corazón por las venas pulmonares a la aurícula izquierda, que se comunica con el ventrículo izquierdo por la «válvula mitral». Desde allí, y gracias a la sístole, la potente contracción del músculo cardíaco, empuja la sangre con fuerza a través de la arteria aorta a todo el organismo, y, como hemos dicho, lo primero que hará será vascularizar y oxigenar al propio corazón a través de las arterias coronarias.

Las cuatro válvulas cardíacas, la que sirve como salida del corazón desde el ventrículo derecho, que se llama válvula pulmonar, la válvula aórtica, o salida del ventrículo izquierdo, así como las interiores, la válvula tricúspide, que comunica la aurícula derecha con el ventrículo derecho, y la válvula mitral, que lo hace con la aurícula y el ventrículo izquierdos, se encuentran potentemente alojadas en la capa más interna del corazón, que se denomina «endocardio» y que se trata de una superficie lisa y especialmente preparada para facilitar la circulación de la sangre.

Cualquier alteración a este nivel puede desencadenar la formación de coágulos o trombos, que pueden ser la causa del desarrollo de infarto de miocardio en la capa intermedia del corazón, que es el potente músculo conocido como miocardio, como consecuencia de la obstrucción de una de las arterias coronarias. El miocardio es el verdadero responsable de la contracción del corazón, y tiene unos requerimientos especiales de oxígeno para completar su trabajo con eficacia. En la parte exterior, y como una coraza protectora, el corazón, que se aloja entre los dos pulmones, cuenta con el «pericardio», una doble serosa especial con una cavidad virtual que es la que facilita los movimientos internos de la sístole y la diástole.

Visto qué es el corazón y para qué sirve, nos podemos dar cuenta de que a pesar de que se trate de un órgano autónomo en cuanto a su trabajo, depende realmente de la función de los pulmones, encargados de la oxigenación de la sangre, del aparato digestivo, que será el encargado de analizar y seleccionar todos los nutrientes necesarios para la vida y eliminar los residuos tóxicos del metabolismo interno, de los riñones y todo el sistema urinario, que serán responsables de la filtración de la sangre, e incluso del propio sistema nervioso central, alojado en nuestro cerebro, porque será allí donde comience la función real del sistema nervioso autónomo. Por todo esto es importante tener en cuenta que para poder gozar de un corazón sano y potente hemos de cuidar todos los órganos de nuestro cuerpo con unos hábitos de vida saludables, evitando todos los factores de riesgo que enseguida analizaremos.

LOS HÁBITOS DE VIDA DE JAVIER Y SU CORAZÓN

El corazón de Javier funcionaba, pero no lo hacía con la eficacia deseada desde hacía tiempo, sencillamente porque sus hábitos de vida no eran los más recomendables para ello. Y él no era consciente de ello. Si bien Javier fumó durante unos 10 años, había dejado de hacerlo a los 28, gracias a su enorme fuerza de voluntad. Pero comía casi todos los días fuera de casa, tomaba demasiadas grasas saturadas, las que proceden de las grasas animales, no se preocupaba por el contenido de sal en las comidas, dormía una media de unas cinco horas diarias, trabajaba 14 horas al día e incluso algunas madrugadas en Radio Nacional de España, en el programa de Manolo H. H., viajaba con gran frecuencia y, sobre todo, estaba sometido a un estrés sin control, que posiblemente, junto a su obesidad, fueran los verdaderos desencadenantes de su infarto agudo de miocardio.

También hemos de tener en cuenta que Javier trató de disminuir su exceso de peso con una dieta demasiado estricta que ningún médico le recomendó y que presumiblemente le produjera en un momento determinado una disminución del potasio en la sangre, un elemento necesario e imprescindible para la contracción del miocardio. Esas dietas sin control y demasiado estrictas, a base exclusivamente de líquidos, que algunos tratan de vendernos como «milagrosas», claro que adelgazan, y rápidamente, pero poniendo en riesgo nuestra propia vida, por lo que en modo alguno pueden ser recomendables para nadie en ningún momento de su vida.

UNA EPIDEMIA SILENCIOSA: LAS ENFERMEDADES CARDIOVASCULARES

Ya sabemos que se trata de la primera causa de muerte «evitable» en España, y que la verdadera prevención está en nuestro personal modo de afrontar la vida, en nuestros estilos de vida. La muerte por enfermedad cardiovascular supera incluso a las producidas por el cáncer o por los accidentes de tráfico, llegando a superar los 18 millones en todo el mundo y alcanzando cifras mayores a las 140.000 en España. De ahí los titulares que podemos encontrar en los diferentes medios de comunicación y que sin duda son llamativos: «Cada 5 segundos se produce un ataque al corazón» o «Cada día en España se producen 220 muertes totalmente evitables». Junto al cáncer y los accidentes de tráfico, se debe considerar uno de los verdaderos problemas de salud pública más importantes a los que debe hacer frente cualquier gobierno, porque, junto a la disminución de productividad, se ha de tener en cuenta el enorme gasto público que producen estas enfermedades, unido a la pérdida de la calidad de vida de la persona que las padecen.

Hoy, que gracias a las vacunas, los antibióticos y los avances de la ciencia médica alcanzamos una esperanza de vida superior a los 80 años, nos enfrentamos a una verdadera «epidemia silenciosa» que es la causante de que también podamos asegurar que, si no cambiamos nuestros hábitos de vida, estaremos ante la primera vez en la historia de la humanidad en la que nuestros propios hijos o nietos no podrán gozar de un envejecimiento saludable porque la tasa de obesidad infantil supera ya en España el 25 por 100.

Es decir, que uno de cada cuatro niños españoles tiene problemas de sobrepeso u obesidad, que será la puerta de entrada al desarrollo de una diabetes mellitus, una hipertensión arterial, una arterioesclerosis y en definitiva una enfermedad cardiovascular. Caro «peaje» el que estamos pagando en esta sociedad moderna y tecnificada en la que por vivir con más comodidades, pero con mucha más prisa, más hipotecas y sobre todo practicando unos hábitos de vida nada saludables y peligrosos, como el sedentarismo, el incremento de grasas animales en nuestra alimentación, el exceso de sal en las comidas y el hecho de comer fuera de casa, el consumo de tabaco, el abuso en la ingesta de alcohol y el estrés, ponemos en riesgo la salud de nuestro corazón y nuestras arterias, apareciendo las enfermedades cardiovasculares.

Existen diferentes clasificaciones que tratan de aclarar este concepto de «enfermedad cardiovascular», pero nosotros utilizaremos la que creo que puede ser más didáctica en cuanto a divulgación sanitaria se refiere:

— La arterioesclerosis.
— Las enfermedades coronarias: la angina de pecho y el infarto agudo de miocardio.

— La hipertensión arterial.

— Las enfermedades cerebrovasculares (ictus cerebral): trombosis e infarto cerebral y hemorragia cerebral.

— La obesidad y la diabetes mellitus, porque cuando no se controlan adecuadamente afectan directamente al sistema cardiovascular.

LOS FACTORES DE RIESGO CARDIOVASCULARES

Como hemos visto, Javier tenía muchos factores de riesgo que fueron los verdaderos desencadenantes de su infarto de miocardio: obesidad, colesterol elevado, hipertensión arterial que desconocía, poco descanso y mucho estrés, además de los incesantes viajes y las frecuentes comidas fuera de casa. Pero posiblemente su factor de riesgo más importante fue que en ningún momento sintió la amenaza que estaba alimentando sobre la salud de su corazón, aun siendo consciente de que su vida no era nada saludable. Por eso podríamos decir que las enfermedades cardiovasculares son un grupo de enfermedades silenciosas o traicioneras.

Dependiendo de nuestra particular forma de afrontar la vida, clasificaremos los factores de riesgo en «no modificables» y «modificables». Incluso por lo que respecta a los denominados «no modificables», también podremos hacer algo si realmente estamos convencidos de querer gozar de una vida larga y saludable; y si en realidad no podemos modificarlos, seguro que podremos controlarlos e incluso a veces llegar a neutralizarlos.

Un claro ejemplo es la edad, teniendo presente que ir cumpliendo años significa que hemos de someternos a una serie de controles médicos diferentes, especialmente la mujer, que, cuando llega a su climaterio, la verdadera jubilación de los ovarios, presenta un elevado riesgo de enfermedad cardiovascular como consecuencia de la disminución de las hormonas femeninas que hasta ese momento protegían su corazón.

Factores de riesgo «no modificables»:

— La edad.
— El sexo.
— La herencia-la genética.

Factores de riesgo «modificables»:

— Sedentarismo.
— Tabaco.
— Alcohol.
— Alimentación desequilibrada.
— Colesterol y triglicéridos.
— Sobrepeso y obesidad.
— Arterioesclerosis.
— Hipertensión arterial.
— Diabetes mellitus.
— Estrés.
— La personalidad «tipo A».
— La incomunicación social-la soledad.
— La falta de información rigurosa.

LA EDAD, FACTOR DE RIESGO «NO MODIFICABLE»

En principio es una cuestión que no tiene discusión alguna, entre otras cosas porque todos aspiramos a cumplir cuantos más años mejor, pero, eso sí, con la mejor calidad de vida posible. Y aquí es precisamente donde nace mi intención de convencer a la población general, y a usted particularmente, de que, a pesar de que se trate de un factor de riesgo no modificable, sí que puede ser controlado e incluso llegar a neutralizar sus efectos gracias a la implantación de unos hábitos de vida positivos en todos los sentidos.

Y especialmente en cuanto a los controles médicos y periódicos que con tanta frecuencia nos saltamos: control de la tensión arterial, de la glucosa, el acido úrico, el colesterol, las visitas al urólogo en el caso de los hombres a partir de los 45-50 años, o el control del ginecólogo durante toda la vida de la mujer, pero especialmente en el momento en que empiezan a aparecer los primeros trastornos menstruales, que son premonitorios de su climaterio, o «jubilación de los ovarios».

Si bien es cierta la afirmación de que «los años no perdonan», no es menos cierto que si nos cuidáramos más a lo largo de nuestra vida, no sólo llegaríamos a cumplir más años, sino que lo haríamos con una mejor calidad de vida. Y el corazón claro que siente el paso del tiempo, sobre todo porque las arterias se van endureciendo hasta el punto incluso de presentar lo que denominamos arterioesclerosis, situación que puede llegar a provocar un infarto agudo de miocardio.

En definitiva, que el envejecimiento debe ser considerado un factor de riesgo «no modificable» de muchas enfermedades y sobre todo de las cardiovasculares, pero que si lo tuviéramos presente desde nuestra tierna infancia, en las guarderías, en los colegios y especialmente en nuestro ámbito familiar, estaríamos contribuyendo sin duda alguna a su prevención. Y éste es un hecho totalmente demostrado desde el rigor de la ciencia médica. Aunque no podamos modificar nuestra edad biológica, incluso a pesar de las promesas milagrosas que podemos encontrar en internet, sí podemos modelar nuestro personal proceso de envejecimiento para que llegue a ser saludable, activo y productivo.

EL SEXO, FACTOR DE RIESGO «NO MODIFICABLE»

También es cierto que se trata de un factor de riesgo «no modificable», porque no se trata de querer cambiar el sexo a nadie para evitar una enfermedad cardiovascular, pero sí de conocer realmente cuáles son los riesgos asociados al hecho de ser hombre o mujer desde el punto de vista genético.

La mujer, por el hecho de serlo, tiene unos riesgos muy diferentes que el hombre, y en este caso son las hormonas femeninas que producen sus ovarios las verdaderas responsables. La mujer tiene menos probabilidades de padecer una enfermedad cardiovascular como un infarto de miocardio antes de que aparezca la menopausia, fecha de la última regla, y el climaterio, porque hasta ese momento, en el que se produce lo que hemos denominado «jubilación de los ovarios», cuenta con la protección que le ofrecen especialmente los estrógenos. A partir de ese crítico momento, tiene incluso más riesgo no sólo de padecer un infarto de miocardio, sino también una enfermedad cerebrovascular como un derrame o un infarto cerebral.

Las pautas preventivas, como todo el mundo sabe, consisten en acudir periódicamente a la consulta del ginecólogo, que será el especialista que podrá evaluar cada caso de forma personal e individualizada, aconsejando si es necesario la utilización del «tratamiento hormonal sustitutivo» que hoy en España goza de una excelente seguridad, exenta de complicaciones, con las pautas admitidas por la comunidad científica internacional.

De todos modos, los hábitos de vida de la mujer moderna están haciendo cambiar esa prevención hormonal del infarto de miocardio, porque su incorporación al mundo laboral, además de sus responsabilidades domésticas, hacen que aumente su nivel de estrés y disminuya su tiempo de sueño recuperador y saludable. Y si a eso le añadimos que come con más frecuencia fuera de casa, que consume más alcohol que antes, que es más sedentaria y que se inicia cada vez más pronto en el hábito tabáquico, el infarto de miocardio es un riesgo que debe tener presente mucho antes de los 50 años. Al final las cosas están muy claras: si bien el sexo femenino protege a las mujeres de una enfermedad cardiovascular, sus hábitos de vida son los que pueden asegurarle su prevención, o bien convertirse en el más importante factor de riesgo.

LA HERENCIA Y LA GENÉTICA, FACTORES DE RIESGO «NO MODIFICABLES»

Éste es uno de los aspectos más olvidados cuando hablamos de la prevención de las enfermedades cardiovasculares. La mayoría de los estudios científicos demuestran que existe un mayor riesgo de padecer una enfermedad cardiovascular, y especialmente un infarto de miocardio, cuando un familiar de primer grado, padre, madre, hermanos o hijos, lo ha padecido antes de los 60 años. Y si recuerda, éste es el caso de nuestro querido Javier Urra, bueno, mejor dicho, el de sus hijos, porque Javier padeció su infarto a una edad muy temprana, a los 49 años.

Y no se trata de asustar a nadie con estas afirmaciones, que como digo están demostradas gracias a la epidemiología y los estudios realizados en el árbol genealógico de los pacientes. Más bien al contrario: se trata de ser positivos y de que, conociendo que existe esa posibilidad, se establezcan los programas preventivos más adecuados en cada caso, que desde luego siempre han de incluir unos hábitos totalmente saludables en nuestra vida: evitar el sedentarismo, el sobrepeso, la obesidad, el tabaquismo, el exceso de consumo de alcohol y llevar una alimentación saludable limitando las grasas animales y la sal, unida a la práctica del ejercicio físico, regular y moderado pero constante.

A pesar de los numerosos estudios que posiblemente en breve nos puedan ofrecer modificaciones genéticas en nuestra herencia, seguirá siendo más fácil, más seguro y sobre todo más barato cambiar nuestro estilo de vida evitando los factores de riesgo que sí podemos modificar.

EL SEDENTARISMO, FACTOR DE RIESGO «MODIFICABLE»

Se trata sin duda alguna de uno de los más importantes factores de riesgo que ponen en jaque nuestra salud y especialmente la de nuestro corazón, y que cada vez es más frecuente como consecuencia de nuestro moderno estilo de vida, en el que las prisas y la falta de tiempo se hacen cada vez más patentes. Es el verdadero «peaje del desarrollo», como si realmente estuviéramos pagando el precio que tiene vivir en un país más industrializado, más moderno, más avanzado y más rico, en definitiva, a pesar de que en estos momentos estemos viviendo una crisis económica que todos esperamos superar en un futuro muy cercano. ¡Menudo desarrollo que pone en riesgo el corazón de quienes lo hacemos posible y lo disfrutamos!

La triste realidad es que «valemos cuanto tenemos», y esto nos ha de hacer reflexionar profundamente para convertirla en una más positiva: «valemos cuanto somos», algo que, lejos de ser sólo un pensamiento filosófico, depende de cada uno de nosotros, de la forma de ver y de vivir la vida. Hoy ya se habla en los foros científicos médicos del «síndrome de muerte por sedentarismo» para referirnos a las muertes que se producen como consecuencia de no mover el trasero ni para ir a comprar el periódico, porque las noticias las tenemos en internet, en nuestro ordenador o en el teléfono móvil.

Hoy podemos considerar el sedentarismo una verdadera epidemia, que silenciosamente va provocando enfermedades como la osteoporosis y la artrosis, pero también el sobrepeso, la obesidad, la arterioesclerosis, la diabetes mellitus, la hipertensión arterial, la angina de pecho y el infarto agudo de miocardio. Y todas, absolutamente todas estas enfermedades las podemos prevenir sin aumentar el gasto de nuestro sistema de salud, aunque sí el gasto energético de las calorías de nuestra alimentación, con la práctica habitual de un ejercicio físico adecuado a nuestras necesidades y nuestra edad.

EL CONSUMO DE TABACO, FACTOR DE RIESGO «MODIFICABLE»

No trataré de insistir en algo tan conocido por todos como son los efectos dañinos del tabaco sobre nuestras arterias, nuestro corazón, nuestros pulmones y el resto de nuestro organismo. Este capítulo de salud tratará siempre de ser positivo ofreciendo las muchas posibilidades que tenemos para evitar las enfermedades cardiovasculares, y dejar de fumar o no iniciarse en este hábito es la más importante de ellas.

Afortunadamente, en España, como en otros muchos países, contamos hoy con una ley que protege a todos del humo del tabaco al prohibir su consumo en cualquier lugar cerrado. Una ley que desde 2005, y ahora modificada en enero de este año, protege a los no fumadores, pero que en realidad se olvida de aceptar los términos científicos que declaran el tabaquismo como una enfermedad crónica que puede desencadenar muchos tipos de cánceres, sobre todo el de pulmón y laringe, así como una enfermedad cardiovascular, especialmente la que conocemos como cardiopatía isquémica.

El tabaquismo, además, debe ser considerado, como lo es en el mundo de la ciencia médica, una verdadera adicción a una droga, la nicotina, que tiene más poder incluso que la propia heroína. Y esto significa que necesitamos incorporar en la vigente legislación el tratamiento adecuado del tabaquismo con los medicamentos que en este momento, y en el futuro, hayan demostrado o puedan demostrar su eficacia, y que sean financiados por el sistema sanitario público. Lo cierto es que la mayoría de los estudios demuestran que siete de cada diez fumadores quieren dejar de serlo, pero necesitan una ayuda especializada que debe ser dirigida por el médico de familia en su centro de salud, aunque cuente con el apoyo de los neumólogos en el ámbito hospitalario y de las unidades de deshabituación tabáquica.

Y somos los profesionales sanitarios, y especialmente los médicos, los profesionales de enfermería y los farmacéuticos, los que debemos insistir sobre el hecho de que «dejar de fumar es posible», pero con la ayuda especializada en cada caso y de forma personalizada. De muy poco sirve la «automedicación» con parches, medicamentos, pastillas o chicles de nicotina, porque en un porcentaje que supera el 70 por 100 aparecen las recidivas y recaídas en el consumo de tabaco, necesitando varios intentos que sólo benefician a la industria farmacéutica con la venta reiterada de sus productos.

Si estos tratamientos que son eficaces se incorporaran a la oferta de los medicamentos financiados por nuestro sistema sanitario, como cada vez más profesionales proponemos desde hace muchos años, podríamos asistir a una clara reducción del consumo de tabaco y de las cardiopatías isquémicas, y especialmente del infarto agudo de miocardio. Sólo una semana después de la entrada en vigor de la mencionada Ley 42/2010, y ante las presiones en este sentido, la ministra de Sanidad Leire Pajín empezó a contemplar esa posibilidad, así que esperamos que cuando este libro vea la luz, podamos contar con la financiación pública de todos los tratamientos eficaces para el tabaquismo, como enfermedad crónica.

Y si además se incorporaran programas eficaces de educación para la salud en las escuelas, seguro que nuestros hijos no se iniciarían en el dañino hábito del consumo de tabaco, un claro factor de riesgo que a todas luces es «modificable»; es decir, depende de nosotros mismos evitarlo y así contribuir a la prevención de las enfermedades cardiovasculares.

EL ALCOHOL, FACTOR PROTECTOR O FACTOR DE RIESGO «MODIFICABLE»

Es ésta una cuestión que debe dejar clara la ciencia, y especialmente la medicina, para evitar contribuir a la confusión que sin duda lleva a un sinfín de enfermedades, y también la propia enfermedad cardiovascular, amén de los accidentes de tráfico y los casos cada vez más frecuentes de agresividad, violencia y malos tratos en todos los ámbitos de nuestra sociedad. Y estoy seguro de que con esta afirmación corro el riesgo de que muchos lectores lleguen a pensar que no soy «políticamente correcto». Pero lo primero que debemos hacer para aclarar las cosas es diferenciar claramente el vino del alcohol en general.

El vino es un alimento que lleva aproximadamente un 12 por 100 de alcohol en su composición, dependiendo de su elaboración, y se ha dicho mucho, pero no todo, en relación con las bondades que procura a nuestro corazón. ¿Se trata de un factor de protección y es cardiosaludable?

Si lo es, lo ha de ser por las sustancias que están presentes en el vino, en la uva o en el proceso de fermentación, pero no desde luego por el alcohol que se encuentra en su composición. Lo que a mi juicio no se debe decir, porque no es riguroso y todavía se sigue afirmando en grandes titulares, es que «el alcohol es cardiosaludable», y mucho menos para todos.

Decir literalmente, y sin más explicaciones, que «el vino es cardiosaludable», además de no ser cierto en su totalidad, puede confundir a la población. Y vaya por delante que como profesional de la salud puedo aceptar que el vino sea cardiosaludable, pero con matices importantes, porque no todo el vino lo es, no para todas las personas y no en cualquier dosis.

La mayoría de los estudios se han hecho en adultos sanos mayores de cuarenta años, lo que en principio hace que sus resultados no se puedan extrapolar a la población juvenil, ni a los enfermos. La dosis saludable y recomendable será una «copita» en la comida y una «copita» en la cena, pero de vino tinto y de buena calidad. Y en ningún caso se puede defender que aquellas personas que consumen habitualmente vino en las comidas estén incorporando un factor de protección cardiovascular. Que esas pequeñas y sabrosas dosis de buen vino no sean realmente perjudiciales no significa que las personas que no beban vino puedan llegar a morir antes y de un infarto de miocardio.

De todos modos, siempre me ha provocado sorpresa el hecho de no conocer ni un solo estudio prospectivo desde el punto de vista de la ciencia que haya sido patrocinado por ningún gobierno autonómico con el fin de potenciar su denominación de origen como factor de protección cardiovascular. Y tampoco se incluye este aspecto en sus etiquetas. Por cierto, ¿nunca se ha preguntado por qué la industria farmacéutica no ha descubierto todavía la «píldora milagrosa» que lleve en su composición el elemento protector cardiovascular del vino?

Y en cuanto al alcohol en general, hoy nadie en su sano juicio deja de admitir que se trata de una verdadera droga; social y protegida, pero una droga al fin y al cabo, porque su abuso en el consumo lleva indefectiblemente a padecer una verdadera «adicción». Y el alcoholismo es una enfermedad rotundamente aceptada por todos los profesionales sanitarios y que poco a poco va desarrollando enfermedades gástricas, hepáticas, como la cirrosis, algunos tipos de cáncer, como el de estómago, el de faringe y el de laringe, además de afectar a la pared de nuestras arterias, convirtiéndose el abuso y la adicción en verdaderos «factores de riesgo para nuestro sistema cardiovascular», pero totalmente modificables porque de nosotros depende ingerirlo en exceso o la decisión de acudir a la consulta del especialista para que nos ayude a salir de esta peligrosa situación.

LA ALIMENTACIÓN DESEQUILIBRADA, FACTOR DE RIESGO «MODIFICABLE»

Como todos saben, hoy podemos hacer dos afirmaciones que, siendo totalmente rigurosas, son contradictorias: una alimentación desequilibrada puede desencadenar una enfermedad cardiovascular, y de forma concreta un infarto agudo de miocardio, mientras que nuestra dieta mediterránea, por muchas cosas, pero especialmente por su contribución a la prevención de estas enfermedades, acaba de ser designada por la Unesco «Patrimonio Intangible de la Humanidad».

Se trata del verdadero paradigma de la salud que nace en 1970 gracias a los resultados del conocido como «Estudio de los siete países», que dirigió en los años setenta el doctor Ancel Keys en la Universidad de Minnesota (Estados Unidos). Tras analizar a más de 12.000 hombres durante diez años, pudo comprobar que mientras que en Estados Unidos y Finlandia morían con más frecuencia por enfermedades cardiovasculares asociadas al consumo de grasa en la alimentación, en Grecia, y concretamente en la isla de Creta, la mortalidad por esta causa era 57 veces menor que en Finlandia, por ejemplo, y que su alimentación se basaba fundamentalmente en cereales, verduras, frutas, pescado azul y aceite de oliva. De este modo llegó a acuñar el término «dieta mediterránea» para referirse a los hábitos alimentarios de todos los países que están bañados por las aguas del Mediterráneo, que es donde se encuentran en abundancia la aceituna y nuestro preciado aceite de oliva. Luego apareció la trilogía famosa para esta saludable dieta: **aceite, pan y vino.**

También conviene recordar que, más que una dieta, todos los expertos hablan ya de un «estilo de vida mediterráneo» refiriéndose al hecho de vivir con alegría y felicidad, hacer ejercicio físico y tomar alimentos saludables. En otras palabras, si el doctor Keys nos hubiera escuchado en los setenta, seguro que se habría referido al saludable lema que venimos defendiendo desde hace años en los medios de comunicación y que bien puede ser el de la dieta mediterránea: «Mucho trato, poco plato y mucha suela de zapato».

Desde la medicina basada en la evidencia y la experiencia clínica, hoy podemos concluir que mientras que la dieta mediterránea es un verdadero factor de protección frente a las enfermedades cardiovasculares, una alimentación desequilibrada y rica en calorías, sal y grasas animales es uno de los factores de riesgo más importantes en el desarrollo de un infarto agudo de miocardio, pero totalmente «modificable», desde nuestra decisión personal y saludable. Y lo podemos modificar siguiendo los consejos de nuestra pirámide de la dieta mediterránea que encontrará a continuación.

Observe que nuestra pirámide, a diferencia de otras similares, se apoya fundamentalmente sobre dos pilares indispensables: la práctica de una actividad física y el control de nuestro peso corporal. Además, la base de la pirámide se centra en el consumo diario de agua, elemento indispensable para la vida y muchas veces el mejor «medicamento genérico» y el más barato que tendremos a nuestro alcance. En este sentido, la mayoría de los expertos recomiendan beber unos dos litros de líquidos al día, aunque también es verdad que las personas que padezcan alguna enfermedad cardíaca, como la isquemia coronaria, y que estén tomando medicamentos para controlar la tensión arterial deben dejarse aconsejar por su médico de familia o su cardiólogo en este sentido.

Observe también que todos los alimentos que conforman la pirámide son saludables y por ello se incluyen en la «dieta mediterránea», pero en cantidades diferentes, por lo que verá que cada uno de ellos está representado por un área de específico tamaño, que hemos de relacionar con la frecuencia con la que hemos de consumirlos. Así, mientras que en el vértice de la pirámide están los alimentos que debemos tomar con menos frecuencia, como la sal, las grasas animales y los azúcares refinados, incluidos los pasteles y la bollería, los cereales y las legumbres deben incluirse diariamente en nuestra alimentación y, por tanto, ocupan un área de mayor superficie en la pirámide (figura 3).

Figura 3. Pirámide de la dieta mediterránea.

EL COLESTEROL Y LOS TRIGLICÉRIDOS, FACTORES DE RIESGO «MODIFICABLES»

Cuando nuestra alimentación se sale de las recomendaciones saludables de la dieta mediterránea e ingerimos demasiadas grasas animales, aparecen el temido colesterol y los triglicéridos, que son los desencadenantes de las alteraciones de la capa interna de nuestras arterias, produciendo su obstrucción y en definitiva la falta de riego sanguíneo del músculo cardíaco, lo que con frecuencia se convierte en una verdadera cardiopatía isquémica y luego en un infarto agudo de miocardio.

El colesterol, que es una grasa imprescindible para la vida porque es necesario para la composición de las membranas de todas las células y de la piel, y participa en la síntesis de la vitamina D y en la producción de hormonas como el cortisol y las hormonas sexuales, además de resultar fundamental para la formación de la bilis, llega a convertirse en la verdadera «espada de Damocles» cuando se alteran su concentración y su equilibrio en la sangre. Y es que existe un «colesterol endógeno» que fabrica nuestro hígado y un «colesterol exógeno» que procede de los alimentos y que es el que precisamente podemos y debemos controlar con la dieta mediterránea.

El colesterol es una grasa que no puede ser soluble en agua, lo que significa que para circular por el torrente sanguíneo necesitará un transportador especial que conocemos como «lipoproteínas». Las más importantes son las «HDL» *(high density lipoprotein),* o lipoproteínas de alta densidad, y las «LDL» *(low density lipoprotein),* o lipoproteínas de baja densidad, que en definitiva son las que determinan en un análisis de sangre nuestro «perfil lipídico» y directamente el riesgo de padecer una enfermedad cardiovascular.

Las HDL son las que conocemos como «colesterol bueno» y tienen un efecto protector, porque son las responsables de recoger el colesterol circulante en sangre y llevarlo al hígado para transformarlo en bilis que se eliminará durante el proceso digestivo. Mientras tanto, las LDL se convierten en el «colesterol malo», porque son las lipoproteínas que transportan el colesterol circulante al torrente sanguíneo y a los tejidos, donde se deposita formando poco a poco la placa de ateroma en la luz interior de las arterias.

Por ello, en un análisis de sangre deberemos conocer nuestro «perfil lipídico», que estará formado no sólo por las cifras de colesterol total, como hace años, sino por las del «colesterol-HDL» y las del «colesterol-LDL», así como por las de los triglicéridos, que son las grasas que forman nuestra reserva energética y que cuando circulan en exceso por nuestra sangre se unen al colesterol potenciando aún más el riesgo de una enfermedad cardiovascular.

Perfil lipídico en sangre

Colesterol total	Menos de 200 mg/dl
Colesterol-HDL	Mayor de 35 mg/dl
Colesterol-LDL	Menos de 120 mg/dl
Triglicéridos	Menos de 150 mg/dl

En definitiva, cuando el colesterol y los triglicéridos en sangre se mantienen elevados de forma constante como consecuencia de una alimentación desequilibrada y rica en grasas animales, se van depositando en la pared de las arterias formando una «placa de ateroma» que provoca la obstrucción de su calibre y la producción de trombos, que en definitiva serán los desencadenantes de una cardiopatía isquémica muchas veces con resultado de un infarto agudo de miocardio. Una situación que podemos «modificar» cambiando nuestros hábitos alimentarios y sobre todo recordando que los alimentos más ricos en colesterol son los huevos, todas las vísceras como el hígado, los sesos y los riñones, los moluscos y los crustáceos y de una forma especial las grasas animales presentes en la leche entera, la nata, la mantequilla, los quesos grasos, la bollería industrial y las conocidas como «grasas ocultas» del chocolate y las carnes rojas.

ENFERMEDADES QUE SON A SU VEZ FACTORES DE RIESGO «MODIFICABLES»

El sobrepeso, la obesidad, la arterioesclerosis, la hipertensión arterial y la diabetes mellitus son en sí mismas enfermedades de las que conocemos perfectamente su causa, su desarrollo, su tratamiento y su prevención, pero que además hoy constituyen un verdadero factor de riesgo en el desarrollo de las enfermedades cardiovasculares, especialmente cuando no son controladas adecuadamente por las personas que las padecen.

El sobrepeso y la obesidad

Todos los expertos coinciden hoy en que el sobrepeso, y especialmente la obesidad, que fue la verdadera epidemia silenciosa del siglo XX, siguen imparables ahora en el siglo XXI, pudiendo llegar a afirmar que constituyen un verdadero riesgo de enfermedad cardiovascular para nuestros hijos en su futuro si no les ayudamos a modificar sus hábitos de vida, además de que constituyen la puerta de entrada para el desarrollo de una diabetes mellitus o una hipertensión arterial. Sin embargo, y a pesar de los muchos estudios realizados en este sentido, las autoridades sanitarias siguen sin aceptar la obesidad como una verdadera «enfermedad crónica» que se pueda beneficiar de la financiación de los medicamentos eficaces para su tratamiento a través de nuestro sistema de salud.

Por su parte, la población general sigue creyendo, porque así se continúa vendiendo a través del marketing publicitario, que la obesidad es un problema más de estética que de salud, o incluso de moda, llegando incluso a confundirla en demasiadas ocasiones con la celulitis, cuando en realidad constituye la segunda causa de «muerte evitable» en España, detrás del consumo de tabaco, y va en aumento como consecuencia de nuestros hábitos de vida, especialmente el sedentarismo, las grasas animales y saturadas de la dieta, las comidas rápidas y preparadas, la «comida basura» y los hábitos a la hora de comer.

Con mucha frecuencia me preguntan si la obesidad se hereda, y desde hace muchos años la respuesta sigue siendo la misma: existe un pequeño porcentaje de personas en las que la herencia desempeña un determinado papel, pero en el 75-80 por 100 de los casos lo que realmente se hereda son los hábitos y los comportamientos con nuestros hijos en casa. Por tanto, modificando los nuestros, seguramente contribuiremos a que nuestros hijos estén más sanos y libres del riesgo de padecer sobrepeso y obesidad, que nosotros mismos podemos determinar conociendo nuestro «índice de masa corporal» y midiendo el «perímetro de nuestra cintura», como detallamos a continuación:

❧ Índice de masa corporal (IMC)

Peso en kilos dividido entre la talla en metros al cuadrado.

$$IMC = \frac{\text{Peso en kilos}}{\text{Talla en metros al cuadrado}}$$

Anorexia: Menor de 18.
Delgadez (peligro): 18-20.
Normal: 20-25.
Sobrepeso: 25-30.
Obesidad: 30-40.
Obesidad mórbida: Mayor de 40.

❧ Perímetro abdominal-cintura «saludable»

· HOMBRE: 102 centímetros.
· MUJER: 88 centímetros.

La arterioesclerosis

El término «arterioesclerosis» contiene la raíz griega *skleros,* que significa literalmente «duro»; por tanto, sería como decir que se trata de una enfermedad que se caracteriza por el «endurecimiento de las arterias», que es lo que ocurre en realidad con el tiempo cuando las sometemos a los efectos del exceso de alcohol, el tabaco, el sedentarismo o el colesterol, que poco a poco se va depositando en la pared íntima arterial endureciéndolas y reduciendo su calibre y la luz por la que circula la sangre, por la formación de las «placas de ateroma» (figura 4).

Estas placas que contienen colesterol y calcio pueden llegar a romperse y fracturarse en pequeños fragmentos formando los trombos, que, circulando por la red arterial, terminan obstruyendo

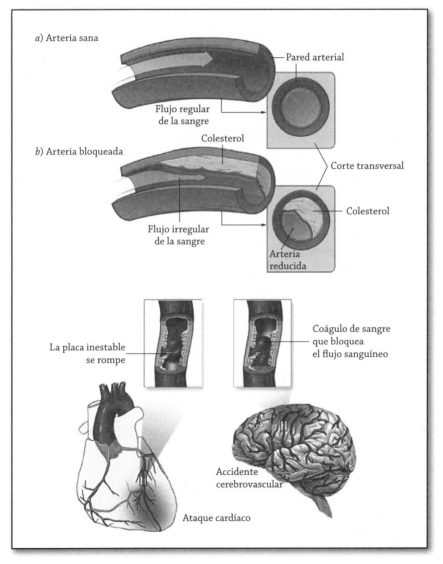

Figura 4.

el paso de la sangre o, lo que es lo mismo, desencadenando un verdadero infarto agudo de miocardio en el caso de las arterias coronarias. En definitiva, la arterioesclerosis es una verdadera enfermedad cardiovascular, pero a su vez ha de ser tenida en cuenta como un indiscutible factor de riesgo en el desarrollo de un infarto de miocardio, pero «modificable», porque su desarrollo depende de nuestros hábitos de vida: si evitamos el consumo de tabaco, el exceso en la ingesta de alcohol, si incorporamos a nuestros hábitos la dieta mediterránea y practicamos cotidianamente una actividad física, es prácticamente imposible que esta enfermedad se haga presente en nuestra vida.

La hipertensión arterial

Se la conoce como «el asesino silencioso y traicionero» y es la enfermedad cardiovascular que con más frecuencia afecta a la población general, llegando a padecerla en España más del 20 por 100, casi diez millones de personas, más de la mitad de las cuales lo ignoran porque nunca se han medido la tensión arterial.

La medición de la tensión arterial nos facilita dos cifras: la «máxima o sistólica», que es la presión con la que la sangre sale del ventrículo izquierdo del corazón durante su contracción, y la «mínima o diástolica», que se refiere a la presión a la que está sometido el corazón durante el reposo o diástole cardíaca, es decir, cuando se llena de sangre (figura 5). Las cifras consideradas «normales» son las que reflejamos a continuación, eso sí, siempre que la medida se efectúe tras un período de reposo de unos diez minutos aproximadamente, por lo que las prisas y el estrés también aquí son nuestros verdaderos enemigos.

❧ Las cifras normales de tensión arterial

— Sistólica (la máxima): 130-140 mm Hg.
— Diastólica (la mínima): 70-75 mm Hg.

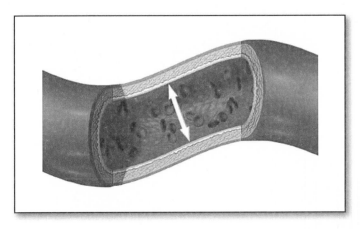

Figura 5. La presión arterial mide la fuerza que se aplica a las paredes arteriales.

Estamos una vez más ante una verdadera enfermedad cardiovascular que se desarrolla como consecuencia de unos malos hábitos de vida, aunque también se reconocen algunos casos, pocos realmente, cuya causa realmente se ignora y a los que llamamos «hipertensión idiopática». La arterioesclerosis, el estrés, el sedentarismo, el consumo de tabaco, el exceso en la ingesta de alcohol, el aumento del «colesterol malo» en sangre, la diabetes mellitus y en algunos casos el abuso de la sal en las comidas constituyen los verdaderos factores de riesgo que desencadenan la hipertensión arterial, por lo que de nuevo nuestros personales hábitos de vida pueden evitar su aparición. Precisamente por ello, y porque la hipertensión arterial también es considerada por todos los expertos un factor de riesgo para la aparición de otras enfermedades cardiovasculares, y especialmente el infarto de miocardio, la incluimos en nuestra clasificación dentro de los «factores de riesgo modificables».

También es importante detallar que los médicos hablamos de «hipertensión arterial de bata blanca» cuando una persona presenta niveles superiores a los considerados normales en su tensión arterial, pero sólo cuando acuden a la consulta del médico o del profesional de enfermería y no cuando se la miden en la farmacia o en su casa. El saber popular, desde luego muy equivocado, defiende que este tipo de alteración no necesita tratamiento y que la causa desencadenante de esta hipertensión es la consulta, el médico o el profesional de enfermería, en fin, todo lo que rodea el acto médico rutinario. Pero se olvidan de que esta hipertensión arterial se da como consecuencia del posible estrés al acudir a la consulta, por lo que también se puede desencadenar en cualquier otra situación similar en casa, en el trabajo o en su vida social. Por tanto, las personas que sean diagnosticadas de «hipertensión de bata blanca» serán candidatas a ser estudiadas en profundidad con un «*holter* de tensión arterial», o «monitorización ambulatoria de la tensión arterial», y en algunos casos necesitarán un tratamiento personalizado.

La diabetes mellitus

Se trata de una enfermedad crónica e irreversible que tiene su origen en el páncreas pero que afecta en su desarrollo a todo el organismo, siempre que no se controle adecuadamente, tanto por parte de los profesionales sanitarios como por parte del paciente y su propio entorno familiar. Cuando no se controla la enfermedad, se convierte realmente en un factor indiscutible en el desarrollo de las enfermedades cardiovasculares, y especialmente del infarto agudo de miocardio. Pero ¿cómo podemos incluirla dentro de los factores de riesgo «modificables» si se la está definiendo como crónica e irreversible? Sencillamente porque, a pesar de no tener una cura definitiva en estos momentos, sabemos perfectamente que la incidencia de infartos de miocardio se reduce notablemente cuando controlamos la enfermedad, no sólo con el tratamiento adecuado en cada momento sino modificando nuestros propios hábitos de vida.

La diabetes mellitus afecta en España a casi el 10 por 100 de la población, y el aumento del número de casos en los últimos años tiene una relación directa de «causa-efecto» con el incremento de la obesidad, especialmente en la diabetes más frecuente, que es la que conocemos como diabetes mellitus tipo 2, del adulto y «no insulino-dependiente», que constituye casi el 90 por 100 de todos los casos de diabetes. Si pensamos en prevención, hemos de hacerlo desde nuestros hábitos de vida, porque si el sedentarismo y el colesterol son los principales desencadenantes de la obesidad, también lo serán en definitiva de la diabetes mellitus tipo 2, situación que podemos evitar en la gran mayoría de casos siguiendo una dieta mediterránea y practicando ejercicio físico de forma controlada, moderada y regular, pero constante.

Su diagnóstico, sencillo, rápido y barato, consiste en la realización de un análisis de sangre en ayunas que nos permitirá averiguar la cifra de glucosa sanguínea para determinar si existe realmente la enfermedad ya instaurada o su pórtico de entrada, que conocemos como «prediabetes» o «intolerancia a la glucosa».

❧ Diagnóstico de diabetes mellitus

Glucosa en sangre en «ayunas».

— Cifra normal: 110 mg %.
— Intolerancia a la glucosa: 110-126 mg %.
— Diabetes mellitus: Más de 126 mg %.

EL ESTRÉS, FACTOR DE RIESGO «MODIFICABLE»

Cuando nuestro organismo se encuentra sometido a una situación de máxima tensión emocional, que desde luego no se puede medir con ningún aparato pero que si aprendemos a observarnos podemos detectar, puede desencadenar una enfermedad cardiovascular. No en vano la palabra «estrés» ha sido aceptada por la Real Academia de la Lengua y procede del inglés *stress*, que significa «tensión» o «presión» y que en ingeniería se define como «la fuerza que puede resistir una determinada estructura». Si unimos estos dos términos, podremos concluir que «el estrés es la presión o la tensión a que se puede ver sometido nuestro organismo, desarrollando frente a ella una determinada fuerza para combatirla y no derrumbarnos».

Es en definitiva la capacidad de adaptación que tiene nuestro organismo ante las constantes situaciones de presión o tensión social, laboral o familiar a que nos vemos sometidos en tantas ocasiones todos los días, pero ante las que no siempre reaccionamos igual. Se desencadena un mecanismo de alerta que se denomina «síndrome general de adaptación de Seyle», que fue quien lo definió en 1974, y que se acompaña de un cortejo de síntomas que todos podremos reconocer en algún momento de nuestra vida: aumento de la tensión muscular, malestar general, dolor de cabeza, de nuca y de espalda, aumento del número de respiraciones (taquipnea) y especialmente un incremento de la tensión arterial y un claro aumento en nuestra frecuencia cardíaca (taquicardia), que están ocasionadas por una reacción directa sobre la corteza suprarrenal, que es la causante de que aumente la secreción de las hormonas denominadas catecolaminas, especialmente la adrenalina y la noradrenalina, con el fin último de que la sangre pueda llegar a todos los órganos de nuestro cuerpo ante esa situación de alarma provocada por el estrés.

Los cambios negativos en nuestra vida personal, como el paro, los problemas económicos, familiares o profesionales, la falta de sueño e incluso un simple embotellamiento de tráfico, pueden llegar a desencadenar una situación de estrés que en no pocas ocasiones pueden desembocar en un infarto agudo de miocardio.

Pero la verdad es que también se puede llegar a padecer un infarto por los cambios positivos de nuestra vida. Una persona como Javier Urra, que disfrutaba y disfruta al máximo de su profesión, porque es un psicólogo clínico vocacional, también puede acabar con un infarto de miocardio como el suyo como consecuencia del estrés no controlado que produce la falta de sueño saludable y el poco tiempo que se tiene para dedicarlo a nuestro mejor amigo, a nosotros mismos, y a nuestra familia y amigos, que en definitiva serán, siempre que sepamos disfrutar de ellos, nuestro verdadero factor de protección ante una enfermedad cardiovascular desde el punto de vista del desarrollo del estrés, como una situación límite en la que estamos pidiendo a nuestro organismo y especialmente a nuestro corazón un verdadero sobreesfuerzo que no sabemos controlar.

De ahí que en la mayoría de los centros especializados y en las unidades de rehabilitación cardíaca, además de utilizar todos los avances científicos a nuestro alcance en el tratamiento del infarto de miocardio y en la prevención de un nuevo episodio de cardiopatía isquémica, no se olvide nunca el aspecto cognitivo en el entrenamiento del paciente para que aprenda a controlar las situaciones de estrés. Y por ello consideramos en nuestra clasificación al estrés un factor de riesgo «modificable», siempre que sepamos controlar las situaciones que lo desencadenan. Javier Urra, que disfrutaba de su profesión, padeció un infarto, entre otras cosas, como consecuencia de su estrés no controlado; ahora sigue disfrutando de la psicología, la comunicación, la investigación y la docencia universitaria, pero aprendiendo cada día cómo controlar las situaciones que pueden llegar a producir un estrés importante en su vida.

LA PERSONALIDAD DE TIPO «A», ¿FACTOR DE RIESGO MODIFICABLE?

Hay tres aspectos que caracterizan la personalidad tipo «A» que se asocia epidemiológicamente y con cierta frecuencia a la aparición de un infarto agudo de miocardio: la presión del tiempo, una exagerada preocupación por la propia imagen como un buen profesional y una saludable ambición centrada en el trabajo. En otras palabras, una personalidad que tiene el centro de su vida en el trabajo y el desarrollo de su profesión, tratando de conseguir más objetivos que los que realmente puede alcanzar; una situación en definitiva claramente desencadenante de un estrés negativo para la salud. También hay quien define en la literatura científica la personalidad tipo A como la que tiene una persona ordenada, detallista, cuidadosa, puntual, cumplidora, perfeccionista y que intenta superarse a sí misma cada día. Es decir, todos aspectos positivos y envidiables cuando se controlan adecuadamente a lo largo de la vida.

Y es muy posible que la personalidad de Javier Urra pueda haber sido uno de los desencadenantes de su infarto de miocardio. Quienes le conocemos bien sabemos que es un excelente profesional de la psicología especializado en el área clínica, un gran comunicador, un magnífico escritor, un docente vocacional, un infatigable investigador y alguien a quien podemos hacer responsable de cualquier cargo que exija dedicación, seriedad, objetividad, equidad y profesionalidad. Como primer defensor del menor de la Comunidad de Madrid siempre será recordado por su gran labor, que sirvió sin duda alguna para abrir el camino para que los menores fueran más respetados y no se vulneraran sus derechos.

Como comunicador y escritor, es difícil encontrar a alguien que no le haya escuchado en una de sus magistrales conferencias o no haya leído uno de sus excelentes libros; y como docente universitario, es un verdadero ejemplo para sus alumnos y sus compañeros, y no olvida nunca la importancia que cobra la investigación en su quehacer profesional; como él nos cuenta, ahora está terminando ya su segunda tesis doctoral, que a buen seguro tendrá el mayor éxito que se pueda cosechar, como ya lo hizo la primera.

Además, su trabajo en la Fiscalía de Menores le ha aportado una experiencia digna de poder ser imitada en cualquier campo profesional. Y como afición, destacan sus frecuentes apariciones en los medios de comunicación en todas sus modalidades y siempre centradas en su experiencia profesional como psicólogo. Si además Javier ha sido un padre ejemplar para Beatriz y Javier, un marido sin igual para Aracely y ha sabido siempre cuidar a sus amigos, es fácil pensar que poco tiempo ha tenido para preocuparse por su salud, y especialmente por la de su corazón, al que ha sometido a una presión excesiva, llegando a desencadenar un infarto agudo de miocardio, eso sí, ayudado por su sedentarismo, las grasas animales y la sal en su alimentación, el colesterol, los triglicéridos y el consumo de tabaco en una etapa importante de su vida.

Ahora Javier, además de ser un fiel cumplidor del tratamiento médico que le han aconsejado sus especialistas, está aprendiendo a vivir de una forma diferente, disfrutando más de la familia y los amigos, sin olvidar el desarrollo de su profesión; pero sigue sin querer aprender a decir «no» a cualquier proyecto que se le ofrece, y además, como él mismo nos confiesa en este libro, «no quiere quedar mal con nadie».

Por eso incluimos la personalidad de tipo «A» entre los factores de riesgo que podemos «modificar», aunque no sea sencillo de conseguir. Afortunadamente para Javier, el hecho de escribir este libro puede servirle como un medicamento esencial, especialmente porque él mismo se refleja tal como es, con total sinceridad y con un afán de superar todos los obstáculos que pueda encontrar en el desarrollo de su enfermedad coronaria, porque, como dice su hija Beatriz, todavía le falta algo muy importante en su vida: llegar a ser abuelo.

Tan pronto como le ofrecí la posibilidad de escribir juntos este libro, él como paciente y yo como médico, se ilusionó como siempre hace y se puso a trabajar de inmediato. Y la verdad, en este caso me alegré de que Javier no me dijera que «no».

LA «INCOMUNICACIÓN», FACTOR DE RIESGO «MODIFICABLE»

El siglo XXI será sin duda el «siglo de las comunicaciones», y sin embargo vivimos en la más insólita de las «incomunicaciones», sobre todo en las grandes ciudades. Hoy prácticamente todo el mundo, incluso nuestros hijos pequeños, dispone de un teléfono móvil, de un correo electrónico y de internet, que ha pasado de ser una válida herramienta de trabajo a convertirse en un medio imprescindible para poder comunicarnos entre sí.

Ya quedaron atrás aquellos momentos en los que la comunicación interhumana y cercana era la que nos ayudaba a relacionarnos no sólo con la comunicación verbal, sino también con la no verbal:

la sonrisa, el tacto, las caricias y en definitiva las emociones, que desde luego no se pueden sentir a través de un teléfono móvil, un chat o un correo electrónico. Y espero que no se me entienda mal. No quiero decir que esté en contra de los grandes avances de la tecnología, como en el propio caso de la medicina, sino que los defiendo a ultranza y los utilizo continuamente, pero sin olvidar en ningún momento la importancia que cobra la humanización del proceso de comunicación en cada momento de nuestra vida. Y precisamente por esa falta de comunicación interhumana, acuñé hace años el concepto de «enfermedades de la incomunicación», que en mi opinión incluyen el estrés, la ansiedad, la depresión y especialmente a la soledad.

Dice el doctor Valentín Fuster, eminente cardiólogo español, director del Instituto Cardiovascular del Hospital Monte Sinaí de Nueva York y del Centro Nacional de Investigaciones Cardiovasculares en España, que la soledad es el mayor enemigo del alma, pero también del corazón, porque la soledad por sí sola puede ser el desencadenante de hábitos de vida perjudiciales para nuestra salud cardiovascular. ¡Y cuánta razón lleva!

Existen en mi opinión dos tipos muy diferentes de soledad. Una es la «soledad elegida», esa que todos necesitamos alguna vez incluso a lo largo del día; esa soledad en la que podemos no sólo oír, sino escuchar el canto de los pájaros y el movimiento de las hojas de un árbol; esa soledad en la que nos imbuimos para pensar en nosotros, en nuestro trabajo y en los nuestros. Esa soledad es positiva, además de obligada si queremos disfrutar de la vida. Es esa soledad gracias a la cual podemos darnos una cita diaria con nuestro mejor amigo, con nosotros mismos.

Pero existe otra soledad muy diferente: la «soledad obligada», esa que ninguno buscamos ni deseamos y que nos viene dada por las circunstancias de la vida; esa soledad que se puede sentir a pesar de estar rodeado de toda nuestra familia, de nuestros amigos o de nuestros compañeros en el trabajo. Y esta soledad es negativa, además de ser un verdadero «factor de riesgo» que puede llegar a desencadenar, como digo, una enfermedad cardiovascular.

Cuando una persona se siente sola, porque vive sola, o incluso viviendo en familia, no tiene ganas de hablar con nadie, ni de salir a la calle, y tampoco le apetece hacer la compra de una forma creativa. Se trata de un círculo vicioso: se siente sola y no habla con nadie, se alimenta de comidas prefabricadas, más ricas en grasas, sal y azúcares, no sale a la calle y no camina, y se pasa las horas frente al televisor. Es decir, malos hábitos alimentarios y sedentarismo. Los dos enemigos de nuestra vida saludable, que al final se convierten en los desencadenantes, primero del sobrepeso y luego de la obesidad, que es la antesala de la diabetes mellitus o de la hipertensión arterial y otras enfermedades cardiovasculares como la angina de pecho o el infarto agudo de miocardio.

Además, cuando una persona se siente sola, es más fácil que se suma en el consumo de alcohol y de tabaco, dos factores de riesgo que, unidos a sus malos hábitos alimentarios y el sedentarismo, hacen que la ecuación de su vida tenga un resultado negativo. Y en nuestras manos, en nuestro modo personal de disfrutar de la comunicación con los demás, está la posibilidad de «modificar» este factor de riesgo que yo denomino «incomunicación». Como decía Gustavo Adolfo Bécquer: «la soledad es muy hermosa... cuando se tiene a alguien a quien decírselo».

La «soledad obligada»:
un factor de riesgo

La «soledad elegida»:
un factor de protección

Figura 6.

LA FALTA DE INFORMACIÓN RIGUROSA, FACTOR DE RIESGO «MODIFICABLE»

Todos los expertos en ciencia y en medicina están de acuerdo en que todas las enfermedades, y especialmente las cardiovasculares, han disminuido en cuanto a frecuencia porcentual, como consecuencia de que la población general hoy dispone de más información sobre el funcionamiento de su cuerpo, de su corazón y de los factores de riesgo que pueden llegar a provocar un infarto de miocardio. Pero lo cierto es que, aunque vivimos el momento de mayor información sobre sanidad y salud, hemos de insistir una vez más en el hecho de que tener más información no significa que ésta sea veraz y rigurosa, sobre todo porque en internet cada vez existen más desaprensivos que para enriquecerse juegan sin ningún tipo de escrúpulos con la salud de los internautas ofreciendo dietas milagrosas, pastillas para la felicidad, fórmulas magistrales y medicamentos fraudulentos.

Ya sabemos que podemos neutralizar este hecho introduciendo en nuestra búsqueda informática la palabra «honcode», que se convierte en el filtro de la seriedad científica para cuantos datos podamos encontrar en internet.

No cabe duda de que los medios de comunicación social, con sus suplementos y programas de salud, han conseguido generar una clara necesidad de prevención, y las campañas de vacunación contra la gripe y las mamografías en el diagnóstico precoz del cáncer de mama son un claro exponente de ello. Pero los medios también contribuyen con demasiada frecuencia a crear alarmas sociales, como recientemente ha ocurrido con la «gripe A», y sobre todo falsas expectativas, por ejemplo ante la curación milagrosa del cáncer, como ocurrió hace poco tiempo con el triste caso del Bio-Bac, o bien ofreciendo grandes remedios para tratar la obesidad o luchar contra el envejecimiento.

Un caso reciente del riesgo de la falta de información rigurosa lo encontramos en la noticia aparecida en los medios de comunicación en relación con los efectos de la aspirina en la prevención del cáncer, que previamente había sido publicada como trabajo científico en la prestigiosa revista médica *The Lancet*. Se trata de un estudio riguroso pero que puede llegar a perder su rigor cuando sale del ámbito científico y profesional para llegar, sin las matizaciones necesarias, al público general a través de los medios de comunicación. La aspirina que comercializó Bayer a mediados del siglo xx se ha convertido en el «comodín» de los medicamentos: sirve como antitérmico, como antiinflamatorio y para tratar el dolor. Luego, investigaciones posteriores la encumbraron como medicamento ideal para prevenir un infarto de miocardio por sus efectos como antiagregante plaquetario, pero a dosis de unos 100 miligramos, es decir, el equivalente a una aspirina infantil o una quinta parte de una aspirina de adultos.

Y muchas personas, al no entender esta matización, se quedaron con la noticia de que tomar una aspirina diaria les podía proteger contra el infarto de miocardio, sin tener presentes sus efectos secundarios sobre la mucosa gástrica. ¿Sería aconsejable, a tenor de estos estudios de investigación, que todos tomáramos una aspirina infantil al día para prevenir un infarto de miocardio? Rotundamente no. No todos. Lo mejor, como siempre, es consultar con nuestro médico de familia, que será quien sabrá evaluar nuestra situación de forma personal e individual. De otro modo podría suceder, como de hecho sucedió y por desgracia sigue ocurriendo, que algunas personas puedan presentar efectos secundarios indeseados en su proceso de coagulación, sencillamente porque ya están tomando otros medicamentos con efecto anticoagulante, como el Sintrom, que sí les fue recomendado por su especialista.

Ahora, como digo, la aspirina ha vuelto a ser noticia porque el estudio publicado en *The Lancet* confirma que tomar una dosis de 75 miligramos al día es una buena medida para prevenir el cáncer. ¿Pero para todos? ¿Sólo la aspirina? No en los dos casos. No para todos, por la misma razón que comentaba antes, por lo que será nuestro médico quien nos pueda recomendar qué hacer en cada caso. Y no sólo la aspirina, porque el efecto que al parecer se le atribuye en la prevención del cáncer se debe a su principio activo, el ácido acetilsalicílico, que desde luego está presente en una gran cantidad de medicamentos con otros nombres comerciales, pero también en muchos genéricos.

En definitiva, la falta de rigor y de matización de las noticias de salud y sanidad que aparecen en los medios de comunicación puede llegar a ser un factor de riesgo, pero desde luego «modificable» si contamos con expertos no sólo en medicina, sino en comunicación.

Y especialmente si existiera una «Agencia de Seguridad en Información de la Salud», un organismo que vengo defendiendo desde hace años y que sería el que pudiera velar por la calidad y el rigor de la información que se publica en los medios de comunicación social, sobre todo en materia de salud. Y como para que lleguemos a esta situación parece que todavía tendremos que esperar demasiado tiempo, de momento está en nuestras manos el hecho de acudir a nuestro médico o profesional de enfermería del centro de salud, o nuestro especialista, para que nos aconseje antes de tomar una decisión basada en algo que hemos escuchado, hemos visto o hemos leído en los medios de comunicación social.

¿Cómo podemos calcular nuestro propio riesgo cardiovascular?

Ahora que conocemos todos los factores de riesgo que pueden desencadenar una enfermedad cardiovascular y en definitiva un infarto agudo de miocardio, estamos en disposición de autoevaluarnos y poder conocer cuál puede ser nuestro propio riesgo personal.

Claro que para ello debemos recordar, antes de nada, que cuando hablamos de un «factor de riesgo» nos referimos a una circunstancia o una característica que, de no existir, no desencadenaría una enfermedad cardiovascular en nuestro caso. Si «modificamos» nuestros personales hábitos de vida y evitamos el sedentarismo, practicamos ejercicio físico, comemos de forma saludable evitando las grasas animales y el exceso de sal, no fumamos, no nos excedemos en el consumo de alcohol y aprendemos a controlar nuestro estrés, es muy posible que podamos disfrutar de una larga vida sin el peligro de que aparezca una enfermedad cardiovascular. También hemos de tener presente que la existencia de varios factores de riesgo en la vida de una persona hace que el peligro de padecer una enfermedad cardiovascular, y concretamente un infarto de miocardio, se potencie de forma exponencial.

Y ahora, a calcular su «personal riesgo» de padecer una enfermedad cardiovascular. Sólo tiene que irse haciendo preguntas a sí mismo y contestar escribiendo sus respuestas en un papel:

— ¿Tiene algún familiar de primer grado que haya padecido un infarto de miocardio?
— ¿Considera que toma demasiadas grasas animales en su alimentación diaria?
— ¿Practica algún tipo de ejercicio físico de forma cotidiana?
— ¿Se considera una persona estresada? ¿Controla las situaciones especiales de estrés?
— ¿Se siente solo? ¿Se comunica usted con las personas de su entorno?
— ¿Qué soledad practica con más frecuencia, la «elegida» o la «obligada»?
— ¿Fuma usted? ¿Se cuántos cigarrillos fuma al día?
— ¿Cuánto alcohol y no sólo en forma de vino toma diariamente?
— ¿Sabe usted cuánto mide su cintura, es decir, su perímetro abdominal? Lo puede medir sencillamente con una cinta métrica, por encima de las caderas.
— ¿Conoce usted su IMC (índice de masa corporal)?
— ¿Conoce las cifras de su perfil lipídico?: colesterol total, colesterol-HDL, colesterol-LDL, triglicéridos.
—¿Conoce sus cifras de tensión arterial? ¿Es usted hipertenso y se controla adecuadamente?
— ¿Conoce su cifra de glucosa sanguínea en ayunas? ¿Es usted diabético y se controla adecuadamente?

Sólo con contestar a estas sencillas preguntas y escribiendo las respuestas en un papel y analizándolas brevemente pero en profundidad y con sentido común, se podrá usted dar cuenta del riesgo que tiene de desarrollar una enfermedad cardiovascular y un infarto agudo de miocardio.

Pero si de todos modos quiere usted introducir algunos de esos datos en una de las fórmulas más conocidas y que goza de un claro rigor científico, sólo tiene que acudir a la página de internet de la Fundación Española del Corazón (www.fundaciondelcorazon.com) y le ofrecerán la respuesta que más se acerca a la realidad y que luego puede usted consultar y contrastar directamente con su médico de familia.

LA CARDIOPATÍA ISQUÉMICA Y LA ENFERMEDAD CORONARIA

Son dos conceptos que obligatoriamente han de ir ligados en el desarrollo de la enfermedad cardiovascular cuando afecta directamente al corazón. Cardiopatía isquémica es un término que utilizamos los médicos para referirnos a cualquier enfermedad o patología (patía) del corazón (cardio) que se produce como consecuencia de una «isquemia», una clara disminución en el aporte de sangre a un territorio específico del músculo cardíaco, que puede ser transitorio o definitivo, parcial o completo.

Por otra parte, cuando hablamos de enfermedad coronaria, ya estamos identificando que la cardiopatía isquémica se ha producido por una falta de riego en la que las protagonistas son las arterias coronarias: esas dos importantes arterias que son las primeras que salen desde la gran arteria aorta cuando comienza su camino fuera del ventrículo izquierdo del corazón y que son las encargadas de vascularizar el potente músculo que da la fuerza al corazón, el miocardio, distribuyéndose a lo largo de todo el órgano como si de una verdadera red dispuesta en forma de «corona» se tratara.

Esa falta de riego sanguíneo y por tanto de nutrientes y oxígeno en una zona específica del corazón, que se produce como consecuencia de un trombo o un espasmo de las arterias coronarias, se identifica con el nombre de angina de pecho y de infarto agudo de miocardio (figura 7).

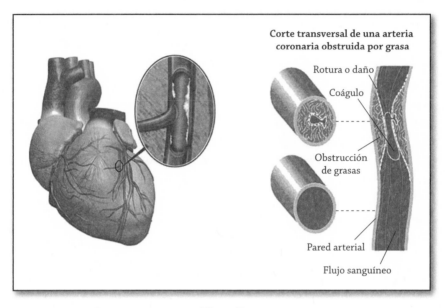

Figura 7.

LOS SÍNTOMAS DE LAS ENFERMEDADES CORONARIAS

Cuando cualquier músculo de nuestro organismo sufre una situación de falta o «hambre de oxígeno», se queja presentando «dolor». Esto ocurre frecuentemente cuando realizamos un ejercicio físico y los músculos de las piernas, por ejemplo, tienen que hacer un esfuerzo excesivo para el que necesitan un aporte mayor de sangre y oxígeno. El miocardio, que es el músculo potente del corazón, también se quejará de dolor cuando sufra una situación de falta de aporte de nutrientes y oxígeno, como consecuencia de que haya disminuido el flujo sanguíneo a través de las arterias coronarias por una estenosis.

El síntoma cardinal de la enfermedad coronaria es un dolor intenso que se localiza en la «zona precordial», en el centro del pecho, porque el corazón no se ubica a la izquierda del tórax, como mucha gente sigue creyendo, sino en el centro, aunque ligeramente inclinado hacia la izquierda. Es un dolor que suele irradiar con frecuencia hacia el lado izquierdo del cuello y al brazo del mismo lado y que se acompaña de una sensación de hormigueo, como si se hubiera dormido el brazo. A veces las cosas cambian, porque en medicina no todo es igual, y ese dolor irradia a la parte derecha del cuello y al brazo derecho, e incluso hacia la mandíbula y los incisivos.

Al afectar la enfermedad coronaria al órgano fundamental que da vida al organismo, se suele acompañar de un cortejo de síntomas neurovegetativos que se identifican en forma de náuseas, vómitos, fatiga al respirar, palidez de la piel, mareos y a veces pérdida de conciencia, y como consecuencia del propio desarrollo en el caso del infarto agudo de miocardio provoca incluso la muerte súbita, dependiendo de la localización y la extensión del mismo.

¿EN QUÉ SE DIFERENCIA UNA ANGINA DE PECHO DE UN INFARTO DE MIOCARDIO?

Es fundamental destacar que existen claras diferencias entre una angina de pecho y un infarto de miocardio, y no sólo en cuanto a los síntomas, sino especialmente con relación al diagnóstico, pronóstico y tratamiento. La situación es bien diferente desde su inicio, aunque las causas pueden ser las mismas en ambos casos, de tal forma que una angina de pecho puede convertirse con el tiempo en un infarto agudo de miocardio.

La angina de pecho suele aparecer con frecuencia tras la práctica de un ejercicio físico intenso, cuando una arteria coronaria se cierra de forma súbita como consecuencia de un pequeño trombo o por el estímulo de la placa de ateroma instalada en la pared arterial, pero en pocos minutos, y tras el reposo, la arteria recupera su función desapareciendo los síntomas, aunque hemos de tener presente que sigue dañada. Como consecuencia de la obstrucción al paso de la sangre, aparece un dolor que es intenso en la zona precordial, que dura unos minutos, generalmente menos de diez, y que como digo cede tras el reposo.

En el caso del infarto «agudo» de miocardio se dan dos circunstancias que hemos de tener siempre presentes: en primer lugar, se presenta de forma súbita, «aguda», aunque la enfermedad coronaria se haya ido desarrollando poco a poco a lo largo del tiempo; en segundo lugar, y a diferencia de lo que sucede en la angina de pecho, se trata de un proceso irreversible en el que la oclusión de la arteria coronaria es definitiva, por lo que el dolor en el centro del pecho, consecuencia de la muerte o necrosis de una zona específica del miocardio, es mucho más intenso, dura mucho tiempo y no cede con el reposo.

Javier Urra nos cuenta que mientras conducía su coche decidió parar porque sentía un fuerte y opresivo dolor en el centro del pecho que irradiaba hacia su brazo izquierdo; sentía que «se le iba la vida» y que se podía desmayar de un momento a otro. Afortunadamente iba acompañado de su inseparable Aracely, que inmediatamente se dio cuenta perfectamente de que se trataba de una situación grave, de un infarto. Decidió tomar el control del coche y se dirigió directamente al Hospital Universitario Gregorio Marañón, donde inmediatamente le atendieron en el servicio de urgencias y confirmaron que se trataba de un infarto agudo de miocardio.

¿QUÉ HACER ANTE UN INFARTO AGUDO DE MIOCARDIO O UNA ANGINA DE PECHO?

En ambos casos, lo mejor es acudir inmediatamente a un servicio de urgencias hospitalario, incluso sin esperar a una ambulancia si tenemos otra forma rápida de llegar, porque la mayoría de los estudios científicos en este sentido insisten en que la premura a la hora de instaurar el tratamiento médico o quirúrgico en su caso tiene una relación directa no sólo con la supervivencia al infarto de miocardio, sino con las posibles complicaciones posteriores y, en definitiva, con la calidad de vida del paciente.

Y si se trata de una «falsa alarma», no tiene por qué preocuparse, porque ojalá todos los dolores precordiales que se atienden en un servicio de urgencias lo fueran. Esto significaría que la enfermedad coronaria estaría disminuyendo en frecuencia, uno de los verdaderos objetivos de cuantos nos dedicamos a la prevención de las enfermedades cardiovasculares y de la cardiopatía isquémica en particular.

En la mayoría de los libros, cuando se habla del infarto agudo de miocardio, sigue apareciendo la fotografía de un hombre trajeado y con corbata que lleva un maletín en la mano, es decir, un ejecutivo. Pero las cosas han cambiado, y mucho, aunque los editores y maquetadores de libros, al igual que los responsables de los documentos que aparecen en internet, no estén actualizados. Ahora no sólo son los ejecutivos los que pueden padecer un infarto, como hemos visto durante la explicación de los factores de riesgo de la cardiopatía isquémica; pero tampoco queda inmune la mujer, quien con más frecuencia padece esta enfermedad, e incluso antes de su climaterio, como consecuencia de sus nuevos hábitos de vida: el sedentarismo, trabajar y comer fuera de casa, el estrés, el exceso en el consumo de alcohol y el hábito tabáquico.

Hasta hace poco tiempo, cuando una mujer se echaba la mano al centro del pecho y se quejaba de dolor, con palpitaciones, sudoración fría y náuseas, con demasiada frecuencia se pensaba en una crisis de ansiedad, pero ahora estamos obligados a descartar inmediatamente una enfermedad coronaria.

Por ello, como digo, hombre o mujer, joven o mayor, que presente dolor intenso en el centro del pecho deberá acudir a un servicio de urgencias hospitalario para que cuanto antes puedan determinar si realmente se trata de una falsa alarma o una enfermedad coronaria y poder instaurar el tratamiento de forma precoz.

¿CÓMO SE DIAGNOSTICA UN INFARTO DE MIOCARDIO O UNA ANGINA DE PECHO?

En principio, se diagnostican gracias a los síntomas que nos cuenta el paciente, o bien los familiares o amigos que estaban con él en el momento del accidente vascular agudo. Por ello es fundamental entrenar a los profesionales sanitarios en la importancia que tiene la familia o los amigos a la hora de realizar la historia clínica del paciente: el dolor y sus características, su irradiación, las palpitaciones, la sensación de ahogo y de fatiga, el cansancio y la sudoración fría ayudarán al médico a realizar el diagnóstico preliminar y a determinar en principio si se puede tratar de una angina de pecho o de un infarto agudo de miocardio.

Luego, y siempre en un servicio de urgencias, se realizarán una serie de «pruebas complementarias».

La exploración y la historia clínica

Incluye como es lógico todo lo anteriormente dicho: la auscultación pulmonar y cardíaca, que ayudará a valorar si existen arritmias o alteraciones en las válvulas del corazón, la exploración del abdomen y las extremidades inferiores, que orientará sobre la posibilidad de una insuficiencia cardíaca, la medición de la tensión arterial, la valoración de la coloración de la piel y las mucosas, que nos dará una idea de la oxigenación de la sangre, que también comprobaremos con el pulsioxímetro, un sencillo aparato que se coloca en la yema de un dedo y nos aporta la frecuencia cardíaca y la saturación de oxígeno de la sangre; y todo ello con la ayuda de los profesionales de enfermería especializados en esta área, que serán también los encargados de aplicar los sueros intravenosos necesarios y dejar libre una vía sanguínea para aplicar el tratamiento pertinente en cada caso.

El electrocardiograma

Es una prueba sencilla y nada molesta con la que podemos comprobar el funcionamiento «eléctrico» del corazón desde doce puntos de vista diferentes, que conocemos como «derivaciones». El infarto de miocardio se caracteriza por unas imágenes muy bien conocidas por los médicos, y dependiendo del número de derivaciones en las que podamos ver el resultado de la necrosis o muerte celular, el pronóstico será muy diferente, porque con ello estimamos la extensión de la zona afectada por la obstrucción de la arteria coronaria.

La radiografía de tórax

Con ella podremos ver tanto los pulmones como el corazón, determinar el tamaño de éste y detectar si el posible infarto está produciendo complicaciones en el sistema respiratorio. Nos ayudará a determinar la gravedad del proceso, por ejemplo, si estamos ante una insuficiencia cardíaca severa o una insuficiencia respiratoria secundaria al infarto de miocardio.

El ecocardiograma

Un método diagnóstico nada cruento que ofrece la imagen de las cavidades cardíacas y del corazón en movimiento a través de los ultrasonidos, y que ayuda mucho a la hora de valorar la función del corazón tras un infarto de miocardio y especialmente la fuerza que tiene el músculo cardíaco en cada una de las cavidades, así como la funcionalidad de las válvulas cardíacas. Se trata de la emisión de ondas sonoras que rebotan en las estructuras sólidas o líquidas y crean imágenes que cada vez son de más alta calidad gracias a las nuevas tecnologías, Y como complemento a la ecografía, también disponemos del «ecodoppler», con el que podemos estudiar el flujo sanguíneo dentro de los vasos sanguíneos y las cavidades del corazón y analizar en detalle las válvulas cardíacas, pudiendo diagnosticar la obstrucción al paso de la sangre y las estenosis o insuficiencias valvulares.

La analítica sanguínea

Se estudiarán un gran número de parámetros clínicos en el análisis de sangre y de una forma especial el «perfil enzimático» que se comportará como un verdadero marcador de la necrosis del miocardio. Cuando se produce la muerte de las células miocárdicas, éstas liberan una serie de sustancias a la sangre, que conocemos como enzimas, que no se eliminan hasta pasadas varias horas o incluso días: la creatinfosfoquinasa o CPK, la troponina y la lactatodeshidrogenasa o LDH, y especialmente sus fracciones miocárdicas. Esta variación enzimática ayuda, y mucho, al médico en el diagnóstico diferencial porque en la angina de pecho no existe muerte celular y, por tanto, estarán dentro de los límites normales, mientras que en el infarto agudo de miocardio estarán elevadas.

La coronariografía o cateterismo cardíaco

Se realiza siempre en un servicio de cardiología, y especialmente en el departamento de estudios hemodinámicos, y por cardiólogos especializados en la técnica. Como su propio nombre indica, se trata de explorar realmente las arterias coronarias, tanto en su calibre como en su funcionamiento. Para ello, y con el adecuado control de rayos X, se introduce un catéter por una arteria de la pierna (femoral) o del brazo (braquial) que se irá encaminando hasta la gran arteria aorta, quedándose en su primera bifurcación, las dos arterias coronarias, e incluso adentrándose hasta el ventrículo izquierdo. Luego se inyectará un líquido que servirá de contraste yodado para que se pueda ver la luz de las arterias coronarias e incluso el llenado y vaciado del corazón, así como el funcionamiento del sistema de válvulas cardíacas. Toda la prueba se grabará y de esta forma podremos estudiarla con detenimiento, tanto en el momento en que se esté realizando como posteriormente en las sesiones clínicas que sean necesarias (figura 8).

El estudio hemodinámico y la coronariografía son técnicas que suponen una cierta agresión y que, por tanto, tienen un cierto riesgo que siempre debe ser comunicado, como en cada prueba, al paciente a través del consentimiento informado. Será siempre el cardiólogo quien decidirá la realización de esta prueba de acuerdo con la situación clínica del paciente y especialmente siguiendo las instrucciones de las «guías clínicas de la Sociedad Española de Cardiología». La coronariografía se convierte hoy no sólo en una prueba diagnóstica fundamental e imprescindible, sino también en una prueba terapéutica para tratar de restaurar el flujo de sangre que ha quedado colapsado por la arteria coronaria estenosada.

Una vez analizados el estudio hemodinámico y la coronariografía, podemos determinar si hay una arteria obstruida y su localización exacta, y si existe la posibilidad de revertir esta situación con una angioplastia o bien con la colocación de un *stent*.

EL TRATAMIENTO EN EL SERVICIO DE URGENCIAS DEL HOSPITAL Y EN LA UNIDAD DE CUIDADOS CORONARIOS

Serán los médicos internistas y los cardiólogos los que determinen el momento en el que el paciente debe ser ingresado en una unidad de cuidados intensivos o una unidad de cuidados coronarios, que dependerá fundamentalmente de la gravedad del caso y de las posibilidades de tratamiento urgente en el propio servicio de urgencias.

El tratamiento de urgencia de un infarto agudo de miocardio consiste en acudir de inmediato al servicio de urgencias hospitalario más cercano, donde se administrarán los medicamentos necesarios por vía intravenosa y se aplicará siempre oxígeno para asegurar la oxigenación de la sangre, fundamental para garantizar el mayor éxito de la contracción del corazón, además de monitorizar

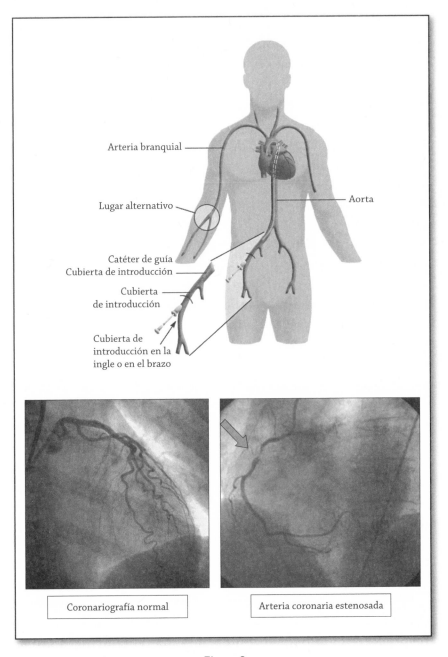

Figura 8.

al paciente para poder tener en cada momento el electrocardiograma, que servirá de ayuda especial al médico especialista en cardiología y cuidados intensivos.

No se trata de hacer de este libro de ayuda un tratado médico, por lo que no profundizaremos en los medicamentos que utilizamos los médicos, pero conviene que al menos sepamos que recurriremos a analgésicos, ansiolíticos, antiagregantes plaquetarios, fibrinolíticos, como la propia heparina, trombolíticos para tratar de disolver el trombo, derivados de la nitroglicerina, que actúan como vasodilatadores para disminuir el trabajo y sobrecarga del corazón, betabloqueantes o antagonistas del calcio, para lograr una disminución de la tensión arterial y conseguir que el corazón necesite menos oxígeno al latir más despacio, medicamentos derivados de la digital, como la digoxina, para estimular la contracción del miocardio y evitar la posible insuficiencia cardíaca, y todos aquellos que estimen oportunos los componentes del equipo de especialistas en medicina intensiva y cardiología.

Los objetivos principales del tratamiento de un infarto de miocardio se centran especialmente en evitar la muerte del paciente y la necrosis del miocardio, o al menos en limitar su extensión, al tiempo que con ello impediremos la aparición de complicaciones como las arritmias y, dentro de ellas, la más peligrosa, la fibrilación ventricular. Después, los especialistas serán los que valorarán las pautas que se han de seguir en cada caso, de forma personal e individualizada.

El mejor ansiolítico, lo que más nos puede tranquilizar, es saber que gozamos en España de uno de los mejores sistemas sanitarios del mundo y que su personal sanitario, tanto médicos como profesionales de enfermería, están altamente cualificados y capacitados para tratar un infarto agudo de miocardio. Pero como luego insistiremos, el tratamiento no acaba con el alta hospitalaria, sino con el seguimiento de los médicos y los profesionales de enfermería de la red de atención primaria en los centros de salud y en las unidades de rehabilitación cardíaca.

¿EN QUÉ CONSISTE UNA ANGIOPLASTIA CORONARIA?

Se conoce en medicina como «angioplastia coronaria transluminal percutánea» y se realiza para tratar de restaurar el flujo sanguíneo de la arteria coronaria estenosada, siempre que se pueda llegar a su localización a través del catéter con el que se practicó la coronariografía y que el equipo de especialistas en cardiología intervencionista decida cuál es la mejor opción terapéutica. Es un tratamiento eficaz y seguro, aunque no exento de complicaciones, que sustituye en infinidad de ocasiones a la «cirugía a corazón abierto».

Se utiliza un catéter, como en la coronariografía, que lleva en su interior un balón diminuto en la punta y que se infla desde el exterior cuando ha llegado a la zona que produce la estenosis u oclusión de la arteria coronaria comprometida. Al inflarse este balón, se va comprimiendo poco a poco la zona de grasa de la luz de la arteria, con lo que se consigue que su diámetro aumente y así se pueda reinstaurar un flujo de sangre eficaz para que el miocardio recupere su nutrición y oxigenación (figura 9).

¿QUÉ ES UN *STENT* Y CÓMO SE COLOCA? ¿EL *STENT* SIRVE PARA SIEMPRE?

También se conoce al *stent* como «endoprótesis vascular», porque realmente se trata de una prótesis que se deja colocada en el interior de la luz de un vaso, en este caso de una arteria coronaria. Es un dispositivo metálico muy pequeño hecho de acero, cromocobalto o titanio, que es expandible, como si se tratara de un «muelle», para que nos entendamos, y que se deja insertado en la zona de la arteria coronaria que está estenosada con el fin de aumentar su diámetro interno y su luz arterial, y de que no se vuelva a obstruir porque el propio *stent* lo impide (figura 10).

Esta endoprótesis vascular luego va a quedar completamente cubierta por el tejido interior de la arteria en el plazo de un mes aproxi-

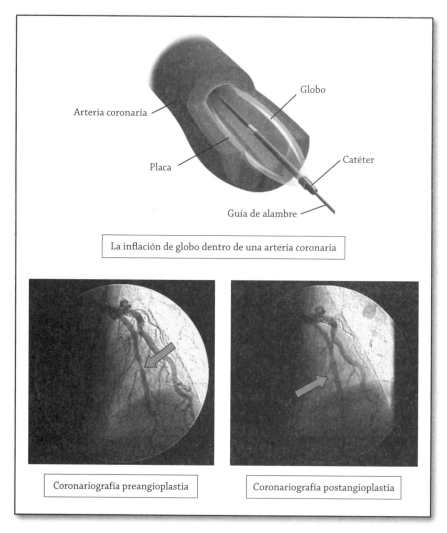

La inflación de globo dentro de una arteria coronaria

Coronariografía preangioplastia

Coronariografía postangioplastia

Figura 9.

madamente, por lo que pasará a formar parte intrínseca de su propia anatomía. En cualquier caso, tras esta técnica los especialistas incorporarán en el tratamiento del paciente la ingesta de un antiagregante plaquetario, como el ácido acetil salicílico en cualquiera de sus presentaciones comerciales, con el fin de conseguir disminuir la viscosidad de las plaquetas, que son las células de la sangre que se agrupan para formar un coágulo y así evitar un sangrado en situaciones de normalidad. Aquí utilizamos este medicamento para evitar que se puedan formar coágulos y trombos en el interior del *stent*. De ahí la importancia del cumplimiento terapéutico por parte del paciente al que hemos aludido en otros apartados.

Ahora, y gracias a los grandes avances en las técnicas de revascularización arterial, disponemos de nuevos *stents* que están recubiertos por medicamentos especiales que se van liberando lentamente en el interior de la arteria y que previenen la formación de tejido cicatricial dentro de ella. De este modo estaremos previniendo una nueva estenosis de la arteria y asegurando la eficacia del procedimiento utilizado en la colocación del *stent*.

Actualmente se están utilizando «*stents* biodegradables» fabricados con material reabsorbible, una malla de un polímero que se degrada poco a poco en un par de meses. Por una parte cumplen su función de soporte de la pared arterial durante ese tiempo y por otra dejan vía libre a los especialistas por si tuvieran que volver a trabajar en la misma zona, como en el caso de que decidieran realizar un *by-pass*.

Si los resultados de los estudios que se están realizando, como es el caso del Hospital Clínico Universitario de San Carlos en Madrid, culminan con éxito, este nuevo tipo de *stent* reducirá el tiempo durante el cual los pacientes deban tomar antiacoagulantes. Hasta ahora el *stent* utilizado queda para siempre dentro de la arteria, a pesar de que se haya recuperado del todo, pero gracias a las nuevas investigaciones se abre un nuevo período en el que la tecnología moderna nos vuelve a sorprender, y es posible que en breve podamos disponer de estos nuevos *stents* biodegradables en todos los hospitales.

Por cierto que, aclarando una de las dudas de Javier Urra en relación con los *stents* y que es posible que también acuda a su mente en algún momento, tengo que decirle que el *stent* «no se mueve» por varias razones, aunque como siempre en medicina tenemos que aclarar que «nunca existe el riesgo cero». En primer lugar, le recuerdo que en pocos días la capa íntima de la arteria coronaria formará un tejido propio que anclará el *stent* en su inte-

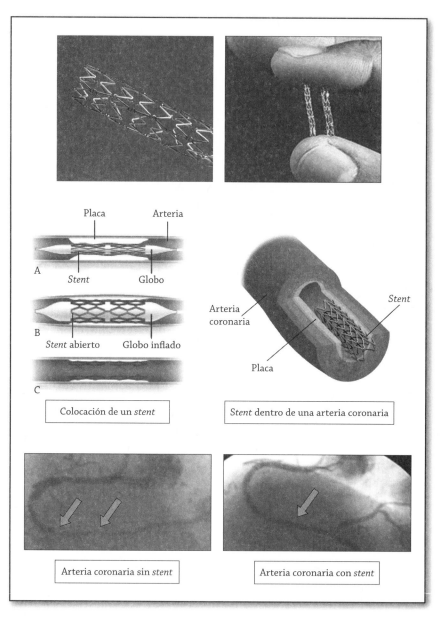

Placa   Arteria

A   *Stent*   Globo

B   *Stent* abierto   Globo inflado

C

Colocación de un *stent*

Arteria coronaria

Placa

Stent

Stent dentro de una arteria coronaria

Arteria coronaria sin *stent*

Arteria coronaria con *stent*

Figura 10.

rior; por otra parte, nunca podría moverse hacia atrás porque pesa menos de un gramo y la presión de la sangre hacia adelante, fruto de la contracción del ventrículo izquierdo, lo hace imposible. Además, previamente, se ha calculado gracias a la coronariografía el diámetro de la arteria y del propio dispositivo, al margen de que el calibre de la arteria coronaria va disminuyendo a medida que se encamina hacia la zona del miocardio que va a vascularizar.

Y nada que temer al pasar por un arco de detección de metales en un aeropuerto o en los centros comerciales y tampoco a la hora de realizar una resonancia magnética nuclear.

¿QUÉ ES UN *BY-PASS* CORONARIO?

Es un procedimiento quirúrgico en toda regla que se conoce como «cirugía de revascularización coronaria» y que se realiza en algunos casos de enfermedad isquémica del corazón. Con él se trata de «salvar» la obstrucción de una de las arterias del corazón y de esta forma asegurar el flujo de sangre necesario para la zona del miocardio que ha resultado afectada por la enfermedad. Se tratará, por tanto, de crear un *by-pass,* o desvío de la circulación, injertando una porción de vena o arteria por encima y por debajo de la zona estenosada de la arteria coronaria.

Generalmente se toman venas de la pierna, sobre todo de la vena safena interna, o también, y con grandes éxitos, algunas zonas de la arteria mamaria interna, por su cercanía y morfología específica, que se convertirá en el verdadero «injerto» que se utilizará para derivar la nueva circulación coronaria: un auténtico «puente aorto-coronario» que no tiene ningún riesgo de rechazo, por proceder del propio paciente (véase la figura 12).

¿QUÉ ES UNA ARRITMIA CARDÍACA?

Como ya hemos comentado, el ritmo constante y saludable del corazón depende directamente del sistema nervioso autónomo y concretamente de los centros energéticos: el «nódulo sinusal», que se localiza en la aurícula derecha, y el «nódulo auriculoventricu-

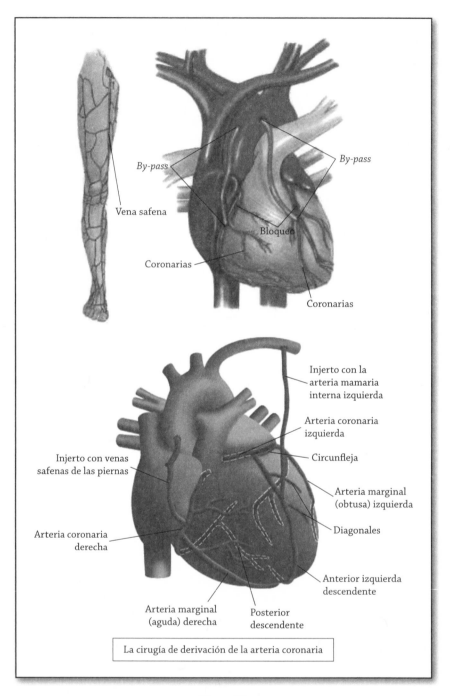

By-pass

By-pass

Vena safena

Bloqueo

Coronarias

Coronarias

Injerto con la
arteria mamaria
interna izquierda

Arteria coronaria
izquierda

Circunfleja

Injerto con venas
safenas de las piernas

Arteria marginal
(obtusa) izquierda

Diagonales

Arteria coronaria
derecha

Anterior izquierda
descendente

Arteria marginal
(aguda) derecha

Posterior
descendente

La cirugía de derivación de la arteria coronaria

Figura 11.

lar», que luego se ramifica por el interior de todo el miocardio. Cuando aparece un infarto de miocardio, es precisamente el músculo cardíaco el que se ve afectado y, por tanto, también se puede deteriorar su conducción eléctrica, por lo que pueden aparecer las «arritmias cardíacas», que podremos observar y analizar en el trazado de un electrocardiograma.

Por tanto, como su propio nombre indica, «arritmia» es un ritmo anormal del corazón, y la más peligrosa de todas, como complicación grave de un infarto de miocardio, es la «fibrilación ventricular», situación en la que los ventrículos se contraen de forma rápida, descoordinada y totalmente ineficaz y que con mucha frecuencia es la causa de la muerte por parada cardíaca, pero que podemos revertir si actuamos a tiempo con un desfibrilador.

Otro tipo frecuente de arritmias tras un infarto de miocardio son las que denominamos «lentas», en las que el latido cardíaco es demasiado «perezoso» para que el corazón pueda funcionar normalmente y que son debidas a los bloqueos de conducción de los impulsos eléctricos o bien a la alteración de los centros electro-fisiológicos donde nacen los latidos cardíacos, que son los que generan este impulso.

En estos casos los especialistas valorarán la necesidad de utilizar la implantación temporal de un marcapasos artificial que garantice la frecuencia cardíaca necesaria para el buen funcionamiento del corazón. Se trata del desfibrilador automático implantable (DAI), que se convierte en un «seguro de vida» para el paciente porque, ante un cambio de ritmo cardíaco peligroso, producirá una pequeña descarga eléctrica que revertirá la situación y logrará que el corazón recupere su «ritmo sinusal», que es el fisiológico. Es lógico pensar que este sistema necesita un seguimiento especial por parte de los cardiólogos y electrofisiólogos para conocer si ha existido alguna arritmia, su tipo y el tratamiento que ha establecido el dispositivo, datos que nos servirán para controlar y modificar los parámetros necesarios en cada caso.

LOS NUEVOS AVANCES EN EL DIAGNÓSTICO POR IMAGEN: EL TAC MULTICORTE Y LA RESONANCIA MAGNÉTICA CARDÍACA

Las técnicas de diagnóstico por imagen han mejorado mucho en los últimos años gracias a los avances tecnológicos y han llegado a revolucionar la forma de pensar de muchos médicos. Un claro ejemplo de ellos es el TAC o la TAC, porque realmente se denomina en femenino como «tomografía axial computarizada» y que en este caso se conoce como **«tomografía axial computarizada multicorte de baja radiación».** Es un método bastante novedoso que nos permite ver y valorar el estado de las arterias coronarias con gran detalle pero que se considera un «método mínimamente invasivo» como consecuencia de la radiación que emite el aparato, que cada vez es menor, y por el contraste yodado que se utiliza de forma intravenosa para poder observar los vasos sanguíneos y las cavidades cardíacas.

Es como una coronariografía no invasiva, porque su alta resolución espacial y temporal nos permite analizar estructuras pequeñas y en movimiento como las arterias coronarias. Es considerado por un gran número de expertos en cardiología el método más revolucionario en el diagnóstico de la enfermedad coronaria, y por ello se utiliza fundamentalmente para descartarla en pacientes de alto riesgo; se hace de forma ambulatoria, por lo que no requiere ingreso hospitalario, y viene a durar unos 30 minutos.

Por otra parte, también contamos con la **resonancia magnética nuclear cardíaca,** que se utiliza como método de diagnóstico por imagen «nada invasivo» de la función y la estructura del sistema cardiovascular en su conjunto, toda vez que nos permite analizar, gracias a sus imágenes en detalle y de gran calidad, tanto las cavidades del corazón como sus válvulas, aunque si el objetivo fundamental es estudiar en detalle las pequeñas arterias coronarias, no puede sustituir a un cateterismo cardíaco.

Se trata en realidad de un estudio «no invasivo» porque el aparato no emite ningún tipo de radiación, como en cualquier otro tipo de resonancia magnética nuclear, y la única molestia de la que puede quejarse el paciente es el ruido que ha de soportar mientras dura la prueba, que puede mitigar escuchando música a través de unos auriculares. El líquido de contraste que se utiliza como colorante es el gadolinio, que no contiene yodo en su composición y es totalmente inofensivo, lo que ayuda más a calificar este estudio como nada invasivo para el paciente. Aunque todavía necesita mayores estudios de eficacia, cada vez se utiliza más en el diagnostico precoz de las enfermedades coronarias y de diversas enfermedades del corazón, así como en el seguimiento y control de algunos pacientes que han superado un infarto de miocardio, pero no se trata de una prueba de rutina y no está indicada en todos los casos.

¿PARA QUÉ SIRVE REALMENTE UNA PRUEBA DE ESFUERZO?

También se conoce como «ergometría» y tiene como finalidad estudiar el funcionamiento del corazón ante un esfuerzo que poco a poco se va incrementando, siempre con control electrocardiográfico y de la tensión arterial, y por supuesto en presencia de un cardiólogo experto que cuenta con un equipo de profesionales de enfermería especializados en esta área. Se utiliza para la detección de multitud de enfermedades cardiovasculares, y especialmente en el diagnóstico precoz de una cardiopatía isquémica y sobre todo en el control periódico de una persona que ya tiene instaurada la enfermedad, o ha padecido una angina de pecho o un infarto agudo de miocardio.

Se puede realizar en una cinta rodante, lo que conocemos todos como «cinta andadora», o bien pedaleando sobre una bicicleta estática especial. Se colocan los electrodos necesarios en el pecho del paciente para poder tener un control permanente de su electrocardiograma y su frecuencia cardíaca, y se mide la tensión arterial a lo largo de toda la prueba con el fin de evaluar los cambios que se van produciendo, y que son lógicos al ir aumentando poco a poco y de forma progresiva el esfuerzo que tiene que realizar el paciente sobre la cinta o la bicicleta.

El cardiólogo suspenderá la prueba en el momento en que visualice cualquier cambio que pueda ser patológico, como arritmias en el electrocardiograma, alteraciones en la frecuencia cardíaca o en las cifras de tensión arterial, o bien si aparecen síntomas de angina de pecho o fatiga muscular en las piernas. Si no hay cambios anormales, la prueba termina cuando se alcanza la «frecuencia cardíaca máxima» teórica ante el esfuerzo, que se calcula restando la edad de la persona a la cifra de 220 y que analizaremos en detalle cuando hablemos del ejercicio físico saludable. Esta prueba, además de servir al cardiólogo y al propio paciente como seguimiento de la salud de su corazón, también ayuda a evaluar la eficacia del tratamiento que en cada caso se haya prescrito, como los medicamentos que se estén tomando o la revascularización coronaria con la angioplastia, el *stent* o incluso el *by-pass* aorto-coronario.

¿Qué es un *HOLTER* y para qué sirve?

En este caso la palabra *holter* no tiene ningún significado especial, porque se toma directamente del doctor Norman Jefferis Holter, que fue quien en 1961 diseñó un aparato portátil, para poder conocer el funcionamiento del corazón a través de un electrocardiograma durante las 24 horas del día, defendiendo su idea de que «el hombre nació para moverse, y es lógico que sus parámetros biológicos sean explorados no en reposo, sino con el hombre en movimiento». Hoy contamos con una tecnología mucho más moderna gracias entre otros al doctor José Luis Palma Gámiz, el verdadero pionero de esta técnica en España y especial amigo del doctor Holter.

Con unos electrodos que se colocan en el tórax y que van conectados a una grabadora que se fija a la cintura, podremos conocer el ritmo del corazón durante 24 horas llevando una vida normal y así poder determinar si existe algún tipo de arritmia o de enfermedad isquémica. El paciente, que será instruido por el profesional de enfermería, sabrá cómo colocar los electrodos en caso de que se muevan o se suelten, y llevará una especie de diario en el que anotará las distintas actividades que lleve a cabo, como su trabajo diario, el ejercicio físico, su actividad sexual, las horas de sueño, momentos especiales de estrés o de enfados y particularmente los síntomas que pueda notar en cualquier momento del día.

En definitiva, se trata de una prueba diagnóstica esencial en el diagnóstico precoz y el seguimiento de las enfermedades cardiovasculares, sobre todo las isquémicas, y que es especialmente barata, segura y nada molesta para el paciente.

Derivado de esta idea del doctor Holter y de la experiencia clínica conseguida, aparece años después un sistema similar para poder monitorizar la tensión arterial durante 24 horas que, aunque se conoce como «*holter* de tensión arterial», su nombre científico es el de «monitorización ambulatoria de la tensión arterial» (MAPA).

Se utiliza un manguito de medición de la tensión arterial o esfigmomanómetro que lleva la persona en su brazo no dominante y que registra las cifras de tensión arterial cada 15-20 minutos durante el día (tres o cuatro veces cada hora) y cada 30-40 minutos durante el sueño de la noche, cifras que se grabarán en un aparato que lleva colocado en su cintura. La única molestia, carente de importancia, será en el momento en el que se infla el manguito para poder medir la tensión arterial. Esta técnica está considerada hoy día una de las más fiables para llegar a un diagnóstico exacto de hipertensión arterial, incluida la «hipertensión de bata blanca», así como para valorar la eficacia de los medicamentos que se prescriben en el tratamiento antihipertensivo, lo que hace que sea una exploración rutinaria en todos los servicios de cardiología de nuestro sistema sanitario.

Hoy y cada vez con más frecuencia, fruto de la investigación y del desarrollo de la tecnología moderna, contamos con aparatos portátiles cada vez menos pesados, que miden tanto los cambios del electrocardiograma (ECG) como las cifras de la tensión arterial (TA), constituyendo lo que podemos denominar «*holter* combinado de ECG y TA», que está dotado de un microprocesador que analiza todos los parámetros electrocardiográficos y puede detectar de forma precoz las alteraciones isquémicas del miocardio y su relación en ese mismo momento con los cambios que se produzcan en la tensión arterial.

Y DESPUÉS DEL INFARTO, ¿QUÉ?

Pues como nos dice Javier Urra con el título del libro, *¡A vivir y sobre todo a poder contarlo!* Pero para ello se deben seguir todas y cada una de las pautas que el cardiólogo haya recomendado. Y no me refiero sólo a la medicación, que por supuesto es fundamental e imprescindible en todos los casos, sino también a la modificación personal, familiar y laboral de nuestros hábitos de vida.

La alimentación saludable, sin grasas naturales y sin sal, la práctica de un ejercicio físico totalmente personalizado para cada paciente, dejar de fumar si es que es fumador, evitar el consumo excesivo de alcohol u olvidarse de él, incluso del vino «saludable» si el cardiólogo así nos lo aconseja, aprender a controlar el estrés, vacunarse contra la gripe y el neumococo, incorporarse al trabajo en cuanto sea posible y disfrutar de la familia y los amigos todo lo que sea posible. Y, por cierto, no callar nada nunca, ni con la familia ni con su médico. Y me refiero también a su actividad sexual, algo que los médicos olvidamos con frecuencia y que las parejas rehúyen fundamentalmente por miedo a un nuevo infarto de miocardio. Todo esto se aprende de una forma eficaz en las unidades de rehabilitación cardíaca, que hoy están presentes en una gran mayoría de hospitales del sistema sanitario público.

La verdad nos la muestra claramente la experiencia clínica. Una gran mayoría de pacientes quedan especialmente sensibilizados tras la recuperación de su infarto de miocardio y cumplen perfectamente todas las indicaciones de su equipo médico, pero a partir de los seis meses o del primer año, y ante la ausencia de cualquier tipo de síntomas, empiezan a sentirse más seguros, y aunque no abandonan nunca el tratamiento de medicamentos, sí que comienzan a frivolizar con el resto de recomendaciones: que si un día una comida con algo de grasas animales, que si una copita más de vino, que además es cardiosaludable, que si no tengo tiempo para hacer ejercicio físico, que si por un día no va a pasar nada..., y lo más peligroso, que por un cigarrillo no voy a volver a fumar, olvidándose de que su cuerpo y especialmente su cerebro ya tienen codificado un tipo de dependencia totalmente demostrada a la nicotina. Un solo cigarrillo claro que puede volver a despertar el hábito tabáquico, pero es que además nunca es sólo uno, sino otro y otro, lo que sin duda es el factor de riesgo más importante en la aparición de un segundo infarto de miocardio.

Nuestro querido amigo Javier ya había dejado de fumar mucho tiempo antes de su infarto, por lo que este problema lo tiene totalmente superado y no ha vuelto a flirtear con el tabaco ni una sola vez. Pero en lo demás, es tan humano como tantas otras personas. Después de cinco años, afortunadamente sin síntoma alguno de cardiopatía isquémica, se ha relajado un poquito y con cierta frecuencia sigue comiendo fuera de casa, toma alguna copita de vino de más, eso sí, totalmente cardiosaludable tanto por su denominación de origen como por su precio. Su agenda cada vez le deja menos tiempo libre para caminar, y ha ido incrementando sus responsabilidades personales y profesionales en su trabajo como psicólogo de la Fiscalía de Menores, como escritor y tertuliano impenitente de los medios de comunicación, como conferenciante infatigable, como investigador y como profesor de la Universidad Complutense, entre otras muchas.

Eso sí: nunca ha olvidado la importancia que tiene disfrutar de su familia, su esposa Aracely y sus hijos, Beatriz y Javier, que en definitiva son los que enriquecen la salud de su corazón todos los días. Bueno, la verdad es que tampoco se olvida de sus amigos, a los que cultiva con mucha entrega y cariño, y además tiene su «estimulina» personal en un nivel verdaderamente envidiable. Pero tiene que seguir esforzándose mucho más, y él lo sabe, sobre todo en lo que se refiere a «ajustarse el cinturón», porque tiene que hacer todo lo posible para ganarle uno o dos puntos, disminuyendo su perímetro abdominal y su índice de masa corporal.

¿Qué tipo de ejercicio físico es el más recomendable tras un infarto de miocardio?

En principio, el que nos recomiende el especialista en cardiología, que en todo momento lo hará valorando cada caso de forma personalizada e individualizada, porque cada paciente es totalmente diferente, a pesar de haber sufrido el mismo tipo de infarto de miocardio. Pero, para empezar, debe quedar especialmente claro que el riesgo de una complicación lo tiene claramente el sedentarismo, es decir, el hecho de no realizar ningún ejercicio físico.

Hoy, y con los resultados de la medicina basada en la evidencia, está claro que en cuanto los parámetros clínicos lo permitan, el paciente debe levantarse sentándose primero en el sillón que estará cerca de su cama incluso en algunas unidades coronarias y luego comenzar con algunas caminatas por el pasillo del hospital, que irán incrementándose de acuerdo con la tolerancia de cada persona. Y luego, tras el alta, practicar ejercicio físico siempre será saludable y un claro factor de protección cardiovascular.

Mens sana in corpore sano: una frase que hemos escuchado con frecuencia pero sobre la que pocas veces reflexionamos. Las personas que practican de forma cotidiana una actividad física saludable son precisamente las que mejor conciencia tienen sobre la importancia que cobra gozar de una buena salud y suelen cuidar su alimentación, evitando hábitos nocivos como el abuso de alcohol o el consumo de tabaco, además de ser mucho más comunicativas y felices. No es frecuente encontrar situaciones de depresión en las personas que realizan algún ejercicio físico, y es que la salud de nuestra mente tiene mucho que ver con la de todo nuestro cuerpo.

El ejercicio físico constituye sin duda uno de los pilares básicos para conseguir con éxito un envejecimiento saludable, incluso después de haber sufrido y sobrevivido a un infarto de miocardio, siempre que se realice de forma regular, moderada y constante, pero sin querer batir récords y sin poner a prueba a nuestro organismo, y mucho menos a nuestro corazón; y teniendo en cuenta siempre la importancia del calentamiento antes de comenzar y los estiramientos para relajar al terminar de practicar cualquier tipo de ejercicio físico, con lo que contribuiremos a evitar las frecuentes lesiones que hacen desistir de continuar con este hábito tan saludable. Y esto se aprende en las unidades de rehabilitación cardíacas, de las que luego hablaremos y que siempre son recomendables en el tratamiento y recuperación de cualquier enfermedad cardiovascular y especialmente del infarto agudo de miocardio.

La práctica de ejercicio físico, además de contribuir a gastar calorías y, por tanto, ayudar a reducir nuestro peso, algo fundamental cuando nuestro índice de masa corporal está por encima de 25, tiene un sinfín de beneficios que, aun sin estudiar en profundidad, sí que vamos a detallar a continuación:

— Ayuda de una forma clara en la prevención de las enfermedades cardiovasculares y cerebrovasculares y es considerado hoy día un «medicamento» esencial en la recuperación de una enfermedad coronaria.

— Aumenta la fuerza y la potencia del miocardio en el corazón, además de mejorar la función de nuestras venas y arterias y facilitar el retorno venoso desde nuestras piernas.

— Contribuye al control de la tensión arterial, al mejorar nuestro sistema cardiovascular y favorecer la disminución del peso corporal.

— Es indispensable para reducir nuestro perímetro abdominal y el índice de masa corporal, parámetros esenciales en el tratamiento del sobrepeso y la obesidad.

— Aumenta considerablemente nuestra capacidad respiratoria.

— Se comporta como un verdadero «antioxidante» natural al disminuir la producción de radicales libres en nuestro organismo.

— Contribuye a la disminución de los lípidos en sangre: aumenta el colesterol-HDL y reduce el colesterol-LDL y los triglicéridos.

— Potencia nuestro sistema inmunológico, aumentando nuestras defensas naturales contra enfermedades infecciosas como la gripe o la neumonía.

— Aumenta la producción de glóbulos rojos, estimulando nuestra médula ósea.

— Contribuye a mejorar nuestro tránsito intestinal, lo que ayuda a prevenir el estreñimiento.

— Aumenta la flexibilidad de nuestro cuerpo en general.

— Incrementa la producción interna de «endorfinas», que nos ayudan a controlar mejor el dolor y a sentirnos más sosegados ante situaciones de estrés.

— Es un elemento indispensable en la prevención de la osteoporosis al aumentar nuestra densidad ósea.

— Evita o retrasa la aparición de las arrugas con los años, al ayudar a nuestra piel a que esté más elástica, mejor nutrida y más hidratada.

— Ayuda en la prevención de las artrosis y otras enfermedades degenerativas y contribuye a evitar o retrasar la aparición de enfermedades neurodegenerativas como el Alzheimer o el Parkinson.

— Y, sobre todo, es una ayuda indispensable a la hora de querer dejar de fumar.

Está claro, pues, que incorporar la actividad física a nuestros hábitos de vida nos ofrecerá multitud de beneficios y será un factor indiscutible de protección para la salud de nuestro corazón, esté infartado o no, pero siempre siguiendo las indicaciones de nuestro especialista. En el caso de una persona que haya sufrido y superado un infarto de miocardio, el mejor ejercicio físico será el que sea totalmente «aeróbico», una situación en la que nuestros músculos trabajan y se contraen alimentándose en todo momento de oxígeno, por lo que no les estaremos sometiendo a esfuerzos exagerados: caminar con un paso rápido durante 45 minutos, el footing, la natación, montar en bicicleta, jugar al golf o a la petanca, esquiar, jugar al tenis, bailar o hacer el amor, y recordando siempre que «un ejercicio seguro y saludable es aquel que se puede realizar sin que la fatiga impida hablar al mismo tiempo».

Recuerde que quien mueve el esqueleto mueve sus músculos y su corazón, y que de eso se trata, de que nuestro corazón se mueva, y cada vez con más fuerza y eficacia, al tiempo que estaremos contribuyendo a gastar más calorías, hecho que nos ayudará en el control de la enfermedad coronaria al disminuir el peso corporal. A continuación le detallo una serie de ejercicios físicos, todos ellos saludables, con el gasto de calorías en cada caso:

Tipo de ejercicio físico	Calorías por hora
Labores domésticas en general	250-300
Cuidar el jardín y las plantas	250-300
Caminar paseando	200-250
Caminar a paso rápido	400-450
Bailar música lenta	250-300
Bailar salsa y música rápida	350-400
Bicicleta (30 minutos)	250-300
Natación (30 minutos)	300-350
Footing (30 minutos)	300-350
Tenis-Pádel (1 hora)	350-400
Petanca (2 horas)	400-450
Golf (2 horas)	400-500
Gimnasia de mantenimiento (1 hora)	250-300

¿QUÉ ES LA FRECUENCIA CARDÍACA MÁXIMA Y PARA QUÉ SIRVE?

Es un parámetro de control que podemos calcular con la ayuda de un pulsómetro y que nos ayudará a todos los que realizamos algún ejercicio físico o un deporte a sentirnos más seguros en relación con la salud de nuestro corazón a la hora de someterle a un determinado esfuerzo en nuestro entrenamiento. Lo ideal, hablando de salud cardiovascular, es no superar el 75-80 por 100 de esa «frecuencia cardíaca máxima» (fcm), que se calcula de forma personal e individual restando a la cifra 220 nuestra edad.

Así, para una persona de 50 años, su fcm será de 170 (220-50), y lo seguro y saludable es que sus pulsaciones durante cualquier tipo de ejercicio físico no superen los 136 latidos por minuto, que equivalen al 80 por 100 de su fcm.

Se habrá dado cuenta que la fcm irá descendiendo a medida que cumplimos años, porque si se trata de una persona que tiene 65 años, su valor llegará a 155 latidos por minuto, como resultado de restar a 220 la cifra de 65. Y en este caso lo recomendable es no superar los 124 latidos por minuto.

Una cuestión que conviene aclarar es que si el paciente está tomando determinados medicamentos, como los betabloqueantes, que en definitiva reducirán su frecuencia cardíaca en reposo, siempre deberá consultar con el cardiólogo el tipo de ejercicio físico que va a realizar y el porcentaje de la fcm que debería observar como límite superior de seguridad.

Cuando de realizar un ejercicio físico se trata, nunca es bueno competir con los compañeros de viaje ni con uno mismo; y para ello lo mejor será aprender a controlar personalmente la fcm con un pulsómetro, que puede ser un regalo ideal para la persona que acaba de sufrir y superar un infarto agudo de miocardio.

¿SON PELIGROSAS LAS RELACIONES SEXUALES DESPUÉS DE UN INFARTO DE MIOCARDIO?

Pues la verdad es que resulta tan peligroso tener una vida sexual saludable y con protección, cuando es necesario, como subir un tramo de dos pisos de escalera o caminar durante 40-45 minutos a un paso rápido. También podemos decir que las relaciones sexuales son no tan peligrosas sino tan saludables como subir escaleras o caminar a paso rápido, es decir, hacer ejercicio de forma cotidiana, moderada y regular.

Lo que sucede es que ni los médicos hemos aprendido a hablar de sexo en la consulta ni el paciente o su pareja preguntan nada, fundamentalmente por vergüenza y porque en un principio no entra dentro de nuestras prioridades, y sobre todo cuando se acaba de estar ingresado en una unidad coronaria, con el riesgo de muerte que siempre tiene un infarto agudo de miocardio.

Pero las cosas tienen que cambiar, y poco a poco lo están haciendo. Siempre recordaré aquel día en la unidad de cuidados coronarios del Hospital Universitario Gregorio Marañón, donde estaba ingresado Javier Urra recuperándose de su infarto, cuando, al comentarle todo lo que debería tener en cuenta al salir del hospital, e insistirle en los hábitos alimentarios, el estrés, el alcohol, el riesgo de comer con frecuencia fuera de casa y la importancia del ejercicio físico, en todo momento me miraba y asumía la importancia que tenían estos consejos de educación para la salud que le estaba recordando su amigo médico y enfermero. Pero cuando le hablé de su vida sexual, su cara adoptó una expresión de sorpresa, porque no esperaba que un profesional sanitario abordara este tema; recordemos que Javier es psicólogo clínico, por lo que podría haberlo esperado.

Siempre recuerda Javier este pasaje en la historia de su postinfarto inmediato, porque, como es lógico, también en su interior necesitaba que algún médico le hablara del tema y le confirmara que no sólo no era peligroso hacer el amor con Aracely, sino que era totalmente recomendable y saludable, y no sólo para la salud de su corazón, sino para la salud mental de ambos y la de su magnífica y envidiable relación de pareja.

Aunque esta recomendación siempre tiene que venir avalada por el cardiólogo y por el resultado de todas las pruebas que se realizan en el hospital antes del alta hospitalaria, en líneas generales podemos decir que una persona que ha tenido un infarto de miocardio y lo ha superado con buenos resultados clínicos puede reanudar su vida sexual saludable en cuanto llegue a casa. Y si se presenta algún tipo de disfunción sexual, y me refiero a ambos sexos, o bien una manifiesta inapetencia o disminución de la libido, mi consejo es que lo hable cuanto antes con su cardiólogo porque en no pocas ocasiones pueden ser debidas a los efectos secundarios de alguno de los medicamentos que esté tomando y que su médico puede cambiar por otros que las disminuyan, mejorando el resultado de su vida sexual.

En resumen, que no hay que tener miedo al sexo, ni él ni ella, siempre que lo hayamos comentado antes con nuestro cardiólogo y que estos temas se hablen en la intimidad de la pareja. Si bien también he de resaltar que cuando las relaciones sexuales se practican al margen de la pareja habitual, el nivel de estrés que conlleva esta actitud sí que puede desencadenar algún tipo de complicación, por lo que también este aspecto debe ser consultado previamente con su cardiólogo, que, fiel a la ética de su profesión, siempre sabrá guardar el secreto de todo lo manifestado en la consulta.

¡Ah, y nada de pensar en que ya no se tiene edad! Recuerde y tenga presente que «el sexo no tiene canas si se tienen ganas» y que es totalmente saludable para todo nuestro organismo y especialmente para nuestra salud mental y la salud del corazón, siempre que lo comentemos con nuestro cardiólogo y con nuestra pareja.

¿Se puede tomar algún medicamento para la disfunción sexual?

Ésta es una pregunta que muchos pacientes se hacen con frecuencia y para la que prefieren encontrar respuesta fuera de la consulta de su médico por vergüenza, poniéndose en manos de algún amigo o de internet. Se trata de su vida sexual activa y saludable, y sobre todo de su salud, por lo que este aspecto siempre debe ser consultado con su médico de cabecera o su cardiólogo.

En algunas ocasiones ni siquiera será necesario plantearse ningún tipo de tratamiento farmacológico, porque, como decía antes, el problema puede ser secundario a los efectos adversos de alguno de los medicamentos que esté tomando, o sencillamente puede tener una causa psicológica por el miedo tanto del paciente o la paciente como de su pareja, algo que se puede solucionar en la consulta del cardiólogo o bien con la ayuda de un psicólogo clínico especializado, pero siempre hablando y comunicando.

Tanto el sildenafilo (Viagra), que apareció hace ya 11 años, en 1999, como sus similares, el vardenafilo (Levitra) y el tadalafilo (Cialis), son medicamentos que potencian el efecto vasodilatador del óxido nítrico, efecto que permite la llegada de sangre a los cuerpos cavernosos del pene y garantiza su erección. Pero no debemos olvidar que para que sus efectos sean los deseados, siempre es necesaria la estimulación sexual.

Por otra parte, el óxido nítrico natural de nuestro organismo se localiza en el endotelio, la capa interior de las arterias, y además tiene un papel importante en la regulación de la tensión arterial. Por todo ello, estos medicamentos estarán «totalmente contraindicados» en principio en todos aquellos pacientes que estén tomando fármacos que contengan nitratos o que sean facilitadores de la formación de óxido nítrico, como la conocida nitroglicerina, porque sus efectos vasodilatadores pueden potenciarse y producir una bajada brusca de la tensión arterial. Algo entendible para cualquier paciente que no tenga conocimientos médicos siempre que el equipo de profesionales que le está tratando sepa explicárselo con claridad.

Incluso el cine se ha hecho eco de esta situación. Recordemos la película *Cuando menos te lo esperas*, dirigida por Nancy Meyers, y especialmente el pasaje que se repite dos veces, en el que el médico del servicio de urgencias del hospital donde acude Jack Nicholson con un dolor en pecho sugerente de un infarto de miocardio le pregunta si ha tomado Viagra y él le contesta que no. Entonces el médico le dice: «menos mal, porque le estamos poniendo un suero con nitroglicerina para el tratamiento de su infarto y estaría totalmente contraindicado si usted hubiera tomado Viagra». En ese momento Jack Nicholson se retira inmediatamente el suero, porque sí que había tomado Viagra.

¿Por qué no dijo la verdad a su médico? ¿La diría usted si estuviera en la misma situación? Pues depende de la sensibilidad y el entrenamiento en comunicación del médico que nos esté atendiendo. Y es que no se pierde ni un minuto más en agacharse un poquito y hacer la misma pregunta al paciente en la intimidad de su pabellón auricular, para que al menos no sienta la vergüenza que mostraba el protagonista de esta película. Mi consejo: que siempre diga la verdad ante cualquier pregunta, aunque le parezca inadecuada e inoportuna, si está sufriendo un dolor que pueda sugerir un infarto agudo de miocardio. Lo primero, su seguridad y su salud.

Pero si no existe ningún tipo de contraindicación, podrá tomar estos medicamentos con la misma seguridad que el resto de mortales, eso sí, siempre con el consejo de su cardiólogo y con la receta formal y necesaria para conseguirlos en la farmacia. No se fíe nunca de los medicamentos que pueda adquirir en internet, porque si bien es verdad que son más baratos y respetan su intimidad personal, pueden ser muy peligrosos para su salud, toda vez que en muchas ocasiones son falsificados con burdas imitaciones y su composición no tiene nada que ver con la realidad.

LA IMPORTANCIA DEL «CUMPLIMIENTO TERAPÉUTICO»

Hemos visto ya que el tratamiento «integral» del paciente tras sufrir un infarto de miocardio no sólo intenta conseguir que éste viva más años, sino que los viva con la mejor calidad de vida posible, y esto no sólo es responsabilidad del equipo de profesionales sanitarios, sino del propio paciente con la ayuda de su familia y su medio laboral y social.

El «cumplimiento terapéutico» es uno de los objetivos que todos los profesionales sanitarios nos marcamos, y sobre todo en el tratamiento de cualquier enfermedad crónica, y tiene mucho que ver con la necesidad de mejorar la comunicación con el paciente y la familia a través de los programas de educación para la salud, que afortunadamente cada vez son más frecuentes en todos los servicios de cardiología y especialmente en las unidades de rehabilitación cardíaca.

Pero entiéndase el «cumplimiento terapéutico» no sólo como el farmacológico, que desde luego se da por hecho en la inmensa mayoría de los pacientes que se han enfrentado a un episodio de un infarto agudo de miocardio, aunque a veces algunos se relajan demasiado también en este aspecto.

Se trata de cumplir con todos los consejos que los médicos y los profesionales de enfermería incorporamos en el «tratamiento integral» del paciente: los medicamentos y la modificación de sus hábitos de vida, como la alimentación saludable con la dieta mediterránea evitando el consumo de grasas animales y reduciendo la ingesta de sal, evitar el consumo de tabaco y el exceso de alcohol y la práctica de un ejercicio saludable de forma cotidiana, además de aprender a controlar las situaciones de estrés, tanto en la familia como en el trabajo.

Los médicos especialistas utilizarán las medidas farmacológicas que entiendan necesarias en cada caso: la cardiología intervencionista para recuperar o mejorar el flujo sanguíneo de las arterias coronarias o la cirugía de revascularización con el *by-pass* cuando esté indicada, pero el paciente deberá entender por qué ha de cumplir con la toma de sus medicamentos y no abandonarlos por su cuenta en ningún caso.

Si bien es cierto que todos los medicamentos que deberá tomar un paciente llevarán implícitos algunos efectos secundarios o adversos, que siempre vienen indicados en el prospecto, también los médicos hemos de tener en cuenta lo que yo denomino «efectos indeseables para el paciente», que son los aspectos personales e individuales que cada individuo puede notar en su calidad de vida y que debemos saber incorporar en su historia clínica en cada revisión. Y si usted notara cualquiera de estos efectos, los que se incluyen en el prospecto o bien los que usted advierta de forma personal, mi consejo es que nunca abandone el tratamiento o reduzca las dosis, como alguna persona le pueda aconsejar, sin consultar previamente con su médico de familia o con su cardiólogo.

Conozcamos más de cerca algunos de los medicamentos utilizados en el tratamiento de las enfermedades cardiovasculares

Ya he comentado anteriormente que mi objetivo no es hacer de esta segunda parte del libro un tratado médico, por lo que no me extenderé más de lo que considero suficiente para tratar de conseguir que se pueda entender el «porqué» de la toma de los medicamentos que prescribimos los médicos en el tratamiento de las enfermedades cardiovasculares y especialmente en la enfermedad coronaria isquémica.

Los diuréticos

Constituyen los medicamentos de primera elección en el tratamiento general de la hipertensión arterial, aunque casi siempre se utilizan en terapia combinada con otros fármacos. Sirven, como seguro que ya sabe, para aumentar la producción de orina por el riñón y facilitar su excreción junto a la sal, con lo que estaremos contribuyendo a disminuir la retención de líquidos y en consecuencia la tensión arterial.

La dosis variará dependiendo del tipo de diurético que estemos utilizando, de la enfermedad de que se trate y de cada paciente en particular, pero el hecho de estar tomando un diurético no significa nunca que debamos relajarnos en cuanto a la restricción en la ingesta de sal, fundamental en el tratamiento. En ciertas ocasiones, para algunos pacientes resulta especialmente molesto tomar estos medicamentos, porque tienen la necesidad imperiosa de levantarse para orinar en el transcurso de la noche, lo que altera su ciclo normal de sueño. Éste es uno de los «efectos indeseables» a los que me refería antes y que deben ser consultados con su médico, porque es muy posible que cambiando la hora de la toma de la dosis que necesita, se pueda conseguir evitar y así mejorar su calidad de vida.

Y desde luego los diuréticos no pueden ser nunca recomendados para adelgazar, como podemos leer en muchos chats de internet, porque pueden resultar peligros sin la recomendación del médico, toda vez que la orina que se elimina va acompañada de electrolitos tan importantes para la contractibilidad cardíaca como el potasio.

Los betabloqueantes

Son medicamentos que, como su nombre indica, bloquean los receptores beta de los vasos sanguíneos, que también actúan sobre la propia potencia del miocardio a través de la acción de la adrenalina. Su objetivo es disminuir la tensión arterial y la frecuencia cardíaca para que el corazón trabaje con mayor eficacia al estar sometido a una menor presión. Son fármacos muy experimentados, conocidos por todos los médicos a lo largo de los años y muy seguros, que ayudan con gran eficacia a prolongar la vida del paciente y a mejorar claramente la supervivencia tras un infarto agudo de miocardio. En líneas generales son los que tienen en su nombre genérico la terminación «ol»: propanolol, atenolol, metoprolol, etc.

Los antagonistas del calcio

Su nombre «genérico» suele terminar en «ino», como el nifedipino o el amlodipino, y son medicamentos muy eficaces para conseguir controlar tanto las cifras de tensión arterial como las de la frecuencia cardíaca, al conseguir disminuir la entrada de calcio, por sus específicos canales, en el miocardio y la fibra muscular lisa de las arterias, ayudando también a evitar la tendencia que éstas pueden tener a estenosarse y producir situaciones de isquemia.

Los inhibidores de la enzima conversora de la angiotensina (IECA)

Nuestro organismo controla fisiológicamente la tensión arterial a través de un sistema que conocemos como «sistema renina-angiotensina-aldosterona», y estos medicamentos actúan inhibiendo la actividad de la enzima que convierte la «angiotensina I» en «angiotensina II», que tiene una gran potencia como vasoconstrictora de las pequeñas arterias, en los casos en que los niveles de esta hormona sean la causa fundamental de la hipertensión arterial. Su nombre genérico termina en «pril», como es el caso del captopril o el enalapril, entre otros muchos.

Los nitratos

Su efecto vasodilatador consigue la dilatación de las arterias y las venas, algo que casi siempre resulta esencial e imprescindible en el tratamiento de una enfermedad isquémica coronaria. El más conocido de todos es la famosa «nitroglicerina», que, ya sea en pastillas o en spray, llevan los pacientes coronarios siempre consigo para utilizarla de forma «sublingual» en el caso de que se presenten los síntomas de una angina de pecho. También se utilizan con frecuencia en forma de «parches transdérmicos» que se colocan por la mañana y se retiran por la noche y que poco a poco y de manera paulatina van incorporando a la sangre, a través de la piel, la dosis necesaria del medicamento establecida por el especialista.

A veces los pacientes se quejan de dolor de cabeza, que casi siempre es pasajero y desaparece tras unos días de tratamiento, y que es consecuencia de la dilatación de las venas cerebrales. Y ya sabe que si está tomando este tipo de medicamentos «vasodilatadores» tendrá contraindicado el uso de los fármacos que se utilizan para la disfunción sexual, porque, al producir también una vasodilatación, podrían desencadenar una peligrosa bajada de la tensión arterial. Lo mejor, como siempre, es consultar con su médico de familia o su cardiólogo.

Las estatinas

Hoy por hoy son los medicamentos de elección para tratar las alteraciones de los lípidos en sangre y especialmente del colesterol. Actúan inhibiendo directamente la actividad de las enzimas que sintetizan el colesterol endógeno en nuestro hígado. Pero, claro, tomar estos medicamentos no nos debe hacer olvidar la importancia de evitar las grasas animales en nuestra dieta saludable.

Los antiagregantes plaquetarios y los anticoagulantes orales

En situaciones normales, la coagulación de la sangre es un mecanismo protector ante una posible hemorragia, gracias a los factores intrínsecos de la sangre y especialmente a las plaquetas, que son las que en primera instancia acuden ante cualquier herida para formar un trombo y evitar la pérdida de sangre. Pero en las enfermedades cardiovasculares, y especialmente en las isquémicas, tenemos que conseguir reducir la formación de trombos, por lo que utilizaremos una serie de medicamentos que son eficaces en este sentido.

El «antiagregante plaquetario» más utilizado y bien conocido de todos es la aspirina, o, mejor dicho, su componente activo, el «ácido acetilsalicílico», que, además de ser un buen medicamento para la fiebre, un gran antiinflamatorio y utilizarse también como analgésico, tiene un eficaz mecanismo para evitar la «agregación plaquetaria» y de este modo disminuir la posibilidad de formación de un trombo.

La dosis recomendada en estos casos es de 100 miligramos, que es la quinta parte de una «aspirina de adultos», algo que siempre hemos de tener en cuenta para evitar sus efectos secundarios sobre la mucosa gástrica. Uno de los más utilizados es el conocido Adiro, que, además de contener la dosis exacta de 100 miligramos, está recubierto de una película protectora para evitar estos problemas gástricos. Pero como cualquier otro medicamento, no está exento de riesgos, y en este caso me refiero al de poder sangrar «un poco más de lo normal» ante una corte en el afeitado o en la depilación con cuchilla, en ningún caso recomendable para nadie, o en la extracción de una pieza dentaria en la consulta del odontólogo.

A pesar de todo, no se trata de un riesgo excesivo, porque con sólo comprimir sobre la herida un poco más de tiempo del normal, habremos conseguido parar esa hemorragia.

Otro de los medicamentos muy utilizados en el tratamiento de las enfermedades cardiovasculares para evitar la formación de trombos y coágulos en pacientes con arritmias como una «fibrilación auricular» es el acenocumarol, que se conoce comercialmente como «Sintrom», que es mucho más potente y que en realidad tiene más riesgos, por lo que el paciente debe hacerse un control periódico con frecuencia, una o dos veces al mes, del «tiempo de protombina», que se conoce y usted verá reflejado en sus análisis como INR (International Normalized Ratio). Este término, que significa «razón normalizada internacional» y que fue adoptado en 1982 por la Organización Mundial de la Salud, se emplea para expresar el resultado del «tiempo de protrombina» del mismo modo en todo el mundo.

Estos análisis, que desde luego no tienen por qué hacerse en ayunas en ningún caso, y que se realizan en los centros de salud, nos servirán a los profesionales para «ajustar» la dosis del medicamento, que será diferente para cada paciente y para cada momento en su vida diaria. Ahora, y gracias a la nueva tecnología, ya podemos contar en algunos centros hospitalarios con el «coagulómetro», para que el propio paciente pueda controlar estos análisis de forma ambulatoria en su propio domicilio y modificar las dosis del medicamento según las pautas que le haya aconsejado su equipo médico. Confiemos en que en un breve espacio de tiempo esta nueva forma de controlar la toma de Sintrom pueda estar disponible para todos los pacientes, porque, además de resultar más cómoda, es eficaz y mucho más barata, algo esencial ante la crisis económica de nuestro sistema sanitario.

Lo más importante en ambos casos, tanto si se están tomando antiagregantes como anticoagulantes orales, es llevar siempre un informe clínico con la documentación personal y advertir a cualquier otro médico al que se acuda por otra razón diferente de su enfermedad cardíaca, como por ejemplo al odontólogo, del tratamiento que está recibiendo con el fin de evitar complicaciones. Ante cualquier tipo de intervención médica que suponga la más mínima herida, se deberá retirar este tipo de medicación durante un corto espacio de tiempo, pero siempre siguiendo el protocolo y las indicaciones del especialista.

Y otro consejo fundamental: si por cualquier causa, dolor de cabeza, resfriado o gripe, decidiera tomar cualquier dosis de ácido acetilsalicílico, en forma de aspirina o cualquier otro medicamento genérico o con nombre comercial, tenga en cuenta que sus efectos antiagregantes o anticoagulantes se potenciarán, razón fundamental para evitar siempre la automedicación en cualquier situación, pero especialmente cuando se toman fármacos de este tipo.

Recuerde siempre que, a pesar de todo lo que pueda usted encontrar en el prospecto de sus medicamentos o en internet, nunca deberá abandonar su tratamiento o modificar las dosis que esté tomando sin consultar previamente con su médico de cabecera o su cardiólogo.

Y confíe siempre en su médico cuando le recete un medicamento «genérico» en lugar de uno con nombre comercial, porque son exactamente iguales en todo, en su composición, en su bioequivalencia, en sus efectos y en su eficacia, además de ser mucho más baratos.

¿PARA QUÉ SIRVEN LAS UNIDADES DE REHABILITACIÓN CARDÍACA?

Afortunadamente, cada vez más hospitales, tanto del sistema público como del privado, cuentan con una unidad de rehabilitación cardíaca que, dirigida por un cardiólogo con experiencia, está integrada por un gran equipo de profesionales de enfermería, fisioterapia y psicología especializados en esta área de la medicina y a un trabajador social que analizará el entorno familiar, social y laboral del paciente y que ofrecerá siempre la mejor solución en caso de que pudiera surgir algún problema en este sentido. También cuentan estas unidades con la ayuda puntual, en caso de necesidad, de un psiquiatra, de especialistas en tabaquismo que ofrecerán un programa eficaz de deshabituación tabáquica e incluso de un andrólogo especialista en disfunciones sexuales, tanto masculinas como femeninas.

Suelen contemplar distintas fases de rehabilitación, valorando el cardiólogo la necesidad de que el paciente y muchas veces sus familiares más cercanos puedan acudir a todas, o bien a las que entienda imprescindibles, siempre teniendo en cuenta la gravedad de las lesiones y la disponibilidad de recursos asistenciales. El paciente y su familia aprenderán, gracias a los programas de educación para la salud con los que cuentan estas unidades, la importancia que tiene cumplir con el tratamiento farmacológico y la modificación de hábitos de vida, especialmente en cuanto a la alimentación saludable y la práctica de un ejercicio físico, personalizado en cada caso.

Se trata en definitiva de un verdadero programa de educación para la salud y de motivación, diseñado y desarrollado por especialistas, que incluye el control de su historia clínica, la analítica necesaria, la realización de electrocardiogramas, ecocardiogramas y de las pruebas de esfuerzo pertinentes en cada caso. Se enseña al paciente de qué manera tiene que hacer el ejercicio físico que se le haya recomendado de forma personal y se le entrena para su reincorporación a su ambiente social, familiar y laboral.

En definitiva, son unidades que han demostrado una gran eficacia en el tratamiento de un infarto de miocardio y otras enfermedades cardiovasculares, sobre todo en cuanto a la calidad de vida de los pacientes y su familia se refiere, y que deberían estar presentes en todos los hospitales de nuestro sistema sanitario, tanto público como privado, porque, además de mejorar la calidad de vida de los pacientes y aumentar su seguridad y autoestima, y por supuesto su personal «estimulina», mejoran, y en mucho, el pronóstico de la enfermedad y disminuyen claramente la frecuencia de las complicaciones posteriores.

¿EN CUÁNTO TIEMPO NOS PODEMOS REINCORPORAR AL TRABAJO DESPUÉS DE UN INFARTO DE MIOCARDIO?

Es demasiado frecuente que tanto el paciente como la familia puedan llegar a pensar que el hecho de padecer un infarto de miocardio es motivo fundamental para solicitar una discapacidad, algo que desde luego dista mucho de la realidad, o al menos no es así en la gran mayoría de las personas que lo hayan superado con éxito. Lo normal, aunque como es lógico dependerá de cada caso en particular, es que una persona pueda reincorporarse al trabajo en unos dos o tres meses, aunque a veces no lo pueda hacer en el mismo puesto que venía desempeñando, por lo que cada vez se hace más necesario contar con verdaderos programas de «conciliación laboral» en todas las empresas.

En líneas generales, los expertos coinciden en que si se trata de un paciente con bajo riesgo y su trabajo no exige esfuerzos físicos demasiado grandes, podrá incorporarse al trabajo en los dos primeros meses tras el infarto, y si el esfuerzo físico es mayor, tendría que esperar a que pasen tres o cuatro meses. En todos los casos será el cardiólogo quien marque la pauta, aunque, a decir verdad, las unidades de rehabilitación cardíaca ayudan mucho a la hora de tomar esta decisión, no sólo por parte de los expertos, sino también del propio paciente y su familia.

Es verdad que existen determinados trabajos que comportan un elevado nivel de estrés y que requerirán un tratamiento especial a la hora de determinar el tiempo de baja laboral. Los médicos y cirujanos, los policías, los bomberos, los pilotos de avión y, como sabemos ahora por las noticias, los controladores aéreos son profesionales que deberán retrasar en principio su reincorporación al trabajo, y siempre será aconsejable un programa de entrenamiento específico para el control del estrés en las unidades de rehabilitación cardíaca.

La autoestima es fundamental para cualquier persona y tiene mucho que ver con el desarrollo profesional de cada uno. Si realmente disfruta con el trabajo que realiza, como le sucede a Javier

Urra, estará deseando reincorporarse a su quehacer profesional y la dilatación en el tiempo, e incluso el pensamiento de no poder seguir trabajando, puede ser un factor de riesgo en la aparición de una depresión postinfarto, una complicación que también deberá tener presente el equipo de profesionales sanitarios que atienden al paciente. Pero reincorporarse al trabajo no tiene por qué ser sinónimo de continuar con la misma actividad, con el mismo nivel de estrés, con los hábitos de comer fuera de casa, etc. La incorporación al trabajo tiene que formar parte del programa de rehabilitación cardíaca y debe ser siempre un factor de protección y no un factor de riesgo de nuevas complicaciones.

¿EXISTE ALGÚN RIESGO AL VIAJAR EN AVIÓN TRAS HABER SUFRIDO UN INFARTO DE MIOCARDIO?

En principio, el mismo que para cualquier otra persona que, sin haber sufrido un infarto agudo de miocardio, tenga algunos de los factores de riesgo cardiovasculares que hemos comentado en esta parte del libro. El hecho de haber superado un infarto de miocardio no incapacita a nadie para poder hacer un viaje en avión. Más bien al contrario, podría ser un consejo muy saludable, sobre todo si ese viaje se hace en familia y con motivo de unas vacaciones. Y si le preocupa el tema de la oxigenación de sus pulmones y su corazón por el efecto de la altura, le recuerdo que la cabina del avión está perfectamente preparada gracias a su presurización, lo que, traducido en cifras de altitud, es lo mismo que si estuviéramos a 1.000-1.500 metros, ¿y quién ha dicho que subir a esa altura sea especialmente peligroso?

Otra cosa muy diferente es el riesgo que todos tenemos de sufrir el mal llamado «síndrome de la clase turista». Y digo «mal llamado» porque no se da sólo cuando viajamos en clase turista, ni únicamente cuando viajamos en avión. Se trata de una enfermedad que conocemos muy bien los médicos desde hace muchos años y que consiste en un «tromboembolismo pulmonar», que sí que puede desencadenar la muerte súbita en muchas ocasiones pero que también sabemos cómo prevenir, sencillamente porque conocemos cómo se produce.

Lo que sucede en nuestro organismo, y concretamente en las venas de los miembros inferiores, es que, como consecuencia de la inmovilización prolongada y la falta de líquidos, la circulación de la sangre se enlentece, lo que contribuye a la formación de pequeños trombos o coágulos que, una vez que se desprenden del interior de las venas, circulan por el torrente sanguíneo como una verdadera «embolia», hasta que llegan a obstruir los pequeños vasos de los pulmones, situación que como digo se conoce como tromboembolismo pulmonar. Ésta es la razón primordial por la que, desde hace ya muchos años, los médicos y todos los profesionales sanitarios insistimos a los pacientes ingresados en el hospital en que, en cuanto su situación clínica lo permita, se levanten de la cama y comiencen a caminar aunque sea a pasitos muy cortos.

Es decir, que el riesgo está en la falta de líquidos y en la inmovilización prolongada de nuestros miembros inferiores. En otras palabras, que el riesgo de que se pueda desarrollar esta enfermedad es el mismo si se viaja en avión en clase turista, preferente o gran clase, en coche, en autobús o en tren, si no nos levantamos cada dos horas para mover nuestras piernas y tomar agua o cualquier líquido que no contenga alcohol.

Y un consejo muy saludable cuando seamos nosotros los que conduzcamos el coche en un viaje: parar cada dos horas para hidratarnos y mover el esqueleto y aprovechar para orinar, sin olvidarnos de controlar el color de nuestra orina. Si es oscura, será un signo de que necesitamos tomar más líquidos, y si es clara y transparente, será un indicador de que nuestra hidratación está asegurada. No olvidemos que la falta de agua en nuestro organismo también puede ser un factor desencadenante de un accidente de tráfico, porque nuestras neuronas se entenderán peor entre ellas, y nuestros reflejos disminuirán notablemente en el momento en que más los necesitemos.

Finalmente, un consejo para todos los pacientes que estén tomando cualquier tipo de medicación, siempre imprescindible en el tratamiento de una enfermedad crónica como la coronaria. Si hacemos un largo viaje en el que tengamos que afrontar el *jet-lag*, tomaremos el medicamento a la hora que nos corresponda, sin tener en cuenta el cambio de horario en el lugar al que viajemos. Luego, poco a poco, nos iremos acomodando al nuevo cambio de hora, pero de todos modos siempre será aconsejable que lo hablemos con nuestro médico de familia en el centro de salud, que será quien mejor nos aconseje en cada caso.

¿ES NECESARIO ACUDIR SIEMPRE EN AYUNAS PARA REALIZAR UN ANÁLISIS DE SANGRE?

La respuesta es clara a esta pregunta: no, no es necesario acudir en ayunas a cualquier tipo de análisis de sangre, y mucho menos a los del control del Sintrom a los que antes hacíamos referencia. Sólo es necesario acudir en ayunas cuando se trata de conocer determinados parámetros, como la glucosa, el colesterol o los triglicéridos, por ejemplo en un control de seguimiento, pero no en la mayoría de las situaciones.

Y la pregunta entonces es: ¿por qué siempre nos dicen los profesionales sanitarios que acudamos en ayunas para cualquier tipo de analítica? Pues la respuesta es tan sencilla como decir que es una de nuestras grandes asignaturas pendientes: la comunicación eficaz del profesional sanitario y, en definitiva, del sistema sanitario con el paciente. Y la falta de tiempo para poder explicar las cosas con la importancia que merecen, porque en muchas ocasiones asistimos a situaciones en las que personas mayores acuden en ayunas a un control del Sintrom, con el riesgo de que sufran una hipoglucemia, cuando en realidad no es necesario.

Por cierto, de todos modos acudir en «ayunas» a un análisis de sangre o cualquier otra prueba no significa en absoluto que deba dejar de tomar su medicación a la hora que le corresponda, como se hace con cierta frecuencia, a no ser que su médico así se lo haya indicado previamente.

A decir verdad, si el sistema sanitario funcionara con otra mentalidad diferente, llegaría a ser no sólo más productivo y rentable, sino mucho más cómodo y satisfactorio para los ciudadanos. Y me estoy refiriendo al hecho de que en la mayoría de hospitales los análisis de sangre «únicamente se realizan por la mañana y a primera hora», con personas que acuden a la prueba en ayunas, cuando se podrían aprovechar las instalaciones y los recursos humanos para poder realizarlos a diferentes horas del día, incluso en horario de tarde. Y si de todas formas se necesita ir en ayunas de seis horas, con explicárselo adecuadamente al paciente sería más que suficiente.

LA COMUNICACIÓN DEL EQUIPO DE SALUD CON EL PACIENTE Y SU FAMILIA

Siendo fieles a la realidad, tengo que resaltar una vez más que la comunicación es la asignatura pendiente de nuestro sistema sanitario en general y de los profesionales de la salud en particular, y tanto en el sistema público como en el privado. Ahora que vivimos inmersos en los nuevos cambios de currículum de la universidad con el conocido como proyecto de Bolonia, el Espacio Europeo de Enseñanza Superior, seguimos sin contar con una asignatura en los estudios de pregrado de los profesionales sanitarios en la que se les enseñe la importancia que tiene la comunicación humana y eficaz para conseguir una sanidad más humanizada. Por supuesto que un sí rotundo a la tecnificación de la medicina, pero siempre que vaya unida a un proceso obligado de humanización, lo que requiere que los profesionales tengan el entrenamiento necesario en habilidades para saber comunicar adecuadamente con el paciente y la familia.

Bien es verdad que cuando una persona con un posible infarto de miocardio llega a un servicio de urgencias de un hospital, se empieza a sentir más segura porque es consciente de que va a ser atendida en uno de los mejores sistemas sanitarios; pero no es menos verdad que la familia o los amigos que le acompañaron, y que pasan muchas horas en la sala de espera, que desde luego dista mucho de estar humanizada, también necesitan una atención en comunicación para que puedan conocer el desarrollo de los acontecimientos.

Y ya cuando el paciente se ve ingresado en una unidad de cuidados intensivos o una unidad coronaria, se sentirá mucho más seguro, porque la atención será mucho más especializada y el riesgo comienza a disminuir, sencillamente porque cuenta con los mejores adelantos de la ciencia médica, de la tecnología moderna de la medicina y la cardiología. Pero seguirá conectado a un sinfín de cables y aparatos que hacen un ruido característico, que reconocemos gracias a la industria del cine y la televisión y en los que continuamente saltan las alarmas sin que el paciente pueda entender muy bien qué es lo que está ocurriendo.

Mientras tanto, la familia sólo puede estar con el paciente media hora o una hora por la mañana y otra por la tarde, y en algunas ocasiones sólo a través de unos cristales. Si bien tengo que aceptar como profesional que algunos pacientes tendrán contraindicadas las visitas constantes de sus familiares por razones de seguridad y salud, la verdad es que la gran mayoría mejoran notablemente cuando se sienten arropados por su pareja, por sus hijos o por sus amigos. Y por otra parte, ¿en qué puede molestar la pareja o uno de los hijos del paciente si está a su lado y no interfiere en el equipo de profesionales sanitarios, como es lógico? Y especialmente si estamos hablando de una unidad coronaria que pueda disponer de boxes o apartados individuales para cada paciente. ¿No se está todavía en las antípodas de la comunicación en nuestro sistema sanitario?

Recuerdo que cuando trabajaba como profesional de enfermería en el Hospital del Niño Jesús de Madrid, no permitían a los padres estar con los niños ingresados, ni siquiera para darles el biberón, algo que jamás llegué a comprender. Ahora, afortunadamente, no es que lo permitan, sino que este hecho se encuentra ligado directamente al tratamiento de cualquier niño ingresado en un hospital. El calor de la madre, del padre, de los hermanos ha resultado esencial en el desarrollo positivo de muchas enfermedades. ¿Por qué no cuando hablamos de adultos y de un infarto agudo de miocardio?

Por otra parte, el adecuado entrenamiento en comunicación de los profesionales sanitarios seguro que ayudará a mejorar la comprensión de todo lo que ha sucedido por parte del paciente y su familia, siempre que él lo permita, como es lógico, y sin duda contribuirá a mejorar el «cumplimiento terapéutico», que en definitiva es el objetivo más saludable que podemos lograr, tanto en el proceso de un infarto de miocardio como en el resto de las enfermedades.

Se trata de aplicar la educación para la salud y la comunicación humana como disciplina en los estudios de pregrado de los profesionales, pero también en la vida del paciente y de su familia. Como dice aquel proverbio anónimo: «Dale a un hombre un pez y comerá un día, enséñale a pescar y comerá toda la vida».

LOS DERECHOS DEL PACIENTE ESTÁN REGULADOS POR LEY EN ESPAÑA

Afortunadamente en España nuestros derechos como pacientes están garantizados por la propia Constitución española y además por la «Ley reguladora de la autonomía del paciente y de derechos y obligaciones en materia de información y documentación clínica» (www.msps.es), que, como es lógico, resulta del todo recomendable conocer con el fin de poder defender nuestro derecho a recibir una información veraz, rigurosa y entendible, al tiempo que, entre otras muchas cosas, sabremos para qué y por qué existe ese «consentimiento informado» del que tantas veces hablamos en ambos sentidos y que necesita del adecuado entrenamiento en habilidades de comunicación por parte de todos los profesionales sanitarios para que sea una realidad; es decir, para que el paciente «consienta», siempre que sea debidamente «informado», y que no se establezca únicamente con la entrega de un papel-formulario que se debe firmar antes de cualquier tipo de exploración o intervención médica o quirúrgica.

Pero esta ley también nos garantiza el derecho a dejar patente y por escrito nuestro deseo de que no se utilice con nosotros un «encarnizamiento terapéutico». Se trata de nuestro «testamento vital», «documento de voluntades anticipadas» o de «instrucciones previas», al que todos tenemos derecho y que se garantiza claramente en el desarrollo de la ley.

Pero además, también tenemos otros derechos: los que desde hace años defiendo en el aula universitaria con todas las promociones de mis alumnos y en diferentes medios de comunicación. Ese derecho a ser llamado por nuestro «nombre» y a que se respete nuestra intimidad en la habitación en la que estamos ingresados en el hospital; el hecho de vestir un pijama clínico, de llevar una bata blanca, de poseer un título académico de cualquier profesión sanitaria o de vestir un uniforme sanitario no da derecho a ningún trabajador del hospital a entrar libremente en la habitación del paciente sin llamar previamente a la puerta. Por educación, pero también porque se deben garantizar nuestros derechos.

Tenemos derecho a poder vestir nuestro pijama personal y no el modelo que nos presta nuestro sistema sanitario y que nos deja con el «trasero al aire», como le sucedía a Jack Nicholson en aquella escena inolvidable de la película *Cuando menos te lo esperas*.

Estoy refiriéndome, en definitiva, no sólo a la importancia de la eficacia en el diagnóstico y el tratamiento, sino también al «trato» humano que todos necesitamos en cualquier momento de nuestra vida y especialmente cuando desempeñamos el papel de paciente ingresado en un hospital. O, si se prefiere, digamos que estamos hablando del «tacto de las emociones», algo que también debería incluirse en la formación de pregrado de cualquier profesional que forme parte del equipo de salud.

El PAPEL DE LA FAMILIA Y LOS AMIGOS DE UN PACIENTE CON INFARTO DE MIOCARDIO

La verdad es que a todos lo primero que se nos pasa por la cabeza es la sobreprotección del familiar o del amigo que acaba de sufrir un infarto de miocardio. Y mucho más si se trata de nuestra pareja o de uno de nuestros hijos. Pero la verdad muchas veces se aleja de lo que en realidad es más aconsejable. Siempre será bueno ayudarle ofreciéndole la protección necesaria, pero la sobreprotección puede incluso ser perjudicial para la persona porque puede llegar a contribuir a que se sienta menos útil, no sólo en la familia sino en sus relaciones sexuales, sociales y laborales.

Es muy frecuente que la pareja y sus hijos, tratando de proteger al paciente, se excedan en este cometido, limitando o incluso eliminado sus responsabilidades en casa, lo que puede desencadenar episodios de angustia, ansiedad y depresión. Incluso en el terreno de la vida sexual, la pareja trata de evitar determinadas situaciones por miedo a un nuevo infarto, algo que desde luego se previene siempre que se tenga toda la información del proceso de la enfermedad coronaria y los interesados hablen del tema entre ellos.

El paciente debe aprender a valerse por sí mismo, y cuanto antes mejor, siempre que como es lógico tenga la capacidad para ello. El aumento de la autoestima y, por tanto, de la «estimulina» de la que tantas veces he hablado en esta parte del libro resulta fundamental para que una persona que se siente útil ponga en marcha todos los mecanismos necesarios para tratar de modificar sus hábitos de vida y que lo consiga. Y ése será su mejor seguro de vida.

¿AUTOINCULPACIÓN O SENTIDO DE AUTOCRÍTICA?

El sentimiento de «autoinculpación» nunca es bueno, porque no es positivo estar siempre pensando que fuimos los culpables de haber desarrollado una enfermedad: el cáncer de pulmón por haber sido fumador, una hipertensión arterial por haber engordado y no seguir una dieta saludable o no hacer ejercicio, o un infarto por la unión de todo ello. Autoinculparse puede traducirse en un incremento en la ansiedad, y eso nunca es recomendable para afrontar una enfermedad, ni en los primeros momentos ni en su devenir posterior.

Pero hacer «autocrítica» sí que resulta positivo. Una autocrítica constructiva, como hizo Javier Urra desde el primer momento en que sintió dolor en el pecho y en su brazo izquierdo. Incluso antes de su infarto de miocardio, como él mismo nos cuenta en la primera parte de este libro. Él era consciente de que su vida no era la más recomendable para un hombre que rondaba los 50; que vivía con demasiado estrés, que dormía muy poco tiempo, que comía demasiadas grasas animales, que consumía más sal de la recomendable, que a veces tomaba alguna dosis de más de eso que denominan «alcohol cardiosaludable» o «vino cardiosaludable», que no hacía ejercicio físico. En definitiva, Javier nos cuenta con todo lujo de detalles que llevaba una «vida de infarto».

Y además, también nos confiesa que aquella «dieta» que él mismo se «impuso» y que consistía fundamentalmente en «no comer y pasar hambre» pudo ser uno de los desencadenantes de su enfermedad coronaria. Claro que, como hemos dicho cuando hablábamos de los factores de riesgo, Javier tenía muchos y diversos, pero, lejos de sumarse unos a otros, se potenciaron, con lo que al final terminaron obstruyendo sus arterias coronarias.

Ahora, y cinco años después de su infarto, Javier vuelve a hacer una autocrítica personal, que espero sinceramente que siga siendo constructiva. Nos dice que se ha relajado en la dieta y en el ejercicio, y que nunca abandona su tratamiento. La verdad es que sigue trabajando a un ritmo demasiado vertiginoso y no duerme todo lo que debería.

Las autocríticas siempre deben ser constructivas y nos deben servir como si de un «espejo de la salud» se tratara: nos miramos, nos autoevaluamos y tratamos de mejorar nuestra imagen personal. Pues con la salud, lo mismo. Nos autocriticamos, pero para echar mano de los medios con el fin de mejorar en todo lo que sabemos que no estamos haciendo demasiado bien. Yo tengo una gran confianza en Javier Urra, porque es un hombre comprometido con su familia, con su trabajo, con sus amigos y consigo mismo, su mejor amigo, al que tanto le debe y no puede defraudar. Y si usted, amigo lector, se encuentra en una situación similar, ya sabe: a autocriticarse, autocuidarse y sobre todo a pensar cada día al levantarse: «hoy es el primer día del resto de mi vida».

EL FUTURO EN EL TRATAMIENTO DE LA ENFERMEDAD CORONARIA

El gran avance de la tecnología y el continuo desarrollo de la investigación médica en todos los sentidos nos deparan sin duda alguna muchas satisfacciones en los próximos años, tanto para el tratamiento y curación de muchas enfermedades para las que hoy no tenemos una solución definitiva como para su prevención y el fomento de la salud.

Gracias a los avances cosechados durante años en materia de trasplantes de órganos y a las características de nuestro modelo de trasplantes, diseñado y regido por la Organización Nacional de Trasplantes, hoy podemos asegurar la vida de muchas personas que necesitan un corazón para poder seguir viviendo, algo que consiguen, además, gracias a la gran solidaridad de los donantes. No obstante, tenemos que recordar que en estos precisos momentos en los que se está llevando a cabo la edición de este libro, todavía en España hay más de 5.000 personas esperando una llamada de teléfono que les permita seguir disfrutando de la vida gracias a un órgano compatible.

Además, todavía existe casi un 20 por 100 de negativas de los familiares, en el mismo momento de la donación, a pesar incluso de que la persona fallecida lleve consigo su carné de donante, lo que significa que, además de hacernos donantes, siempre es aconsejable que estos temas los hablemos en familia, para que cuando llegue el momento respeten nuestra decisión libre y personal.

Por otra parte, la creciente investigación con células madre adultas promete ser una de las grandes soluciones para conseguir la regeneración del músculo cardíaco y así poder solventar los problemas de un infarto agudo de miocardio, y ya disponemos de algunos estudios en muchos hospitales del mundo y también en España.

Los grandes avances en las diferentes técnicas diagnósticas por imagen y terapéuticas, la investigación de los nuevos medicamentos, la terapia génica en el área cardiovascular, los prometedores resultados de los nuevos medicamentos que posiblemente sustituyan pronto al Sintrom y logren más eficacia, seguridad y comodidad y la creación de la tan discutida «polipíldora» que pueda reemplazar al tratamiento actual de la cardiopatía isquémica y ayude a su prevención, consiguiendo mayor rentabilidad y un mejor cumplimiento terapéutico, nos permiten mostrarnos esperanzados.

También la telemedicina, que al servicio de la cardiología permitirá hacer diagnósticos certeros con dispositivos especiales en el domicilio del paciente, o en la consulta de cualquier especialista alejado del centro hospitalario de referencia.

Y la creación de «órganos bioartificiales», una de las más importantes líneas de investigación del servicio de cardiología del Hospital Universitario Gregorio Marañón en colaboración con la Universidad de Minessota, aunque para obtener los primeros resultados definitivos tendremos que esperar al menos unos diez años. El objetivo fundamental es conseguir que el corazón de una persona que ha fallecido sea «sembrado» con las células madre adultas del enfermo que necesita un corazón de modo que en un breve plazo de tiempo le pueda ser trasplantado, evitando de esta forma el rechazo que con cierta frecuencia sucede y, como es lógico, los medicamentos inmunosupresores que se utilizan tras un trasplante cardíaco.

Una de las grandes esperanzas de la medicina en general y de la cardiología en particular se centra en la genética, gracias a la cual podremos conocer cada vez mejor nuestro genoma humano y establecer tratamientos verdaderamente personalizados e individualizados en cada caso en particular.

Pero de todos modos, la mayoría de los expertos en cardiología insisten en la necesidad de modificar los planes de estudio, tanto de pregrado como de la especialidad, fomentando la concienciación y el análisis de la prevención, toda vez que afirman que «en los próximos 25 años tendremos que afrontar un aumento considerable de las enfermedades cardiovasculares», algo que habrá que abordar con estrategias de prevención que sean comunes a varias enfermedades crónicas.

Asimismo se lo comunican a las autoridades sanitarias para que establezcan los programas preventivos necesarios, al tiempo que hacen un especial hincapié en la importancia que tiene el trabajo en equipo en cardiología, con el especialista en el hospital, pero contando siempre con la colaboración activa del médico de familia en el centro de salud y de los profesionales de enfermería. En definitiva, cada vez más expertos defienden la idea de que la especialidad médica de cardiología tendrá que evolucionar obligatoriamente hacia una «medicina cardiovascular», que deberá contemplar la enfermedad cardiovascular en un contexto mucho más amplio y holístico.

ROMPAMOS ALGUNOS DE LOS MITOS FRECUENTES EN EL INFARTO DE MIOCARDIO

He creído conveniente incorporar este apartado en esta segunda parte del libro porque la experiencia clínica nos demuestra que todavía tenemos que romper algunos mitos que, además de seguir circulando por internet, son creídos por muchos pacientes coronarios y por sus familiares y amigos:

— Lo primero es aceptar que un infarto de miocardio es una «enfermedad crónica», por lo que la persona que lo ha sufrido debe considerarse un enfermo, controlado, si sigue el tratamiento adecuado, pero enfermo coronario. Como habrá visto, Javier Urra no piensa igual, por lo que éste es un punto importante para el debate en nuestras comidas saludables. Pero le aseguro que el hecho de no aceptar la enfermedad como tal conlleva con mucha frecuencia una relajación en el tratamiento en su conjunto, que puede llegar a ser peligroso. Y, como sabe, no me estoy refiriendo sólo al tratamiento farmacológico, sino a la modificación personal en sus hábitos de vida.

— Confío en que haya quedado claro que una persona que haya superado un infarto puede viajar en avión, hacer deporte, bailar, disfrutar de la vida y practicar una vida sexual activa, segura y saludable.

— Muchas personas piensan que si se han normalizado las cifras de tensión arterial o las de su colesterol o triglicéridos, están en condiciones de abandonar su tratamiento o de reducir las dosis de los medicamentos. Además de no ser cierto en absoluto, casi seguro que resultará peligroso para su salud.

— También hay pacientes que al haber sido intervenidos quirúrgicamente y haber solucionado su problema coronario con un *by-pass,* entienden que pueden dejar de controlar sus factores de riesgo. Tenga en cuenta que son los factores que desencadenaron la enfermedad y que pueden volver a desencadenar una de características similares y por supuesto un segundo infarto agudo de miocardio, posiblemente con peor pronóstico.

— Se sigue hablando, incluso en ambientes sanitarios, de la «dieta del cardiópata» igual que se sigue aludiendo a la «dieta del diabético», y ésta es una idea que debemos desterrar, o al menos matizar convenientemente. Es cierto que un «cardiópata» que padece una enfermedad cardiovascular, o que concretamente ha superado un infarto agudo de miocardio, no debe tomar sal ni grasas animales, ni ingerir alcohol en exceso. También es cierto que una persona «diabética» debe evitar, además, el consumo de azúcares refinados. Pero no es menos cierto que cualquier otra persona, presumiblemente sana y que quiera seguir siéndolo, debería incorporar estos hábitos saludables en su personal programa de prevención del sobrepeso, la obesidad, la diabetes mellitus, la hipertensión arterial, la arterioesclerosis, las enfermedades cardiovasculares, el infarto agudo de miocardio y otras muchas más. Lo más saludable es que la familia del paciente se acostumbre a quitar el salero de la mesa, a evitar el consumo de grasas animales y azúcares refinados y a controlar el consumo de alcohol. Siempre será más rentable para todos educar y negociar que prohibir directamente cualquiera de los alimentos que tengamos a nuestro alcance porque, además, lo prohibido siempre apetece más.

— Algunas personas, aunque afortunadamente cada vez menos, siguen tratando de defender el consumo de alcohol, en forma de whisky y otros licores, aludiendo a su gran poder dilatador: «si las arterias se han estrechado, lo mejor es tomar una copa de vez en cuando para dilatarlas». Y es verdad que necesitaremos vasodilatadores, pero en forma de medicamentos y no de alcohol.

— ¡Por un cigarro que me fume...! Pues sí, sí que pasa. Lo primero es recordar que la nicotina del cigarrillo es la que produce la dependencia en forma de memoria en nuestras neuronas, por lo que un solo cigarrillo puede desencadenar de nuevo el hábito tabáquico. Y además, un cigarrillo puede ser el detonante de un nuevo episodio de angina de pecho, o incluso del desarrollo de un segundo infarto de miocardio.

— Y se puede acudir a un balneario o un gimnasio, en el que, además de nadar y realizar ejercicio, se pueda beneficiar de la zona de spa. Aunque el mejor consejo es que todos los ejercicios que realice sean conocidos por su cardiólogo y controlados periódicamente por el monitor de educación física en el gimnasio. Lo que sí es cierto es que las saunas o baños turcos no son recomendables para las personas que estén tomando determinado tipo de medicación que tenga un efecto vasodilatador, porque, al sumarse al efecto del calor, que también es vasodilatador, podría desencadenar un episodio peligroso de hipotensión arterial.

VIVIR ES PODER CONTARLO COMO LO CUENTA EN ESTE LIBRO NUESTRO QUERIDO AMIGO JAVIER URRA

Y claro que lo cuenta, y muy bien, fundamentalmente gracias a la actitud de Aracely en el momento del infarto y del buen hacer del equipo de profesionales sanitarios que le atendieron con eficacia en todo momento en el Hospital Universitario Gregorio Marañón de Madrid. Lo cuenta porque acudió de inmediato al hospital, porque le realizaron las pruebas diagnósticas con prontitud y porque le aplicaron el mejor tratamiento de forma precoz.

Pero además lo cuenta porque desde el principio se tomó las cosas muy en serio convirtiéndose en un paciente ejemplar en el hospital y también en casa tras el alta hospitalaria. Ahora hace ya cinco años de aquel episodio cardíaco y Javier sigue «casi» todas las instrucciones que los médicos, y especialmente su cardiólogo, el doctor Pedro Luis Sánchez, le hemos ido aconsejando durante este tiempo. Y digo «casi», porque él mismo admite que es muy difícil ser totalmente disciplinado en el cambio de hábitos de vida y sobre todo porque es verdad que conforme va pasando el tiempo todos nos relajamos un poquito, algo que, como también Javier sabe, es un peligro añadido y un verdadero factor de riesgo, que desde luego puede desencadenar un nuevo episodio de cardiopatía isquémica.

En las últimas navidades Javier me decía que, aunque estaba de vacaciones en la universidad, se encontraba inmerso en la redacción final su segunda tesis doctoral, hecho que le hacía aumentar su personal «estimulina» para seguir adelante en su recuperación. En cuanto a las comidas, me confesaba que con el paso de los años se había relajado un poquito y que incluso había llegado a comer cabrito, pero sin olvidar que los excesos siempre son peligrosos. Y no seré yo quien criminalice su conducta, porque ningún estudio científico ha demostrado que un «pecadillo» de vez en cuando sea realmente peligroso. No se trata de prohibir, sino de negociar con el paciente, siempre que con nuestro proceso de comunicación eficaz hayamos sido capaces de hacerle entender lo importante que es su autocuidado y el peligro de los excesos en todos los sentidos.

También me contaba Javier que, a pesar de ser consciente de que tiene que caminar para hacer efectiva y eficaz la «fórmula de la salud cardiovascular», la verdad es que lo hacía menos de lo que le aconsejamos sus médicos y amigos. Javier: tendrás que seguir tratando de sacar tiempo de donde sea para poder caminar, y con paso rápido, al menos 45 minutos al día, algo que tú sabes perfectamente que, además de ser saludable, es un pasaporte seguro para que puedas conocer y disfrutar de tus nietos, como te pide tu hija Beatriz.

Los factores de protección del corazón de Javier también se hicieron presentes en el «espíritu de estas últimas navidades». Su hijo Javier llegó desde Perú, donde actualmente trabaja, para pasar estas señaladas fechas junto a su familia, algo que siempre ha valorado y cuidado nuestro amigo Javier. Y, lo más importante, la posible personalidad tipo «A» de Javier estaba siendo controlada y neutralizada por él mismo. Me contaba que cualquier «problemilla» que antes se tomaba demasiado en serio ahora lo relativiza. Y además no se olvida de acudir a sus revisiones periódicas con su cardiólogo, que, además de aconsejarle en cada etapa de su enfermedad, es quien escribe, y de forma magistral, el prólogo de este libro.

Aunque, a decir verdad, SS. MM. los Reyes Magos de Oriente tampoco se olvidaron de Javier y supieron entender perfectamente la carta que Aracely y sus hijos les escribieron para él. Me llamó entusiasmado, como suele hacer siempre, el mismo día de Reyes y me contó el regalo que más ilusión le había hecho: la maqueta de un Ferrari F430-F1 acompañada de una «carta llena de ternura» que es canjeable por tres vueltas con uno de verdad en el circuito de Kotarr de Burgos, eso sí, previo entrenamiento seguro con un verdadero profesional.

¿Será positiva la subida de adrenalina que tendrá Javier con esta deseada experiencia? Pues como amigo y también como médico entiendo que sí, sencillamente porque Javier, después de cinco años, ha aprendido muy bien a controlar estas experiencias y a llenarlas de su propia «estimulina». ¡¡¡Seguro que sí!!!

Una «estimulina» que da un valor añadido a su vida de profesional y académico, y que le ha ayudado a poder terminar su segunda tesis doctoral, en esta ocasión en la Universidad Complutense y que leyó el 29 de julio de 2011 en el Hospital Clínico Universitario de San Carlos de Madrid, obteniendo la calificación máxima de «apto cum laude por unanimidad». ¡¡¡Felicidades, amigo y doctor!!! En esta ocasión Javier acudió a un centro hospitalario, pero por una causa muy diferente.

LA PREVENCIÓN DE LAS ENFERMEDADES CARDIOVASCULARES Y ESPECIALMENTE DEL INFARTO AGUDO DE MIOCARDIO

Este apartado habría tenido más sentido si hubiera sido uno de los primeros de esta parte del libro, pero ahora, y si ha leído todo lo anterior con atención y sobre todo si yo he sido capaz de explicarme bien, es prácticamente innecesario, porque seguro que usted mismo podría escribirlo, y es posible que mucho mejor que yo, especialmente si ha sido el protagonista de la historia de un infarto de miocardio, como le ha sucedido a nuestro amigo Javier Urra. De todos modos, y cumpliendo con mi obligación como coautor, no vaya a ser que alguien pueda pensar que se nos olvidó este importante apartado, le haré alguna consideración que entiendo imprescindible en un libro como éste. Lo esencial es que, si conocemos los factores de riesgo, estemos en disposición de establecer el mejor programa de prevención:

— Evitar el sedentarismo con la práctica cotidiana de un ejercicio físico, regular y moderado, adecuado a nuestras posibilidades personales. El mejor y más saludable es el que se realiza en condiciones aeróbicas.

— Seguir una alimentación saludable basada en la dieta mediterránea. Evitar el consumo de grasas animales, el exceso de azúcares refinados y de sal.

— Comer cinco veces al día. Desayuno, algo a media mañana, la comida, una merienda y la cena. De este modo no comeremos con ansiedad ni con hambre y estaremos contribuyendo a un mejor control de nuestra glucosa en sangre. Y siempre sin excesos; ya lo decía Cervantes en *El Quijote:* «desayuna como un emperador, come como un burgués y cena como un mendigo».

— Evitar el exceso en el consumo de alcohol, y si se trata de vino, siempre tinto, de buena calidad y como mucho una copita en la comida y otra en la cena.

— Entonar un no rotundo al consumo de tabaco. Ahora disponemos de una nueva ley que protegerá claramente a las personas no fumadoras, una ley indispensable para disminuir las enfermedades respiratorias y del corazón, aunque también sería aconsejable que contribuyera a ayudar a todas aquellas personas que quieren dejar de fumar.

— Aprender a controlar las situaciones de estrés cotidiano, tanto en casa como en el trabajo.

La medicina basada en la evidencia científica demuestra que, siguiendo este plan de prevención, estaremos contribuyendo a evitar las enfermedades cardiovasculares y otras muchas más, al tiempo que también evitaremos la posible aparición de un segundo infarto de miocardio, algo que siempre preocupa a los propios pacientes y sus familias. Y es que ¡prevenir es invertir en salud!

LA FÓRMULA DE LA SALUD CARDIOVASCULAR

Hace ya veintitrés años que comencé mi andadura por los medios de comunicación, y concretamente en Radio Nacional de España, donde afortunadamente cada semana tengo la oportunidad de dirigirme a los oyentes, tratando de ayudar a comprender mejor nuestro cuerpo, a prevenir enfermedades y a fomentar la salud. Ahora, y desde hace años también en Telemadrid, contamos con un espacio diario de salud en el que recibimos llamadas y correos con frecuencia. Uno de nuestros más leales seguidores, Fernando Benito, de Chinchón, me facilitó lo que él denominó «fórmula de la salud cardiovascular», y creo que es de justicia incluirla en este libro, porque realmente creo en ella y porque entiendo que puede aclarar la mayoría de los conceptos que he tratado de explicar en él.

Fernando la explica de un modo muy sencillo: **«0-5-10.000-25»**. Con esta fórmula quiere decir: «0» cigarrillos, «5» piezas de fruta al día, «10.000» pasos al día, que equivalen a 45 minutos caminando, y «25» de índice de masa corporal. Y les aseguro que si cumplimos con esta fórmula, estaremos garantizando, y en gran medida, la salud de nuestro organismo y especialmente la de nuestro corazón.

Fórmula de la salud cardiovascular: «0-5-10.000-25».

EL DECÁLOGO DEL «CORAZÓN SALUDABLE»

Como colofón a esta segunda parte de libro, me he tomado la libertad de ofrecerle este decálogo del «corazón saludable» que no es otra cosa que un resumen de todo lo que he tratado de transmitirle, y que además le puede ayudar a reflexionar en que «no sólo se trata de darle años a la vida, sino de llenar de vida esos años»:

1. La dieta mediterránea, ahora ya patrimonio intangible de la humanidad, es fundamental para prevenir las enfermedades cardiovasculares y para contribuir a disminuir las complicaciones tras un infarto agudo de miocardio.
2. El ejercicio saludable debe ser aeróbico, moderado, regular y constante, y siempre diseñado de acuerdo con nuestras posibilidades personales.

3. No abuse del consumo de alcohol, que en general no es cardiosaludable. Y si se trata del vino, que siempre sea tinto y de buena calidad, pero en las dosis recomendadas de un vasito en la comida y otro vasito en la cena.

4. Evite el consumo de tabaco, porque, además de ser un factor de riesgo en la aparición de un cáncer de pulmón, de laringe y de otros órganos, es el desencadenante por excelencia de una enfermedad cardiovascular y especialmente de una enfermedad coronaria como el infarto agudo de miocardio.

5. Acuda siempre a los chequeos preventivos de su empresa, al menos una vez al año. Y si ha padecido un infarto, nunca pase por alto la consulta periódica con su cardiólogo en el hospital, ni las visitas a su médico de familia en el centro de salud.

6. Cumpla siempre con el tratamiento indicado por los especialistas. Está demostrado científicamente que los pacientes que tienen un mejor «cumplimiento terapéutico» son los que menos complicaciones tienen tras un infarto agudo de miocardio y los que viven más años y con mayor calidad de vida.

7. Evite esa «soledad obligada» que es uno de los más importantes factores de riesgo en la aparición de las «enfermedades de la incomunicación», como la ansiedad, el estrés y la depresión.

8. Una vida sexual saludable, segura y con protección, y especialmente si la aderezamos con las dosis necesarias de amor y ternura, también nos ayudará a aumentar nuestro grado de salud mental, algo fundamental en aquello de *mens sana in corpore sano*.

9. No se olvide de potenciar su personal «estimulina», que en definitiva es el mejor medicamento y el más barato, porque dependerá siempre de nuestro personal grado de autoestima y de optimismo ante la vida.

10. Y busque todos los días un hueco en su agenda para esa otra «soledad elegida». Dedique al menos diez minutos al día a su mejor amigo, a usted mismo, para reflexionar sobre la forma en que está afrontando su vida y para hacer una autocrítica, que siempre debe ser constructiva.

Hace muchos años, en la Edad Media y en la Escuela de Salerno, una bella ciudad italiana al sur de Nápoles, los médicos ya transmitían unos consejos parecidos en forma de versos a la población general:

Vida honesta y arreglada, usar de pocos remedios
y poner todos los medios de no alterarse por nada;
la comida moderada, ejercicio y diversión,
no tener nunca aprensión, salir al campo algún rato,
poco encierro, mucho trato y continua ocupación.

Y que podríamos resumir, junto con nuestro decálogo, en la siguiente fórmula que vengo defendido desde hace muchos años en los medios de comunicación como la más saludable de todas:

Mucho trato, poco plato y mucha suela de zapato.

Películas

MI VIDA SIN MÍ

Año	2003
País	España y Canadá
Duración	106 minutos
Dirección	Isabel Coixet
Producción	Esther García y Gordon McLennan
Guión	Coixet; basado en el relato *Pretending the bed is a raft* de Nanci Kincaid
Música	Alfonso de Vilallonga
Fotografía	Jean-Claude Larrieu
Reparto	Sarah Polley (Ann), Amanda Plummer (Laurie), Scott Speedman (Don), Leonor Watling (Vecina), Deborah Harry (Madre), Mark Ruffalo (Lee), Sonja Bennett (Sarah), Alfred Molina (Padre), Jessica Amlee (Penny), Kenya Jo Kennedy (Patsy), María de Medeiros, Deanne Henry

Sinopsis: Ann tiene 23 años y vive junto a su marido y sus dos hijas en un remolque en un suburbio de Vancouver. Su vida da un giro radical cuando su médico le dice que sólo le quedan un par de meses de vida. Decide mantenerlo en secreto y no decírselo ni siquiera a su marido. Desde ese momento hace una lista con las cosas que le gustaría hacer antes de morir e intentará vivir lo que le queda con la mayor pasión posible. De esta forma llegará a desarrollar un amor por la vida que nunca había experimentado.

21 GRAMOS

Año	2003
País	Estados Unidos
Duración	125 minutos
Dirección	Alejandro González Iñárritu
Producción	Alejandro González Iñárritu y Robert Salerno
Guión	Guillermo Arriaga
Música	Gustavo Santaolalla
Fotografía	Rodrigo Prieto
Reparto	Sean Penn (Paul), Benicio del Toro (Jack Jordan), Naomi Watts (Christina), Charlotte Gainsbourg (Mary Rivers), Melissa Leo (Marianne Jordan), Clea DuVall (Claudia), Danny Huston (Michael), Carly Nahon (Katie), Claire Pakis (Laura), Marc Thomas Russo (Freddy), Teresa Delgado (Gina)

Sinopsis: El profesor universitario Paul Rivers (Sean Penn) y su esposa Mary (Charlotte Gainsbourg) ven cómo su relación se balancea entre la vida y la muerte. Él está mortalmente enfermo y espera un transplante de corazón, mientras que ella quiere concebir un hijo suyo por medio de la inseminación artificial. Olvidado su turbulento pasado, Christina Peck (Naomi Watts) tiene una vida familiar llena de esperanza y alegría: tiene a su hermana Claudia (Clea DuVall), a su marido Michael (Danny Huston) y a sus dos hijitas. De clase social mucho más modesta, el ex convicto y ahora firme creyente Jack Jordan (Benicio del Toro) y su mujer Marianne

(Melissa Leo) luchan por sacar adelante a sus dos hijos. Un trágico accidente hace que las vidas de estas tres parejas entren en una misma órbita y obliga a Paul a afrontar su mortalidad, pone a prueba la fe de Jack y hace que Christina se mueva para arreglar su presente y quizá su futuro. El equilibrio espiritual de cada uno de ellos puede resultar muy costoso para los demás. Pero ninguno de ellos pierde la voluntad de vivir y el instinto de apoyarse en otra persona.

JOHN Q

Año	2002
País	Estados Unidos
Duración	105 minutos
Dirección	Nick Cassavetes
Producción	Mark Burg y Oren Koules
Guión	James Kearns
Música	Aaron Zigman
Fotografía	Rogier Stoffers
Reparto	Denzel Washington (John Q. Archibald), Robert Duvall (Grimes), James Woods (Dr. Turner), Anne Heche (Rebecca Payne), Eddie Griffin (Lester), Kimberly Elise (Denise Archibald), Shawn Hatosy (Mitch), Ray Liotta (jefe de policía Monro), Daniel E. Smith (Mike Archibald), Ethan Suplee (Max)

Sinopsis: John Q. Archibald (Denzel Washington) es un hombre corriente que trabaja en una fábrica y se ocupa de su familia. Su mujer, Denise (Kimberly Elise), y su hijo Michael (Daniel E. Smith) son todo su mundo. Pero cuando su hijo cae gravemente enfermo y surge la necesidad de someterle con urgencia a un transplante de corazón que el padre no puede pagar y que no está cubierto por su seguro médico, John Q. decide hacer todo lo que esté en su mano por salvar la vida de su hijo. Viendo que se le acaban el tiempo y las posibilidades, decide que la única salida es una posibilidad desesperada: secuestrar a los ocupantes de la sala de urgencias. Una vez atrincherado en el interior del hospital en compañía de un grupo de desprevenidos rehenes que en muchos casos también necesitan cuidados médicos, John Q. tiene que enfrentarse a un policía experto en negociar secuestros (Robert Duvall) y a un temperamental jefe de policía (Ray Liotta) que pretende resolver con rapidez la situación.

EL CORAZÓN DE JESÚS

Año	2003
País	Bolivia, Alemania y Chile
Duración	88 minutos
Dirección	Marcos Loayza
Producción	Marcos Loayza, Vesna Jovanoska, Frank Dragun y Carlo Bettini
Música	Óscar García
Fotografía	Hugo Kovensky
Reparto	Cacho Mendieta (Jesús), Melita del Carpio (Beatriz), Julio Kempff (Durán), Ismael Serrano (Cantante), Nicolás Bauer (Juan), Maritza Wilde (Esposa), Elías Serrano (Doctor), Raúl Gómez (Cobrador), Luigi Antezana (Manuel), Raúl Beltrán (Ángel)

Sinopsis: *El corazón de Jesús* es una comedia de humor negro que indaga los sentimientos acerca del sentido de la vida entre los seres marginados de una sociedad pobre. En una estructura de sonata (allegro, adagio, allegro), Jesús, que ha sabido sobrevivir en la selva de la burocracia estatal, aprenderá a vivir con los que lo han perdido todo y a los que sólo les queda esperar la muerte. Una metáfora acerca de lo que representa vivir en una de las sociedades más pobres del planeta. Un personaje que, a su pesar, entrega al resto sus ganas de vivir.

Cada parte de la película será introducida por un cantor popular, Ismael Serrano, a manera de los viejos coros de la tragedia griega.

ADQUIRIENDO ESTILO

Año	1979
País	Estados Unidos
Duración	97 minutos
Dirección	Martin Brest
Producción	Warner Bros. Pictures
Guión	Martin Brest (Historia: Edward Cannon)
Música	Michael Small
Fotografía	Billy Williams
Reparto	George Burns, Art Carney, Lee Strasberg

Sinopsis: Joe, Al y Willie son tres amigos jubilados de Nueva York que, aburridos de su monótona existencia, deciden atracar un banco.

CUANDO MENOS TE LO ESPERAS

Año	2003
País	Estados Unidos
Duración	117 minutos
Dirección	Nancy Meyers
Producción	Nancy Meyers y Bruce A. Block
Guión	Nancy Meyers
Música	Hans Zimmer
Fotografía	Michael Ballhaus
Reparto	Jack Nicholson (Harry Sanborn), Diane Keaton (Erica Barry), Keanu Reeves (Dr. Julian Mercer), Amanda Peet (Marin), Frances McDormand (Zoe), Jon Favreau (Leo), Paul Michael Glaser (David Klein), Rachel Ticotin (Dra. Martinez), Kadee Strickland (Kristen)

Sinopsis: Harry Sanborn (Jack Nicholson) es un soltero recalcitrante que sólo sale con mujeres que tengan menos de 30 años. En lo que iba a haber sido un romántico fin de semana con su más reciente capricho, Marin (Amanda Peet), en la casa de la playa de la madre de ésta en los Hamptons, Nueva York, Harry empieza a sentir dolores en el pecho. La madre de Marin, Erica Barry (Diane Keaton), una autora teatral de éxito y divorciada, accede a regañadientes a ayudar a cuidarle hasta que se reponga. Una vez que están los dos solos, Harry se sorprende al darse cuenta de que se siente atraído por Erica. Y a pesar de sus protestas iniciales sobre Harry, Erica se da cuenta de que está volviendo a descubrir el amor. Surgen complicaciones amorosas cuando Erica es también asediada por el encantador médico de Harry, el treintañero Julian Mercer (Keanu Reeves). Una vez recuperado, Harry regresa a casa y vuelve a sus viejos hábitos. Sin embargo, cuando lo que siente por Erica resulta que le altera la vida, Harry debe experimentar un auténtico cambio interior si quiere recuperarla.

DEUDA DE SANGRE

Año	2002
País	Estados Unidos
Duración	105 minutos
Dirección	Clint Eastwood
Guión	Brian Helgeland; basado en la novela de Michael Connelly
Música	Lennie Niehaus
Fotografía	Tom Stern
Reparto	Clint Eastwood (Terrell McCaleb), Wanda de Jesús (Graciela Rivers), Jeff Daniels (Buddy Noone), Anjelica Huston (Dra. Bonnie Fox), Tina Lifford (Detective Jaye Winston), Alix Koromzay (Cordell), Beverly Leech (Juliette Loveland), Mason Lucero (Raymond)

Sinopsis: Terry McCaleb (Clint Eastwood) es un veterano investigador del FBI, implacable en su búsqueda de justicia y que no tiene rival en su éxito para seguir la pista a los asesinos y atraparlos. Pero cuando empieza a cercar a su último adversario —un psicópata apodado «El asesino del código» por los medios de comunicación—, McCaleb cae fulminado por un infarto y se ve forzado a una jubilación anticipada. Dos años más tarde, una hermosa desconocida (Wanda de Jesús) revela un secreto que obliga a McCaleb a reconsiderar su recuperación: su vida fue salvada por la muerte de otra persona, la víctima de un asesinato que sigue sin resolver. En contra del consejo de su cardióloga (Anjelica Huston), y con la ayuda de un vecino entusiasta (Jeff Daniels), McCaleb se juega literalmente la vida para seguir la pista de un asesino que le ha obligado a tomar este caso a nivel personal.

EN EL ESTANQUE DORADO

Año	1981
País	Estados Unidos
Duración	109 minutos
Dirección	Mark Rydell
Producción	Universal Pictures
Guión	Ernest Thompson (Novela: Ernest Thompson)
Música	Dave Grusin
Fotografía	Billy Williams
Reparto	Henry Fonda, Katharine Hepburn, Jane Fonda, Doug McKeon, Dabney Coleman, William Lanteau

Sinopsis: Ethel y Norman Thayer son un anciano matrimonio que pasa sus vacaciones en un paradisíaco lugar, «el Estanque Dorado». Norman, un hombre muy activo, soporta muy mal las limitaciones de la vejez y la cercanía de la muerte. Inesperadamente, llega de visita Chelsea, la hija de los Thayer, que siempre ha mantenido unas relaciones muy tensas con su padre.

LA PAREJA CHIFLADA

Año	1975
País	Estados Unidos
Duración	111 minutos
Dirección	Herbert Ross
Producción	Ray Stark y Roger M. Rothstein
Guión	Neil Simon
Reparto	Walter Matthau, George Burns, Richard Benjamin, Lee Meredith, Carol DeLuise, F. Murray Abraham, Howard Hesseman y Ron Rifkin

Sinopsis: La película narra la historia de dos ancianos actores de vodevil, conocidos antiguamente como «Lewis y Clark», que llegaron a odiarse tanto en el pasado que ni siquiera se hablaban fuera del escenario. Cuando el sobrino de Clark intenta volverlos a reunir para una última actuación en televisión, tienen que aprender a aguantarse el uno al otro. El mayor atractivo de la obra reside en los posibles dúos cómicos reales en los que podría estar basada.

MI PADRE

Año	1989
País	Estados Unidos
Duración	116 minutos
Dirección	Gary David Goldberg
Producción	Universal Pictures
Guión	Gary David Goldberg (basado en una novela de William Wharton)
Música	James Horner
Fotografía	Jan Kiesser
Reparto	Jack Lemmon, Ted Danson, Ethan Hawke, Olympia Dukakis, Kathy Baker, Zakes Mokae, J. T. Walsh, Kevin Spacey

Sinopsis: Jake Tremont, un jubilado que siempre vivió dominado por su esposa y que prestó poca atención a su hijo, repara por primera vez en él cuando su mujer está gravemente enferma. Los cuidados y atenciones de su hijo adulto, un atareado ejecutivo, le devuelven las ganas de vivir. Además, la relación con su nieto, trastornado por la separación de sus padres, lo animará a reconstruir la familia.

Música

Solo pianos (Gonzales).

Demasiado corazón (Willy DeVille).

Corazón partío (*Más*, Alejandro Sanz).

Corazón oxidado («Lo más lejos, a tu lado» Fito y Fitipaldis).

Banda sonora de la película *Carros de Fuego (Chariots of Fire)*, de Vangelis, 1981.

Banda sonora de la película *La vida es bella (La vita è bella)*, de Nicola Piovani, 1997.

Bibliografía

Anguita, J. (2005). *Corazón Rojo*. Madrid: La Esfera de los Libros.

Bruckner, P. (1996). *La tentación de la Inocencia*. Barcelona: Anagrama.

Cruz, F. y García Caro, M.ª P. (2007). *Dejadme morir. Ayudando a aceptar la muerte*. Madrid: Pirámide.

Frankl, V. (2005). *El hombre en busca de sentido*. Barcelona: Herder.

Fuster, V. y Corbella, J. (2006). *La Ciencia de la Salud*. Barcelona: Planeta.

Honoré, C. (2005). *Elogio de la lentitud*. Barcelona: RBA Editores.

Liñares, A. y González, G. (2008). *Las puertas del túnel*. Madrid: Dossat.

Montesinos, L. (2007). *Cáncer, una enfermedad en transición*. Madrid: Pirámide.

Pausch, R. (2008). *La última lección*. Barcelona: Grijalbo.

Sánchez Martos, J. (2003). «La última clase del curso». *Revista Médica*, mayo de 2003.

Sánchez Martos, J. (2004). *A favor del tiempo*. Madrid: Temas de Hoy.

Urra, J. y Pérez Guerra, E. (2007). *Víctima de abusos sexuales*. Madrid: Pirámide.

Urra, J. (2006). *El arte de educar*. Madrid: Pirámide.

Urra, J. (2008). *¿Qué ocultan nuestros hijos?* Madrid: La Esfera de los Libros.

Urra, J. (coord.) (2009). *Más cerca del hogar. Conciliación personal, laboral, familiar*. Madrid: Lid.

Urra, J. (2009). *Educar con sentido común*. Madrid: Aguilar.

Urra, J. (coord.) (2009). *Secretos de la consulta*. Madrid: Planeta.

Urra, J. (2009). *Recetas para compartir felicidad*. Madrid: Aguilar.

Urra, J. (2007). «Así viví mi infarto de miocardio». *Revista OKS Salud,* n.º 2, abril, pp. 56-58.

Urra, J. (2008). «Desde que sufrí un infarto mi vida ha cambiado y ahora me cuido mucho más». *Revista Corazón y Salud,* n.º 54, septiembre, pp. 18-20.

Villa, I. (2007). *Víctima de terrorismo.* Madrid: Pirámide.

Títulos publicados

Si lo desea, en nuestra página web puede consultar el catálogo completo o descargarlo:

www.edicionespiramide.es